興亡の世界史

オスマン帝国500年の平和

林　佳世子

講談社学術文庫

目次

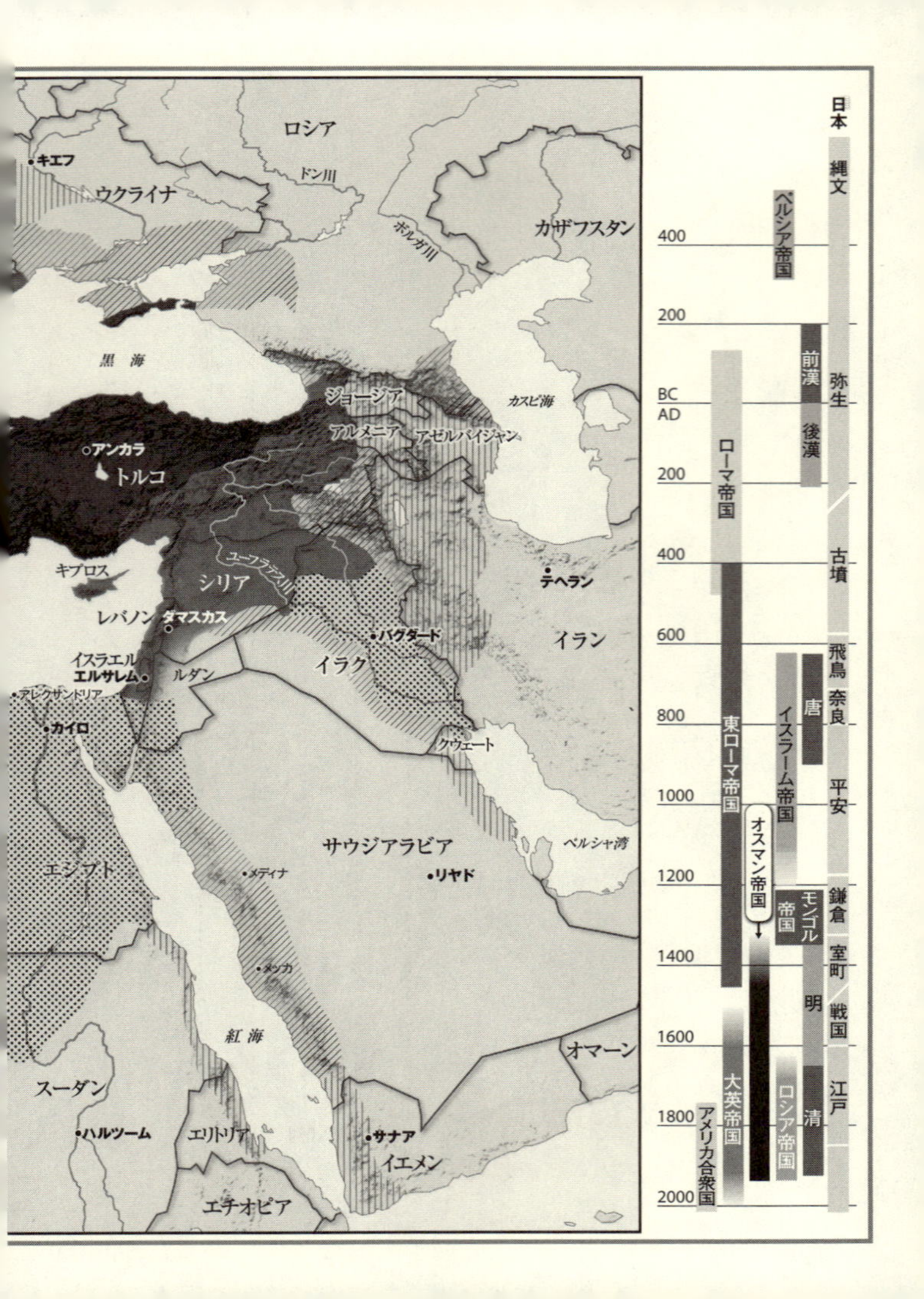

ロシア
キエフ
ドン川
ウクライナ
ボルガ川
カザフスタン
黒海
ジョージア
カスピ海
アルメニア
アゼルバイジャン
アンカラ
トルコ
ユーフラテス川
キプロス
シリア
テヘラン
レバノン
ダマスカス
バグダード
イラン
イスラエル
エルサレム
ヨルダン
イラク
アレクサンドリア
カイロ
クウェート
サウジアラビア
ペルシャ湾
エジプト
メディナ
リヤド
メッカ
紅海
オマーン
スーダン
ハルツーム
エリトリア
サナア
イエメン
エチオピア
日本
縄文
弥生
古墳
飛鳥
奈良
平安
鎌倉
室町
戦国
江戸
ペルシア帝国
前漢
後漢
ローマ帝国
東ローマ帝国
イスラーム帝国
唐
オスマン帝国
モンゴル帝国
明
清
大英帝国
ロシア帝国
アメリカ合衆国
400
200
BC
AD
200
400
600
800
1000
1200
1400
1600
1800
2000

オスマン帝国の最大領域

オスマン帝国は東西に領土を広げ、17世紀に最大に達した。その領土は州県制のもと中央政府が直接支配した地域と、在地の勢力が存続した地域の2種類からなる。このうち、約500年間、直接支配下にあったドナウ川からユーフラテス川に至る地域が、オスマン帝国の本土だった。

地図・図版作成
ジェイ・マップ
さくら工芸社

興亡の世界史

オスマン帝国500年の平和

はじめに

トルコでオスマン帝国をさがす

現代のトルコを訪れてイスタンブルに立つと、そこはオスマン帝国の都であった栄光に満ちている。壮大なモスクの数々、繊細なトプカプ宮殿、昔ながらのバザールの賑わいなどである。ところが、イスタンブルを離れ、トルコのアナトリア地方（小アジア）を旅するとオスマン帝国の影は急速に薄まっていく。中央アナトリアに残る記念碑的な遺跡の大半はオスマン帝国に先立つルーム・セルジューク朝などが残したイラン風の建造物である。地中海やエーゲ海の沿岸ではギリシャ時代、ローマ時代の遺跡は壮大だが、オスマン帝国の影は薄い。この落差はどこから生まれているのだろうか。

しかし、よく見ていくとアナトリアのどの町にも、一つや二つは、オスマン帝国期の地味なモスクやマドラサ（学校）、浴場やバザールの建物が残っている。今もその多くが日常的に使われている実用的な建物である。そして、この規模のオスマン帝国期の建造物は、現在のハンガリーの南からギリシャまでのヨーロッパ諸国、シリア、エジプト、北アフリカなどのアラブ諸国の多くの都市でも見出すことができる。アナトリアの町に、オスマン帝国を記念する建物が特に多いわけでも少ないわけでもない。

この単純な事実は、アナトリア、すなわち現在のトルコが、オスマン帝国にとって唯一の、あるいは固有の領土として特別視されていたわけではないことを示している。本書でみるように、実はオスマン帝国は、バルカンの大国として出発した国であり、アナトリアの多くは、その後に征服された場所だった。アナトリアを故地とするトルコ系の人々がアナトリアを拠点にオスマン帝国をつくった、とはいいきれない。

このように、オスマン帝国は、現在のトルコに限定して捉えられるべきではない。オスマン帝国下では、トルコ系の人々の大半が、バルカンやアラブの人々同様、被支配民だった。あえて支配層の民族的帰属を問題にするならば、オスマン帝国は、「オスマン人」というアイデンティティを後天的に獲得した人々が支配した国としかいいようがない。「オスマン人」の集団に入っていったのは、現在いうところの、セルビア人、ギリシャ人、ブルガリア人、ボシュナク人、アルバニア人、マケドニア人、トルコ人、アラブ人、クルド人、アルメニア人、コーカサス系の諸民族、クリミア・タタール人などである。少数ながらクロアチア人、ハンガリー人もいる。要は、何人(なにじん)が支配したかは、ここでは意味をもっていなかったのである。

しかし、それでは、現在、なぜトルコの人々だけがオスマン帝国の末裔(まつえい)ということになっているのだろうか。

何人の国でもなかった国の「末裔」

その問いは、なぜ「トルコ人以外はオスマン帝国の末裔」に位置づけられてこなかったのかと言い換えることができるだろう。

その答えは、バルカンからアラブ世界に至る広大な地域の国々が、オスマン帝国の中から生まれたがゆえに、歴史のある段階でオスマン帝国と敵対し、否定するなかで建国したことにある。このため、バルカンやアラブの人々は、自らをオスマン帝国の末裔と位置づけるのを拒否することになった。

さらに一九世紀、二〇世紀の歴史のなかで、多くの国が、自分たちの抱える構造的な問題を「オスマン帝国の負の遺産」とみなし、その責任を、いわば過去のオスマン帝国に押し付けてきた。この結果、自分たちを主体的な「末裔」の側には置けなくなったのである。一方的な被害者の側に自分たちを置いた言説は、バルカン諸国やアラブ諸国の政治で、今もよくみられることだ。オスマン帝国＝トルコ人と位置づけることで、自国民をまとめるためのわかりやすい仮想敵をつくることもできた。

その事情は、実はトルコ共和国の場合も変わらなかった。この国もまた、オスマン帝国を否定し、「それにより被害を受けたもの」というアイデンティティをもって出発したからである。あまり知られてはいないが、トルコ共和国のトルコ民族主義に彩られた初期の歴史教科書は、中央アジアの突厥(とっけつ)、トルコ民族の西進、アナトリアのセルジューク朝、現在のトルコ共和国とつながる歴史の流れを強調し、オスマン帝国をきわめて否定的に描いた。

つまり、一九世紀、二〇世紀に生まれた国民国家群は、何人の国でもなかったオスマン帝国を、自分たちの先祖にすることができなかったのである。しかし、実際には、すべての国々に有形無形のオスマン帝国の遺産は引き継がれていた。負の遺産として挙げられる「近代化の遅れ」ばかりではなく、オスマン帝国の官僚制や政治風土、生活文化や習慣などさまざまなものが、意識されないまま引き継がれている。それらは「トルコの影響」ではなく、オスマン帝国の共有の財産・遺産である。

このうち、オスマン帝国が支配下にある民族を「整理」しなかったという点は各地域にマイナスの遺産を残したとして強調され、現在のバルカンや中東の民族紛争の原因として常に挙げられる。とはいえ、民族を「整理」しなかったこと自体がマイナスであったはずはない。それが問題化するのは、二〇世紀の国際関係とそれぞれの国内政治の展開の結果である。

トルコのオスマン帝国

しかし、実は、次に述べるように、オスマン帝国には一つの大きな区切りがあり、一九世紀以前の「何人の国でもなかった」オスマン帝国は一八世紀の末〜一九世紀の初頭には終焉（しゅうえん）を迎える。その後の一世紀は、新しい近代の世界秩序のなかでの、「近代オスマン帝国」の時代である。そこからは、長い時間をかけて諸民族の国が自立し、最後に残った部分は、「トルコ人の国」になっていった。この歴史を考えれば、トルコ共和国が、オスマン帝国の末裔役を引き受けるのは自然な成り行きだったろう。最後までその家にとどまっていたからである。

それにも紆余曲折はあった。これはトルコ共和国がアンカラを首都としたことに表れている。トルコ共和国成立後の約二〇年間、オスマン帝国とイスタンブルは新生トルコにとって禁忌だったのである。しかし、トルコ共和国には、イスタンブルという有形の遺産が引き継がれていた。オスマン家はトルコ系で、帝国の共通語はトルコ語だったという揺るぎない事実もあった。そもそも、トルコ共和国の支配層にはオスマン帝国から転じた人々が多かった。トルコ共和国が安定してくると、やがて禁忌は薄らいだ。だれも引きとり手がなかった「オスマン帝国の末裔」の資格を、トルコ共和国が利用するようにさえなっていったのである。

その結果、オスマン帝国の栄光をささえた名高い軍人や常備軍の中核を成したイェニチェリたちに「トルコ人」がほとんどいないことは、脇に追いやられた。イスタンブルを飾る大モスクを建築した建築家たちが「トルコ人」ではないこと、「トルコ人」という単語はオスマン帝国では農民や遊牧民を指していたこと、あるいはトルコ系遊牧民がオスマン帝国のスルタン（君主）に対して頻繁に反乱を起こしていたことには目をつぶって、オスマン帝国の栄光のすべてが「トルコの栄光」となるのは、その後の成り行きである。

国民国家でなければ「国」ではなかった二〇世紀に、オスマン帝国イコール「トルコ人の国」というイメージが一般に受け入れられたのは無理もないことである。そもそも、オスマン帝国の隣人でありながら、その支配層の特質を言い表せなかった同時代のヨーロッパの人々は、オスマン帝国を常に「トルコ人が支配するトルコの国」と呼び続けていたのである。こうした偶然は、オスマン帝国を現代のトルコに結びつけた。

トルコ共和国にとって、オスマン帝国の過去の栄光を一手に引き受けることは、リスクもあるがメリットもある宣伝法だったろう。それは今も変わらない。禁忌が緩んだ現在、オスマン帝国の過去の栄光は、イスラム教徒トルコ人意識の高揚にもつながっている。リスクももちろんある。バルカンから中東まで、この地を覆う紛争の原因は、すべて昔のトルコ人の悪事のせいだという、大衆的な言説も甘んじて受け入れなくてはならない。

いずれにせよ、オスマン帝国はトルコ人だけのものではなかったが、それが滅んだのちに、次第にトルコのものになっていったのである。

オスマン・「トルコ」史が見えなくするもの

オスマン帝国の過去が、誤ってトルコ人の国、オスマン・トルコの歴史とされてきたことは、二つの大きな問題を引き起こした。

一つは、現在のトルコ共和国以外の国々で、オスマン帝国時代が正当に扱われなくなったという問題である。前述のように、バルカン諸国や中東諸国で、オスマン帝国時代はあたかもトルコ人による暗黒の占領時代とされ、それぞれの地域が歩んだ近世の「歴史」が各国の民族主義鼓舞（こぶ）の道具として利用された。

第二は、「何人の国でもない」オスマン帝国のシステムが十分に理解されず、ましてや、多くの民族を内包する社会が、さまざまな要因で時代と共に移り変わっていくダイナミズムが無視された点である。その結果、ヨーロッパにとってオスマン帝国がもっとも脅威だった一六世紀の像が、「トルコ人の脅威」の名のもとに固定的に想起され、かつてはすばらしかった（強かった）オスマン帝国が（あるいは、イスラム文明が）、長い凋落の歴史を経て、西欧諸国家の（あるいは西欧文明の）軍門に降ったというタイプの、西欧中心的な歴史の理解を助長した。その実、オスマン帝国は、一四世紀から一八世紀の末の間にも変化を繰り返し、そして、近代オスマン帝国も一九世紀を通じて、依然、広大な領土を領有する大国として、ヨーロッパの政治の一翼を担っていたのである。

本書の扱う「オスマン帝国」

ここでは、こうしたオスマン帝国の歴史のうち、一四世紀の誕生から一九世紀初頭までを扱う。その国家の自称は、「オスマン家の国」だったのでオスマン朝とするのも正しいが、国家の実態は一五世紀中葉以後、帝国と呼ぶのが適切だろう。このため、本書では、一四世紀のこの国をオスマン侯国、一五世紀中葉から一九世紀初頭までをオスマン帝国と呼んでいる。その命脈は一四世紀から一八世紀末のおよそ五〇〇年間である。オスマン帝国はさらに一〇〇年、一九二二年まで続くが、近代の一〇〇年については、本書では簡単に触れるにとどめたい。それは、紙幅と、なにより著者の能力を超えるからだが、次のような言い訳もしておきたい。

まず、本書が扱うオスマン帝国の地における一九世紀は、近代オスマン帝国の歴史だけではなくなる。分裂して現れる新しい国々はみな、オスマン帝国の末裔だからである。一九世紀の近代オスマン帝国は、後継国家のうちの最大の「一つ」である。

そして、近代オスマン帝国は、さまざまな意味で前近代の体制とは異なる別の体制だった。民族主義と植民地主義の渦巻く一九世紀に生き、自らも民族主義と植民地主義を体得していく。

このように、それまで地域全体をオスマン帝国たらしめてきた前近代のシステムは一八世紀末に終焉したといえるのである。「何人のものでもない」オスマン帝国が、そのシステムによって支えられてきたことを思えば、ここで帝国は滅亡したといってもいいほどの事態である。オスマン家のスルタンが続いたという理由で、一四世紀から二〇世紀までオスマン帝国を一貫したものと考えることは、前近代、近代双方のオスマン帝国を見えにくくする。

本書がたどるのは、このうち前近代のオスマン帝国である。それ自体のメカニズムをもって台頭し、機能し、そして終焉した五〇〇年の歴史である。そのメカニズムは、オスマン体制といってもいいほど、独自のものだった。ヨーロッパという一つの単位同様、オスマン帝国という一つの世界は独自のメカニズムをもっていたのである。同様のメカニズムは、一九世紀以前の地球各地に見出されることだろう。

日本を含むアジアの各地で、独自のメカニズムが終焉に向かうのは、前近代のオスマン帝国が終焉した時代とほぼ重なる。世界中が、多少のタイムラグはあるものの、おおむね「一つの世界」に組み込まれていった時代である。変化の主導権をにぎったのはヨーロッパ諸国だったが、そのヨーロッパ諸国もまた、「一つの世界」に組み込まれることの大波をかぶりながら、歩を進めた。「一つの世界」の形成には近代オスマン帝国も重要な役割を演じたが、それは、本書に続く時代の物語である。

オスマン帝国は、イスラム帝国だったか

このように、本書は前近代のオスマン帝国を対象とする。五〇〇年間続いたその国家は、しばしばトルコ帝国、あるいはイスラム帝国と称される。しかし、それらは適当な表現ではない。トルコ人の大帝国でなかったことはすでに述べたが、イスラム帝国についても説明しておこう。

オスマン帝国がイスラム帝国だったかどうかには、多少の留保が必要である。というのは、これはイスラム帝国の定義にかかわってくるからだ。「イスラム」の一言で表されるものの曖昧(あいまい)さについて私たちは十分に注意しなくてはいけないが、ここでイスラム帝国によって意味されるものが、「イスラム教の拡大に尽くす、イスラム教の理念を体現する国家」であるならば、その答えはノーである。

たしかに、オスマン帝国はイスラムの旗を掲げたが、それは、彼らが、正義や公正などの普遍的価値や戦争での勝利を、「イスラムのため」と表現したからにすぎない。同じく、宗教を旗印にしてキリスト教徒も戦っていたのである。やっていたことは、両者とも同じであ

る。たとえば、オスマン帝国とハプスブルク家オーストリアが行った戦争は、収入をもたらす領土の奪いあいだった。宗教は戦士たちを鼓舞しただろうが、それは、宗教の「利用法」の一つにすぎない。ここで、オスマン帝国だけを宗教に関係づけるのは、誤解のもととなるだろう。

ただし、オスマン帝国が、イスラム的な統治の手法を利用したことは確かである。イスラム的な統治の手法とは、具体的には、「イスラム法を利用した統治」と言い換えることができる。オスマン帝国にとってイスラム法の利用は、何重もの意味でメリットがあった。

一つは、イスラム法は、オスマン帝国以前にすでにできあがっていた体系だった。権威あるものとしてそれを受け入れたことは、支配の安定に寄与した。二つめは、イスラム法が非常に柔軟だったことである。このため、イスラム法とは何ら関係のないオスマン帝国の世俗的なルールも、その体系のもとに収めることができた。三つめは、イスラム法が、非イスラム教徒をどう支配するかの原則を提示していたことである。あとでみるように、オスマン帝国はイスラム教徒の少ない地域で成立した国家だったが、「イスラム法に基づいて非イスラム教徒を統治する」原則と正当性をそこから引き出せた。

以上の意味で、イスラム法は、オスマン帝国にとって重要であり、この点を重視すれば、イスラム帝国といえないことはない。しかし、やはりここでも、国家がイスラム教とその法体系を利用している点は見すごされるべきではない。いろいろなことが「イスラム」の名のもとに行われた。大事なことは、その「いろいろなこと」がどういうものだったのかというするきらいがある。

中身である。おそらく、イスラム帝国と呼ぶことは、その「いろいろなこと」を見えにくくするきらいがある。

では、オスマン帝国は何だったのか

では、トルコ人の国でもイスラム帝国でもない、オスマン帝国は、どんな国だったのか。そしてそれはどんな変遷をたどったのか。それが、本書が説明したいと願っているテーマである。結論を先にいうならば、オスマン帝国は、当該地域、すなわちバルカン、アナトリア、アラブ地域のそれ以前の伝統を受け継ぎ、諸制度を柔軟に混合し、効果的な統治を実現した中央集権国家だった。帝国の周辺での対外的な戦争により、内側の安定と平和を守った国でもあった。

その体制は、一六世紀末に起こった変化の前後で、二つに分けて説明することが可能である。しかし、その底流に流れているのは、中央政府が支配層の人々に税収を配分し、それによって国家のなすべき業務を分担して担わせるという財政国家の特質である。分権性を旨とする遊牧民の征服国家のイメージは、オスマン帝国の実態からもっとも遠い。中央集権的性格は全時代を通じて維持されていた。長い時間をかけて発展した中央集権的体制が機能しなくなったときが、オスマン帝国にその内側から訪れた終焉だった。では、この間のオスマン帝国の中央集権体制の中身はどのようなものであったのか。その国家の内側に光をあてることが本書の目的である。

ところで、こうしたオスマン帝国の実態の解明を目指す研究は、ここ二〇～三〇年ぐらいの間に急速に進展している。さまざまな条件が重なった結果だが、根底には、現在のバルカン情勢、中東情勢への関心があるだろう。そこからさらにオスマン帝国の過去に目が向けられている。また、各種史料の公開の進展や国際的な研究連携の進展などが、地に足のついた研究を支えているように思われる。

そうした進展のなかで、これまで自明と思われてきたことが疑われ、新しい解釈が続々と提示されてきている。たとえば、オスマン帝国が「一六世紀にもっとも繁栄し、その後は衰退した」わけではないことは、すでに、さまざまな角度から実証されている。現在も研究は活況を呈しており、一〇年後には、さらに新しいオスマン帝国像が示されるかもしれない。オスマン帝国の歴史には、まだまだ、わからないことも多いが、本書が、近年の研究成果の一端を紹介する役目を果たせれば幸いである。

第一章　アナトリア――一〇五〇〜一三五〇

前史――一一〜一三世紀のアナトリア

アナトリア

三方を海に囲まれ、高原と山岳部から成るアナトリアは、南に下ればシリアやメソポタミアの平原に、東に進めばイランの高原地帯を経て中央アジアへとつながる。アナトリア自体は、中央の高原が南北で山脈に縁(ふち)どられているような地形である。西から東に向かって高度が上がり、階段状に高原が広がる。大きな川は少ないが、中央アナトリアには冬期を中心に年間四〇〇ミリ程度の雨が降り、秋蒔(ま)き小麦を中心とした天水農業が行われてきた。しかし概して人口密度は低く、村とその周囲の農耕地を広大な原野が囲み、原野はやがて山へとつながっていく。

アナトリアの大半は紀元前二世紀以来、ローマ帝国、その東西分裂後は東ローマ帝国（ビザンツ帝国）の一部である。一一世紀のはじめ、その人口の多くはギリシャ系やアルメニア系のキリスト教徒で、皇帝と教会の支配のもとにあった。ただし、アナトリアの南東部は、七世紀のアラブの大征服以来、イスラム系諸王朝のもとに置かれていた。一一世紀当時、その一帯は、セルジューク朝が支配している。アルメニア系、クルド系、アラブ系の住民から成るが、セルジューク朝の支配とともにトルコ系遊牧民の展開も始まっていた。

アナトリアの高原部、すなわちビザンツ領アナトリアに向けて東からトルコ系遊牧民の流入が始まったのは一一世紀初頭のことである。トルコ系諸部族の遊牧民は、羊の群れを連れて高原の原野や山地に展開し、夏営地、冬営地間の移動を伴う遊牧コースを開拓していった。それにより次第に定住農民との住み分けもできあがっていった。ただし、遊牧のサイクルが安定するまでは、農村や都市で略奪を行うことも多かったとみられる。機動力のある遊牧民は、簡単に山賊に転じることができたからである。

移住の波は約一〇〇年続いたとみられる。特に一〇七一年にアナトリア東部のマラズギルト（マンティケルト）でイランのセルジューク朝の軍が皇帝ロマノス四世率いるビザンツ帝国軍を破ると、移動は一挙に加速した。このとき移動したなかには、セルジューク家の分家など、有力なトルコ系遊牧名家も含まれる。彼らは、イランのセルジューク朝において反主流であったため、「新天地」アナトリアに活路を求めたのだった。

有力者の登場で、アナトリアの新参トルコ系遊牧民社会に政治的な核が生まれた。その結果、一〇七七年には、イランの本家から分かれ、ルーム・セルジューク朝が自立することになった。遊牧民は部族の紐帯（ちゅうたい）に結ばれている人々だったので、その組織化（国家形成）はすばやかったといえるだろう。新しい政治構造は、あとに続くトルコ系遊牧民の移動の波を加速させた。

12世紀後半のアナトリア　アナトリアでは西部のビザンツ帝国、高原部のルーム・セルジューク朝とダニシュメンド朝が覇を競った。1180年代にルーム・セルジューク朝が大きく拡大する

ルーム・セルジューク朝とビザンツ帝国

中央アナトリアに自立したルーム・セルジューク朝は、一挙に西アナトリアのニカイヤ（イズニク）まで進み、一時はここを首都にした。しかし、一〇九七年に第一次十字軍がビザンツ軍とともにニカイヤを奪還すると、ルーム・セルジューク朝はエーゲ海に近い平野部をあきらめて高原部のコンヤまで後退した。その後、一二世紀を通じて、アナトリアはルーム・セルジューク朝、同じくトルコ系のダニシュメンド朝、そして西アナトリアのビザンツ帝国に三分されることになる。この三つの勢力の均衡により、一二世紀には一定の安定がもたらされた。

一一世紀前半に全盛を誇ったビザンツ帝国だったが、同世紀の後半にはアナトリアの大半を失う。しかし一二世紀にはコムネノス朝のもとで勢いを取り戻し、トルコ系の二つの国家と戦略的な同盟関係を構築し、その勢力を保っていた。マヌエル一世は、治世後期の一一七六年に、コンヤの西に位置するミュリオケファロンでルーム・セルジューク朝に歴史的大敗を喫したものの、西アナトリア沿岸部への支配は確保していた。

しかし一三世紀に入り、ヴェネチアに先導された第四次十字軍がコンスタンティノープルを征服してラテン王国をつくると事態は激変した（一二〇四年）。ビザンツ皇族は亡命し、ニカイヤやトレビゾンドに亡命国家をつくることを余儀なくされた。これ以後、ビザンツ側勢力は、微妙な外交操作のなかで、なんとかアナトリアで命脈を保っていく。

一方、アナトリアの中部・東部では、ダニシュメンド朝を滅ぼしアナトリア全体を掌握したルーム・セルジューク朝が一三世紀の前半に全盛期を迎える。主要な都市を飾る壮麗なイ

ルーム・セルジューク朝時代の文化
上は、コンヤ―アクサライ間の交通路上に建てられたキャラバンサライ。13世紀前半。建設者はルーム・セルジューク朝君主カイクバード1世。下は、当時の青銅製工芸品。トルコ・イスラム博物館蔵（イスタンブル）。この時代には、人物や動物をモチーフにした優れた石像彫刻や彩色タイルがつくられた。著者撮影

ラン様式の建築物は、ルーム・セルジューク朝の栄光を今日に伝えている。

しかしそれも長くは続かなかった。一三世紀中葉になると、ルーム・セルジューク朝はモンゴル軍に敗れて衰退したからである。ルーム・セルジューク朝の弱体化を受け、アナトリアはトルコ系の小国家の乱立する混沌とした状況となった。一二六一年にコンスタンティノープルに復帰していたビザンツ帝国も、この混乱のなかで西アナトリアの領土の多くを失い、アナトリアのほぼすべてがトルコ系諸勢力の支配下に置かれた。後述するように、やがてオスマン帝国となるオスマンに率いられた集団は、こうして混乱のなかで西アナトリアに誕生した。

コンスタンティノープルとコンヤの支配者たち

このような二〇〇年にわたる政治の展開のもとで、実際にアナトリアの社会では何が起こっていたのかを知る手立ては、そう多くはない。このため、連続する戦争、領土の奪い合い、そして、結果として確認されるアナトリアのトルコ化とイスラム化をみて、この地で、一種の民族浄化が起こっていたと考える向きもあるかもしれない。すなわち、キリスト教徒ギリシャ人を放逐（ほうちく）して（あるいは、殺して）、東から侵入したイスラム教徒のトルコ人が天下をとったのだ、と。

しかし、実際の展開は、それとは大きく違っていたようである。ギリシャ人が多数を占める土地にトルコ系の一群の人々が進出したとはいえ、数の上で後者が前者に迫ることはありえない。そして、トルコ化とイスラム化は長い接触の末、結果として現れてきたことだったからである。この時代にアナトリアで勢力を分け合ったルーム・セルジューク朝とビザンツ帝国も、単に、戦争だけで向き合っていたのではなかった。

まず、ルーム・セルジューク朝のコンヤの宮廷と、ビザンツ帝国のコンスタンティノープルの宮廷の間に、頻繁な人的交流があったことが注目される。ルーム・セルジューク朝の歴史を通じて、その宮廷にはトルコ系の君主に仕える多くのビザンツ出身者がいたのである。逆にビザンツの宮廷にもトルコ系の家臣群が存在していた。ラテン王国からコンスタンティノープルを奪回してパライオロゴス朝を開いたミカエル八世のように、ルーム・セルジューク朝に仕えた経験をもつ人物がビザンツの皇帝となった例もある。

こうした人的交流は、ルーム・セルジューク朝とビザンツ帝国間に限られたことではなかった。当時のアナトリアやバルカンの諸勢力の間では、亡命、人質の交換、婚姻による結びつきが頻繁に行われ、その行き来はイスラム圏とキリスト教圏の境を越えても行われていたからである。ねじれた関係を修正するため、貴族層の人物が、いとも簡単に改宗している例も多数挙げることができる。ビザンツ帝国ではギリシャ語、ルーム・セルジューク朝ではペルシャ語で政治が行われたが、トルコ系のダニシュメンド朝では、貨幣にギリシャ文字が刻まれていた。

軍はというと、いずれも混成軍である。当時のビザンツの軍が、雇い兵や同盟諸国からの派遣兵を組織したものであったことは夙に知られている。そのなかには、ペチェネグやクマンなどトルコ系の部隊が重要な一部を占めていた。ルーム・セルジューク朝の軍も、いわば部族の連合軍であった。また、捕虜などからつくる一種の奴隷軍団も編制されていた。ルーム・セルジューク朝の軍にギリシャ語を話す混血の軍人が多くいたことはビザンツ側の史料から確認される。ルーム・セルジューク朝内の勢力争いから、一部の部族がビザンツ側につき、ビザンツ軍に参加することもあった。つまり、ビザンツ帝国とルーム・セルジューク朝の二つの支配層は、大方の予想に反し、異質の存在ではなかったのである。

ルーム・セルジューク朝は、ビザンツ帝国と接触する一方で、支配の技術を学ぶためイラン人の官僚を登用し、イスラム的な統治や文化の導入に努力した。その結果、宮廷では、優れてイラン的な文化が花開いたが、しかし、ルーム・セルジューク朝の支配層には、多くのビザンツ出身者がいたことは無視できない。そこからさらに進んで、ビザンツ帝国の宮廷で、イラン風の文化が流行することもあったのである。

アナトリア社会の再編

一方、農村など地方社会では、アナトリアの農民と新参のトルコ系遊牧民の間に、どのような接触があったのだろうか。おそらくそれは二面性をもっていただろう。

まず平時の生産者としては、生活域が異なることから、両者は共存しえたとみられている。穀物と畜産製品を交換するなどの商売も、日常的に行われていたことだろう。標高五〇〇メートルを境に定住のギリシャ系農民とトルコ系遊牧民が住み分けていたとする研究もある。

とはいえ、遊牧民が略奪者に豹変しない保証はない。特に、それが政治的な混乱と結びついたときには、略奪は正当化され激しさを増しただろう。こうした負の接触が少なかったはずはない。

略奪を行う輩（やから）のなかからは、やがて、それを日常の生業（なりわい）とするものたちも現れてきた。彼らは無頼（ぶらい）の騎士として、特に政治権力の境域で活躍を始めるのである。彼らの襲撃を受け、村が混乱し、農民は城壁のある町に逃げ込み、敵対する陣営の騎士たちがそれを救うといったモチーフは、一二～一三世紀に成立したアナトリアの英雄伝承に繰り返し現れる。敵陣を不信仰者とみなしての一か八かの略奪を行う輩は、やがてガーズィー（聖戦の戦士）と呼ばれるようになり、その戦いもイスラムのための聖戦（ガザー）と美化される。ただし、その本質が、略奪にあったことは疑いの余地がない。こうした略奪活動の結果、この時代、アナトリアの多くの町が繰り返し襲われ、再編成の憂き目（うきめ）にあったとみられている。

平和的な接触と武力での接触の両面を経て、アナトリアにおける住民のイスラム教への改宗はゆっくりとしたスピードで進んでいった。いったん政治的な支配権が確立すれば、権力に近い中間層から改宗が起こり、それが一般の住民に広まることは、イスラムの広がった各地でみられることである。経済的な利益や安全の確保のための改宗もあっただろう。また、かつてシャーマニズムを信奉していたトルコ系遊牧民をイスラムにひきつけたのと同じもの、すなわち、奇跡を通じて人間と神との間の仲立ちをしてくれる聖者たちへの信仰を基礎にした神秘主義的・土俗的なイスラムが、アナトリアのキリスト教徒たちによっても感受され、受け入れられていった面も無視できない。

イスラム教徒となったアナトリアの住民は、やがて、新しい土地で遊牧をやめ定住化したトルコ系の人々と融合し、アナトリアの農村人口をつくり出していったのである。こうした変化の結果、地域によって差はあるものの、一三世紀の終わり頃までには、全体としては人口の約八〇パーセント程度をイスラム教徒が占めるようになったとの推計もある。言語の面でもトルコ語が優勢となる。

ただし、変化はさまざまな偶然の要素の長期にわたる積み重ねとして起こったものであったため、アナトリア全体でみると、結果的には、とても斑（まだら）な模様がつくり出された。二〇パーセントの各派のキリスト教徒と多くの言語が、イスラムとトルコ語の優勢のもとに、その後二〇世紀まで存在し続けることになるのである。

今日のアナトリアの人々が、こうした接触・改宗・混血の結果として存在していることはいうまでもない。今日のトルコ人の先祖が、みな中央アジアからやってきたという主張は、一種のロマン主義的傾向をもったトルコ民族主義の産物にすぎない。

オスマン登場

イブン・バットゥータの見たアナトリア

二〇〇年におよぶトルコ化とイスラム化の大波を越えたのち、トルコ系の小国家群が群雄割拠していた一四世紀前半のアナトリアを旅した一人のアラブ人知識人がいる。イブン・バットゥータ（一三六八／六九年没）である。彼の旅行記はところどころ不正確な情報を含むとはいえ、同時代人の記録の少ないアナトリアについていうと、その価値は限りなく大きい。一四世紀のアナトリアに生き、イブン・バットゥータと接した人々の息づかいが、そこに感じられるからである。

さて、このイブン・バットゥータがアナトリアを旅したのは、彼が二八歳の時である。しかし、このような若者を前にしたアナトリアの人々の歓迎ぶりは尋常ではない。曰く、「（シヴァスでは）われわれが彼らのもとに宿泊するので、なおさら喜びに有頂天の様子であった」（家島彦一訳、以下同）。ある町（ラーズィク）では、イブン・バットゥータ一行を接待しようと二つのグループが争い、刀を抜くまでの騒ぎになったという。そもそも、彼は、各地の小国家の長たちに、行く先々で歓待されているのである。少々自慢や誇張が入っているにせよ、いったいこれはどうしたことだったのだろうか。

その答えは、おそらく彼がアラビア語を話し、メッカ巡礼をしたこともある知識人（ウラマー）だったことにある。イスラムを受容して間もないアナトリアの人々にとって、アラブ世界からの客は文化世界からの、世界の中心からの来訪者だったのだろう。イブン・バットゥータを歓迎させたものは、アナトリアの人々の遠いメッカやアラブ世界への畏敬の念だった。

アヒーの治める町々

イブン・バットゥータが出会った人々のなかで、特に印象深いのはアナトリアの町々にいたアヒーと呼ばれる人たちである。彼らは、精神的な絆で結ばれた町の職人集団の長であり、同時に、町の有力者として行動していた。アヒーを長とする団体は、イブン・バットゥータを自分たちの修道場で三日間もてなしている。彼らはアヒーリッキ（アラビア語ではフトゥッワ）と呼ばれる擬似的な兄弟関係の絆で結ばれ、仕事のあとは修道場に集い、儀式や仲間内の交友に励んでいたという。そして、時にこうした旅人を迎え歓迎の宴を催していたのである。

例えばアンタリヤでホストを務めた靴直し職人のアヒーは、イブン・バットゥータの目にはいかにも貧しく弱々しく映ったらしい。しかし、実は彼は町の有力者であり、多くの職人たちに推される人物だった。戦乱が続き、時に庇護する軍事勢力もなくなってしまうこともあったアナトリアの小都市において、この兄弟団の組織が、自衛と相互扶助を担う重要な住民組織だったことは疑いない。実際、多くの都市で武装した彼らの姿が目撃されている。

しかし彼らの組織は、職業集団に基礎をもち、商人、職人としての結びつきでもあったことから、のちにオスマン帝国下の都市で商工業者のギルド（エスナフ）が発達してくると、その起源は、この兄弟団の記憶に求められた。実際、一六世紀以後のオスマン帝国のギルド組織の一部は、守護聖者や帯締めの儀式など、かつての兄弟団につながる伝統を維持している。

この他、イブン・バットゥータの見聞のなかには、次のような興味深い情報が含まれる。まず彼は、この時代には一侯国にすぎなかったオスマン侯国を、この地の最有力と評し、「このスルタンはトルコ系遊牧民の諸王のなかでももっとも権力があり、財産、領有する土地と軍隊の数ではもっとも多くを所有する。彼は一〇〇ヵ所近くの城塞を所有している……」と記している。また、オスマン侯国の君主と面会した形跡はないものの、他の侯国の君主と面会し、そこでの風習も目撃している。アナトリアの君主たちのもとでユダヤ人の医師が活躍していること、君主はかたわらに常にイスラム法官を置き、イスラム的支配の導入が心がけられていること、あるいは、見目麗しい（みめうるわ）ギリシャ系の奴隷たちが宮廷の小姓としてよき待遇を得ていることなどである。オスマン帝国でのちに広汎に行われることになる諸習慣の多くが、すでにアナトリアの君侯国で行われていたことがうかがわれる。

オスマン集団の生まれた世界

イブン・バットゥータがアナトリアを訪れた一三三二年当時、すでに頭角を現していたオスマン侯国は、当時の首領オルハンの父、集団の名の由来ともなったオスマン（一三二四年

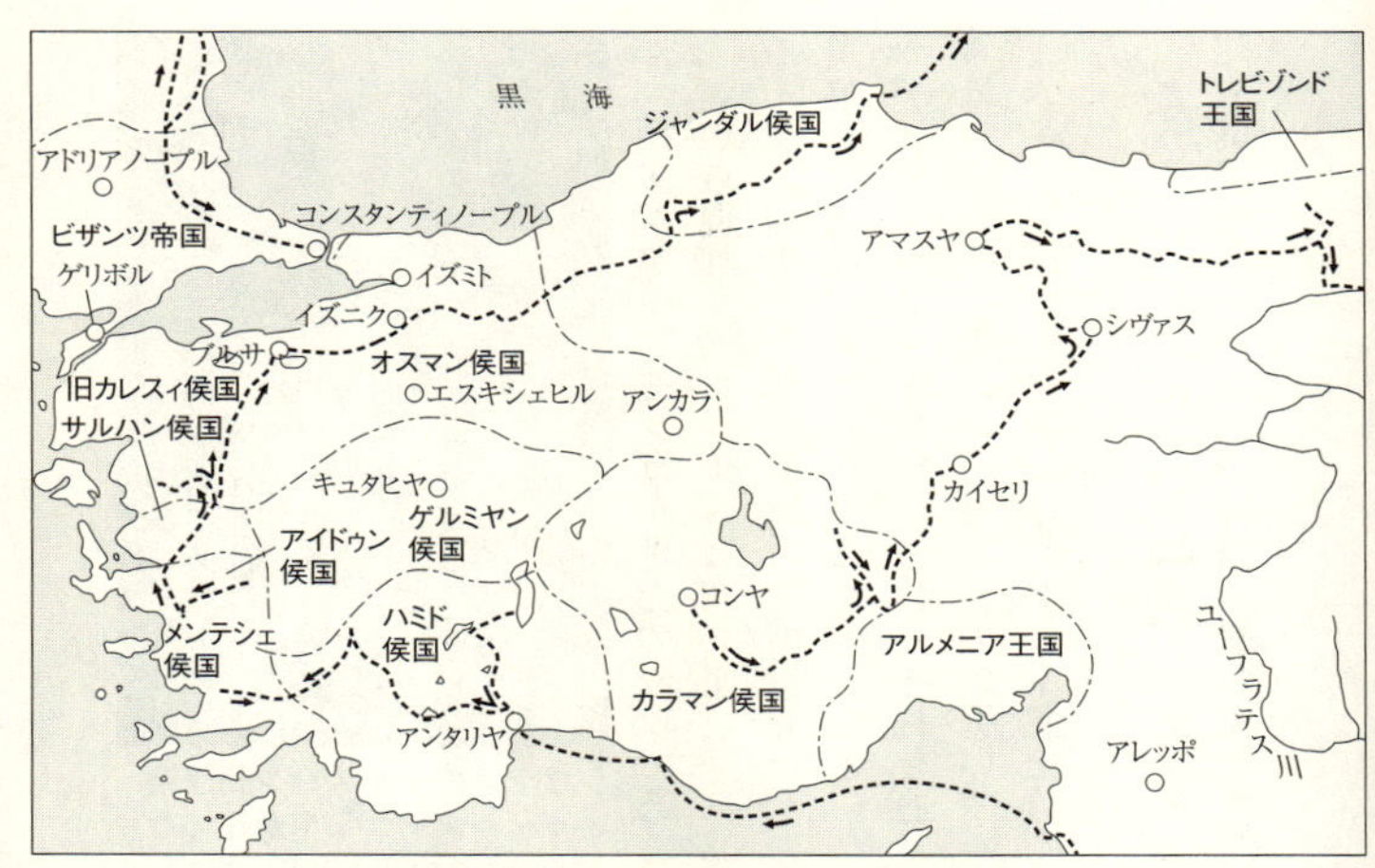

アナトリアの諸侯国とイブン・バットゥータの足跡　イブン・バットゥータは1332年頃、小侯国が割拠するアナトリアを旅した。旅程は『大旅行記３』（家島彦一訳、1998）による。諸侯国の境域は14世紀中頃のもの、矢印はイブン・バットゥータの足跡

頃没）の時代に自立したといわれている。しかし、オスマンやさらにその父といわれるエルトゥールルの代の事績についての確かな情報は多くはない。そもそも、エルトゥールルの名を伝承以上のものとして信じる唯一の理由は、現在、イスタンブルの考古学博物館に保存されている「エルトゥールルの息子オスマン」と刻された一個のコインの存在だけである（さらに別の一つが個人蔵されている、との情報もある）。ただし、出土数がごく限られているため、その真偽は定かでない。歴史的事実として確認できるのは、オスマン側の史料と並んでビザンツ側の史料にも現れるオスマンからであ

シヴァスのイル・ハン朝建築
イル・ハン朝大宰相が建てたマドラサ(学校)。2本の塔(ミナレ)と美しい石彫の門が残る。著者撮影

る。

　前述のように、一三世紀のアナトリアでは、その前半にはルーム・セルジューク朝が栄え文化的な興隆が見られた。しかし一二四〇年には土俗的なイスラム神秘主義信仰を掲げた反乱が起こり、内政が混乱した。それに拍車をかけ長期的な混乱の原因となったのが、西アジアへのモンゴル勢力の侵攻である。

　東から現れたモンゴル軍は、まず、一二二〇年にホラズムシャー国を攻撃し、中央アジアやイランのホラーサーン地方を席捲(せっけん)した。このためこの地方にいた多くのトルコ系の遊牧部族が西に逃れ、アナトリアに流入したといわれている。最後のホラズムの王ジャラール・アッディーンもアナトリアに逃れ、それを追ってモンゴル軍の一部もアナトリアに進んだ。彼らは、一二四三年のキョセ・ダーの戦いでルーム・セルジューク朝を破り、しばらくしてルーム・セルジューク朝はイラクに本拠を置くモンゴルのイル・ハン朝に服属することになった。

　こうして一三世紀の中葉以後、ルーム・セルジューク朝の権威は失われ、アナトリアの中部・東部にはトルコ系遊牧諸部族の血統を誇る君主が治める小国家が乱立、また、イル・ハン朝治下の地域もあり、まさに戦国時代を迎えることになったのである。さらに南からのマムルーク朝、西からのビザンツ帝国の干渉も加わっていた。

こうした状況を受け、西アナトリアは、さらに混沌とした状態に陥ったといわれている。なぜなら、この地方には、トルコ系やモンゴル系の有力な部族から離脱した騎士たちの小集団や神秘主義教団の修道者などが流れ込み、中央アナトリアの侯国よりもはるかに小規模な無頼集団があちこちに生まれていたからである。

オスマンに率いられた集団も、ここから生まれてきた。西アナトリアの小政権、チョバン侯国やジャンダル侯国の配下にあったとの説もあるものの、オスマン集団の由来は明らかでない。おそらくは、無数の無頼集団の一つにすぎなかったのだろう。彼らは、正しい血筋を誇る遊牧民の部族軍からは離脱し、実力がものをいう辺境の混沌のなかにいた。彼らの勢力は、中央アナトリアの由緒正しい諸国家に比べて、はるかに雑種的であった。

オスマン集団の台頭

オスマンの出自のみならず、彼らが無数の無頼集団の一つからどのようにして勢力を拡大したのかについても、わかっていることは少ない。オスマン帝国の側で、一〇〇年後、二〇〇年後に書かれた記述は伝説そのものであり、歴史的事実をほとんど含んでいないからである。

それでも、当時のビザンツ側の史料などを用いた研究により、次に説明するような事実が明らかにされている。ビザンツ帝国の史家とて、まさか、当時目の前にいた「オスマンたち」が、のちに大発展を遂げようとは、夢想だにしなかっただろう。このため、ビザンツ側の記述から拾えることが断片的なことも致し方ない。

ビザンツの史家パキュメレースの伝えるところによれば、一三〇二年（または一三〇一年）に、オスマン率いる軍勢は、マルマラ海南岸の山地から平野部にかけての地域に姿を現し、ビザンツ皇帝の派遣した軍勢とバフェウスで対峙している。バフェウスの場所は定かではなく、マルマラ海の南のヘレノポリス（現在のヤロヴァ）近くとも、ニコメディア（イズミト）近郊ともいわれるが、いずれにせよ、そこからコンスタンティノープルはもう目と鼻の先である。

オスマンの軍勢がどのようなものであったかについては、ビザンツ領だったアナトリア北西部（ビテュニア地方）の状況から、ある程度は説明可能である。同じくパキュメレースによると、一二五〇年代以後、この地方の山中にはトルコ系遊牧民が流入していた。そのような折、ビザンツ皇帝ミカエル八世は軍の再編のため、この地方の守備にあたっていたビザンツ側の軍人たちの免税特権を廃止した。このため戦いの最前線にいたビザンツ側の軍人たちの士気は落ち、支配下の村々はトルコ側につき、糧食の補給もままならなくなったという。

この結果、ビザンツ側の在地守備軍の多くがトルコ系首領の勢力下に入った、と考えられている。そのなかには、グルジア系の元ビザンツ雇い兵団も含まれていたらしい。この際の受け皿となったのが、オスマンの集団だった可能性は非常に高い。これが事実だとすれば、

　オスマン集団はトルコ系の騎士と旧ビザンツ軍人から成り立っていたことになる。

　そして、オスマンに一つのチャンスが訪れる。一三〇二年のサカリヤ川の氾濫である。氾濫の結果、川の流れが大きく変わり、一二八〇年来ミカエル八世が築いていたビザンツ側の防衛ラインが一挙に崩れたとみられている。オスマン勢力の台頭は、まさにこのタイミングだった。

　オスマン率いる軍勢は一気にビザンツ領内に入り、前述のようにまずビザンツ軍をバフェウスで破っている。さらにサカリヤ川の流域に沿い、その勢力を拡大していくのである。この時期のオスマン軍勢にはまだ都市を攻め落とすだけの力はなかったが、平野部の町や村は常に彼らによる略奪の脅威にさらされることになったといわれる。

1300年頃の北西アナトリア地方

伝説のなかのオスマンとその始祖

　このように一四世紀初頭に史上に姿を現すオスマンは、出自よりも実力でのし上がった雑種の集団の長だったと考えられている。しかし、のちにオスマンの末裔が大帝国の主となると、さすがにその始祖が「どこの馬の骨だかわからない」というわけにはいかなくなる。こうして、オスマン国家の創始に関し伝説的なストーリーをつくる知的な作業が始められることになった。ここでは、少し寄り道をして、その伝説を見てみよう。

オスマン帝国の歴史叙述は、オスマンの登場から一〇〇年以上たった一四一〇年代から始まり、まとまった通史の形が整えられるのは一五世紀末である。すなわちオスマンの時代からは約二〇〇年を経たのちである。このうち、最初のオスマン通史といわれるアーシュクパシャザーデの年代記（一四八〇年代の作）は、後世の史書に比べて荒削りながら、おおよそ次のような始祖についての物語を記述している。

それによると、オスマンの出自は、預言者ノアからヤペテの系譜を経てトルコ諸民族の始祖オグズ、その子ギョク・アルプに至り、オグズから数えて一三代目の子孫スレイマン・シャー・ガーズィーの時にアナトリアに移住したとされている。スレイマンは、時のイランの王から、「行って、ルームの地（アナトリア）で聖戦（ガザー）をせよ」と命じられ、赴く（おもむく）。

エルズルムを経てエルズィンジャンに降り立ったスレイマンは、異教徒を相手に長年奮闘する。しかし、峻険（しゅんけん）な地形に羊の群れと軍は疲弊（ひへい）し、故郷中央アジアへの帰還を目指す。ところがシリア経由の帰路の途中、ユーフラテス川の渡河（とか）に失敗、スレイマンは命を落とし、そこに葬られた。スレイマンには三人の息子があり、息子の一人エルトゥールル・ガーズィーはパシン平原に四〇〇戸ほどの遊牧民とともに残った。エルトゥールルはそこに何年もとどまり、夏営地と冬営地を行き来した。

その頃、セルジューク朝の王がアナトリアを支配し、異教徒たちと戦っていた。エルトゥールルはそれを聞き、「自分も行って、聖戦をしよう」と言う。三人の息子とともに西に向かう。セルジューク朝の王は喜んで、彼らに北西アナトリアのソユトを冬営地として、また二つの山を夏営地として与えた。ソユトはキリスト教徒君侯に囲まれた場所である。エルトゥールルは受け入れ、アンカラを通って与えられた土地に行き、夏営地と冬営地に落ち着いた。

エルトゥールルの時代には戦争はなかった。彼の冬営地の近くにはトルコ系のゲルミヤン侯国やモンゴルの部族もあって、周辺の町をしばしば略奪していた。しかしエルトゥールルが来て以来この土地の異教徒たちはモンゴルの侵略から免れ、安心して暮らせるようになった。

この地に移って数年後にエルトゥールルは亡くなった。ソユトでは、息子のオスマン・ガーズィーが父のあとを継いだ。オスマンは近隣の異教徒たちとはうまく付き合っていった。しかしゲルミヤン侯国との間には揉め事が起こり、彼らはこの地の異教徒たちを苦しめた。オスマンは昼となく夜となく遠くまで敵を討つ狩りに出かけていった。彼のもとには人が集まり始めた。……以下、こうして軍勢の長となったオスマンに率いられた戦いと拡大の物語が続いていくのである。

後世の「作為」

以上が、一五世紀末の史書が伝えるオスマンとその祖先の物語である。この始祖物語にはさまざまなヴァリエーションがあるが、ほぼ共通して、次の四つの「作為」を含んでいる。

その第一は、オスマン家の系譜を一神教の預言者の系譜につなげていることである。ユダヤ教やキリスト教の教え同様、イスラムでも人類は全てノアの子孫であるが、ここでは具体的な名前を挙げてノアから「現在」までの系譜がつくり出されている。これはオスマン家を「正しいイスラム教徒」に見せる努力に他ならない。

第二には、中央アジアに起源をもつトルコ系遊牧民のオグズ伝承の系譜にオスマン家を連ねていることである。これは、オスマン家が由緒正しいトルコ系部族の血を引くものであることを主張するためのものだろう。

第三には、彼らが、ガーズィー（聖戦の戦士）と呼ばれ、聖戦が強調されることである。一五世紀末の著者アーシュクパシャザーデにとってオスマン家の始祖がイスラムのためのガーズィーであり、彼らの戦いが聖戦であることは、当然だったのだろう。しかしこのイデオロギーが定着するのは一五世紀以後のことである。

アーシュクパシャザーデも、始祖オスマンの戦いの本質を隠してはいない。要約にあるとおり、オスマンは、保護下の異教徒を守るために、主に同じトルコ系イスラム教徒のゲルミヤン侯国と戦っているのである。オスマンが日常的に行っていたことが、キリスト教徒に対する宗教的な聖戦でなかったことはここからもうかがえる。

第四に、ルーム・セルジューク朝との結びつきの表明である。実際には、オスマン家とセルジューク家の間には直接の接触はなかったといわれるが、セルジューク朝の王から所領を与えられたとするフィクションにより、オスマン侯国がその後継国家の一つであることが主張されているのである。

以上のように、この始祖伝承から歴史的事実を引き出すことはできない。それは、「あるべき始祖の姿」で埋め尽くされているからである。出自のはっきりしないオスマンであったが、こうした作為により、トルコ系遊牧民の有力家系オグズの出身にして、血筋も正しいイスラム教徒、さらに、その王権をセルジューク家から受け継ぎ、異教徒との戦いで活躍した英雄につくりあげられていくのである。

歴史の中で先祖をめぐる伝承ほど、現実世界での力がものをいうものはない。のちのオスマン帝国の力は、こうした壮大な言説を人々に信じさせる――少なくとも語らせる――に十分だったのである。

オルハンの名の刻まれた貨幣　表にヒジュラ暦727年(西暦1326/27年)の年号がある。約1グラムの銀貨。貨幣の鋳造は国家の自立の証である。Pamuk[2000]より

オスマン侯国の自立――オルハンの活躍

さて、話を一四世紀に戻し、その後の歴史をたどって

いこう。

前述のように、一四世紀の初頭にビザンツ帝国との境域に姿を現したオスマンの軍勢はすでにサカリヤ川流域からビザンツ領に入り、この地への略奪で名を上げていた。その名声が高まると、周囲や遠方からも新参者が集まり、彼らの兵力は、城壁で防備を固めた都市を包囲できるほどになっていた。

この地方の中心都市ブルサの包囲攻撃の途中でオスマンは没したが、その子のオルハンが一三二六年にブルサ攻略を成功させた。政治的・軍事的な才覚に恵まれたオルハンは、その後四〇年にわたって軍勢を指揮し、オスマン帝国の実質的な建設者となった。

オルハンの成功のうちでもっとも重要なものの一つは一三二九年のペレカノンの戦いでのビザンツ正規軍への勝利であった。これにより、オスマン集団は境域の無頼集団から脱し北西アナトリアを領有する一侯国として自立、ひきつづき一三三一年にニカイヤ、一三三七年にニコメディアの征服を成功させている。オルハンの名の刻まれた一三二六～二七年付の貨幣も現存しており、この頃までには国家としての体裁を整えていたことがわかる。

しかし、当時のアナトリアは、多数の侯国群が群雄割拠している状態で、オスマン侯国もその一つにすぎなかった。オスマン侯国を取り囲んでいたのは、ライバルのゲルミヤン侯国やカレスィ侯国などである。

このうち、カレスィ侯国はマルマラ海・エーゲ海に面し、すでにその略奪活動の場を海を隔てたヨーロッパ側に広げていたといわれている。オルハンは一三四五年頃にカレスィ侯国を併合した。その交渉の詳細は明らかではないが、内政に干渉した結果の併合とみられている。このため、カレスィ侯国の兵力は温存され、そのままオスマン侯国のものになった。

このように拡充していったオルハンの兵力の主力は、父オスマンの時代同様、トルコ系・モンゴル系の無頼の騎士たち、神秘主義教団系の武装した修道者たち、ビザンツ帝国の雇い兵やビザンツ諸侯の配下からオスマン側に移ったキリスト教徒の軍人たちなどから成っていたと推測される。相変わらず、雑種な集団の寄り合い所帯であることに変わりはない。

キリスト教徒系軍事家系との提携

オルハンはまた、辺境の他の軍事集団とも同盟を結び、一緒に活動していた。長期的に行動をともにしたのは、同じく辺境で活躍していたエヴレノス家、ミハル家、トゥラハン家などの集団である。このうちエヴレノス家とミハル家の首領は、のちにイスラム教徒に改宗するものの、ある時期まではキリスト教徒であったことが確実である。キリスト教徒である彼らの配下の騎士たちも、おそらくオスマン家のもとに集まった集団と大差のないものだったろう。

エヴレノス家やミハル家は、特にバルカンでの征服に活躍し、一五世紀後半までオスマン軍のなかの独立した軍事集団として、その勢力を保っていた。オスマン帝国の成功をオスマン家だけの功績に帰するオスマン史観の成長とともに、多くの史書がその役割を過小評価しているが、彼らが草創期のオスマン侯国の戦いのなかで重要な役割を果たしていたことは、さまざまな証拠から明らかである。こうした軍事家系は、当初においては、オスマン家と対等な、国家の共同建設者のような存在であったという評価もある。

実際、オスマン侯国が、多くのライバルのなかから抜きん出ていく過程では、有力候補同士の同盟は有効に機能したことだろう。エヴレノス家、ミハル家、トゥラハン家らは、結局、オスマン家の傘下(さんか)で活動することを選択したが、そのほか、勢力争いのなかで淘汰(とうた)されていった無数のライバルがいたことは疑いない。

このように、一四世紀初頭のビザンツ帝国の辺境には、国家権力の空白を利用し、軍事的な能力に恵まれた首領のもとに、騎士や雑多な無頼の衆が集まる状況が存在していた。首領は、イスラム教徒であることもキリスト教徒であることもあった。彼らは戦利品獲得のための集団であり、状況に応じ、提携、離反を繰り返していた。互いに聖戦を叫ぶことで戦意を鼓舞するときもあっただろう。このなかで、サカリヤ川洪水後の侵攻というきっかけを得て、オスマン集団が頭角を現した。ひとたび他の集団から抜きん出たものには、さらに力が集まった。一三二〇年代に彼らはオスマン侯国を名乗るところまで来た。さらに、バルカンにその活動の場を広げることで、その勇躍が始まった。

第二章　バルカン——一三五〇〜一四五〇

バルカンへの拡大

バルカンという地名

オスマン侯国がアナトリアのライバルの小国家群から抜きん出たきっかけは、それがヨーロッパ側に展開したことにある。ダーダネルス海峡を渡った三〇年ののちには、オスマン侯国はバルカン地域の大国家に成長し、そこで蓄えた実力をもって、次第にアナトリア側の諸侯国を圧倒することになるのである。それでは、バルカン地域におけるその成功の理由はどこにあったのだろうか。まず、オスマン侯国が進出する以前のこの地域の情勢から確認しておこう。

オスマン帝国にとってその出発点となったバルカンであるが、実は地名としてのバルカンはこの当時、まだ存在しない。というのも、南東ヨーロッパのオスマン支配下にあった領域をバルカン地域と呼ぶというのが一般的な用法であり、しかもそれが広まったのは二〇世紀に入ってからのことだからである。すなわち、オスマン帝国が支配したことにより、一つのまとまった地域として意識されるようになったのである。オスマン帝国の側は、ここを、ルーム（ローマ）の地の意味で、ルメリと呼んだ。おおよそドナウ川・サヴァ川より南の地域を指す。

バルカン地域の特徴は、東部では東西に、西部では南北に延びる山脈が峻険な山岳地帯を形づくっている一方で、山脈と山脈の間には平野部が開け、平野部は、河川に導かれて外の世界とつながっていることにある。このため、バルカンの諸地域はその複雑な地形のわりに人口の移動が多く、山脈に分断された諸地域に多くの民族を内包することになった。

山がちな地形は、海峡をはさんでアジア側（アナトリア）ともよく似ている。農耕を行う定住農民、山と平地を往来する遊牧民（牧羊民）、そして山中に隠れる賊たち、農産物の集散地として点在する都市といった社会の仕組みも、共通項が多い。天水に頼る農業の手法も、基本的に同じである。ビザンツ帝国とオスマン帝国が、コンスタンティノープルをコンパスの支点として支配したアジアとヨーロッパは、自然環境やそれに規定された生産活動の面で一つながりの地域であった。

一四世紀前半のバルカン情勢

さて、そのバルカンは一四世紀、ビザンツ帝国の後退、スラブ系諸侯の分裂で、西アナトリア以上に激しい分裂状態に陥っていた。一一世紀、マケドニア朝のもとでドナウ川以南の支配を回復したビザンツ帝国だったが、一二世紀後半になると、セルビア、ブルガリアの両王国が自立し、ビザンツ帝国は両国の圧力を受けながら、バルカン南東部のトラキア地方や

14世紀前半のバルカン　西では南北に、東では東西に山脈が走る。図はセルビア王国が拡大した時期の版図を示す

マケドニアをかろうじて支配する存在となっていた。一三世紀には、外交的地位と華美な儀礼で権威を保ってはいたものの、実質的には一地方政権に近い。前章でみたように一三世紀後半、アナトリア側では多数のトルコ系やモンゴル系の諸侯国が自立し、ビザンツ帝国の旧領を奪った。そうした困難な状況にもかかわらず、ビザンツ帝国をもっとも悩ませていたのは、対外関係ではなく、皇位継承争いであった。権力闘争に勝つためにビザンツの人々はさまざまな術策を用い、奇抜な同盟も厭（いと）わなかったことから、その

余波はバルカンやアナトリアの各地にも及ぶことになった。

一四世紀、バルカンでもっとも有力だったのはセルビア王国である。一二世紀にネマニャ朝がセルビアをほぼ統一し、ビザンツ帝国やブルガリア王国を抑える勢力となっていたからである。一三三一年に即位したステファン・ドゥシャンはさらにアルバニアやマケドニアを併合、ブルガリア王国を臣属させ、バルカンの三分の二を支配下に入れた。マケドニアはビザンツ帝国から奪ったものである。彼はセルビアの教会をコンスタンティノープルの正教会から独立させると同時に、ドゥシャン法典と呼ばれる法典を整備し、封建領主たちを束ねる集権化に成功した。ステファン・ドゥシャンの手法は、各地の慣習、特に領主たちの権益を尊重し、急激な変化を避ける一方で、法の明文化によって統一を打ち出すものだった。

ステファン・ドゥシャン率いるセルビア王国の発展はビザンツ帝国の息の根を止めるところにあと一歩まで近づいていたので、彼がコンスタンティノープルの征服を計画し、その途上で急死した、という悲劇の英雄伝説は多くの史書で語られてきた。しかし一三五五年に四七歳で死亡した当時、コンスタンティノープル攻略への具体的な動きがあったとはいえないようである。彼の突然の死でセルビア王国は急速に求心力を失い、事実上分裂する。

一時的にセルビアの支配下に入ったり、あるいはその周辺にとどまっていたバルカン諸地域の状況も、こうしたセルビアの分裂状況と大きくは変わらない。ブルガリア、アルバニア、ボスニア、ビザンツ治下のトラキア地方などでは、諸侯や王族が割拠し、互いに争う状況が生まれた。諸勢力のなかには、在地の諸侯だけでなく、黒海北岸から進出したトルコ系のノガイ族やアナトリアからの雇い兵として動員されたアイドゥン侯国などのトルコ系騎馬軍団、カタロニア兵などヨーロッパからの雇い兵軍団、ヴェネチアやハンガリーからの派遣隊など、外来の部隊・集団も含まれていた。彼らの存在によって、軍事的なバランスは非常に複雑だった。こうしたなかにオルハンの軍も加わっていくことになる。

ダーダネルス海峡を越えて——オスマン侯国のバルカン進出

オスマン侯国のバルカンへの進出のきっかけは、遊牧民の移動の波の延長線上にあるものではなく、雇い兵軍団としての登用であった。ビザンツ帝国は、目前の敵の敵と手を結ぶこと、そして巧妙な同盟のバランスをつくり出し、そのなかでキーパーソンとして存在感を発揮することを旨(むね)としていたが、オスマン侯国も、こうしたビザンツ帝国の政策にのって、バルカンにおけるビザンツの後継者を争う政治過程に参加するチャンスを得たのである。そして一〇〇年ののち、ビザンツ帝国の実質的な後継者の地位を得ることになる。

ビザンツ皇帝がはじめてオスマン侯国の君主オルハンと直接会ったのは一三三三年のことといわれる。すでにニカイヤを征服し、続いてニコメディアを包囲していたオルハンをビザンツ皇帝アンドロニコス三世が自ら訪ね、貢納金の支払いに同意している。この頃のビザンツ帝国にとって、アジア側の最大の脅威は、海を渡ってトラキア地方で略奪を働くカレスィ侯国だった。オスマン侯国との同盟は、カレスィ侯国を牽制するためであった可能性は大きい。

この同盟はアンドロニコス三世が一三四一年に死去し、後継者争いでコンスタンティノープルの宮廷が内紛状態に陥ると一層重要になり、オルハンはアンドロニコスの子の摂政となるヨハネス・カンタクゼノス（のちのヨハネス六世）の皇女テオドラと政略結婚をし（一三四六年）、ビザンツの党派争いの一方の同盟者となっている。ヨハネス・カンタクゼノスは、すでにもう一人の娘をアナトリアのアイドゥン侯国の君主ウムルに嫁がせており、ビザンツ帝国貴族の同盟戦略に宗教が障害とはならなかったことがわかる。

前述のように、オルハンは一三四五年頃にカレスィ侯国を併合している。カレスィ侯国のもっていた海軍力を手に入れ、海峡を渡る手段を確保したオスマン侯国は、当時、西アナトリアで最強とみなされていた。一方、ヨハネス・カンタクゼノスのライバルのヨハネス五世の党派は、サルハン侯国と同盟していたという。ビザンツ帝国との同盟に関し、のちに編纂されるオスマン側の史書は沈黙するが、ヨハネス・カンタクゼノス自身が記した年代記によれば、オルハンは、たびたび長子スレイマンとその軍勢を派遣し、ヨハネス・カンタクゼノスのために時にはアドリアノープル（エディルネ）近くまで兵を進めていたとみられる。

こうした参戦は、やがて領地の獲得へと結びつき、オスマン侯国はバルカンの諸侯の仲間入りを果たした。出発点は、ダーダネルス海峡のヨーロッパ側の要所ゲリボルである。まず一三五二年、ゲリボル近くの城塞を確保し、間もなく起こった地震による混乱に乗じ、ゲリボルを含む海峡沿いの地域を支配下に収める。ヨハネス五世と共同皇位についていたヨハネス六世・カンタクゼノスは、何度となくそれらの城の返還を求めるが、オルハンはのらりくらりとそれをかわし、要求に応じなかったという。

他のアナトリア側の侯国と違い、バルカン側に領土を得たオスマン侯国の動きに対しては、当のビザンツ帝国のみならずセルビア王国なども警戒を深めていたが、唯一の有力者であったセルビア王国のステファン・ドゥシャンが一三五五年に急死し、オスマン侯国には好都合な状況となった。再び単独で皇帝となったヨハネス五世もオルハンに接近し、オルハンの子ハリルに娘を与えて同盟を深めようとしたが、一三六二年のオルハンの死後、ハリルではなくムラトが後継者争いに勝利し、その目論見は実現しなかった。

ムラト一世による征服

詳細は明らかでないものの、オルハンの死後に王子間で抗争があったことは、ほぼ確実である。バルカン諸国家やアナトリアのトルコ系諸侯国同様、当時のオスマン侯国でも君主の交代は国家の解体・崩壊の危機に直結した。この継承争いには数年を費やしたとみられるが、一三六〇年代末まではムラト一世が勝利し、その後、オスマン侯国はアナトリア側とバルカン側の双方に大きく展開する。

テッサロニキの城跡　1387年、ムラト１世はテッサロニキを征服し、城塞をオスマン軍の駐屯地にかえた。著者撮影まずムラトは、一三六二年頃にビザンツ帝国の主要都市アドリアノープル（エディルネ）を手にいれた。ここを首都とし、バルカン各地への進軍の基地とした。そして一三七一年には、早くもブルガリアやセルビアの諸侯の一部を破り、彼らを臣属させた。臣属したバルカンの旧諸侯や王族は、オスマン軍の一翼を担い、次の遠征に参加することになる。この方式でオスマン侯国の軍は雪だるま式に増強されていった。

オスマン家の君主の支配権も強化された。オルハンの時代には王子たちに軍と支配域を委ねる分権的な体制がとられていたとみられるが、ムラトはより直接的な統治を行い、全版図を一元的に支配したとみられる。一三八七年には、マケドニアの中心都市テッサロニキを四年の包囲戦ののちに獲得した。オスマン軍の圧力に屈し、その支配を認める諸侯は増えていった。ビザンツ皇帝ヨハネス五世も、一三八一年以来、オスマン侯国からの支援と引き換えに属国の扱いを受け入れている。アナトリア側でもゲルミヤン侯国とハミド侯国を併合した。

ムラトはさらにボスニアに向けて兵を進め、その過程で一三八九年にコソヴォの戦場でセルビアとボスニアの連合軍を破った。しかし、その戦場でムラトが戦死するというアクシデントに見舞われ、そのあとをその子バヤズィトが急遽、継承した。

属国を束ねて——バヤズィト一世の進攻

ムラト一世の死を好機ととらえる旧領主の活動により各地で不安定な状況が生まれたが、

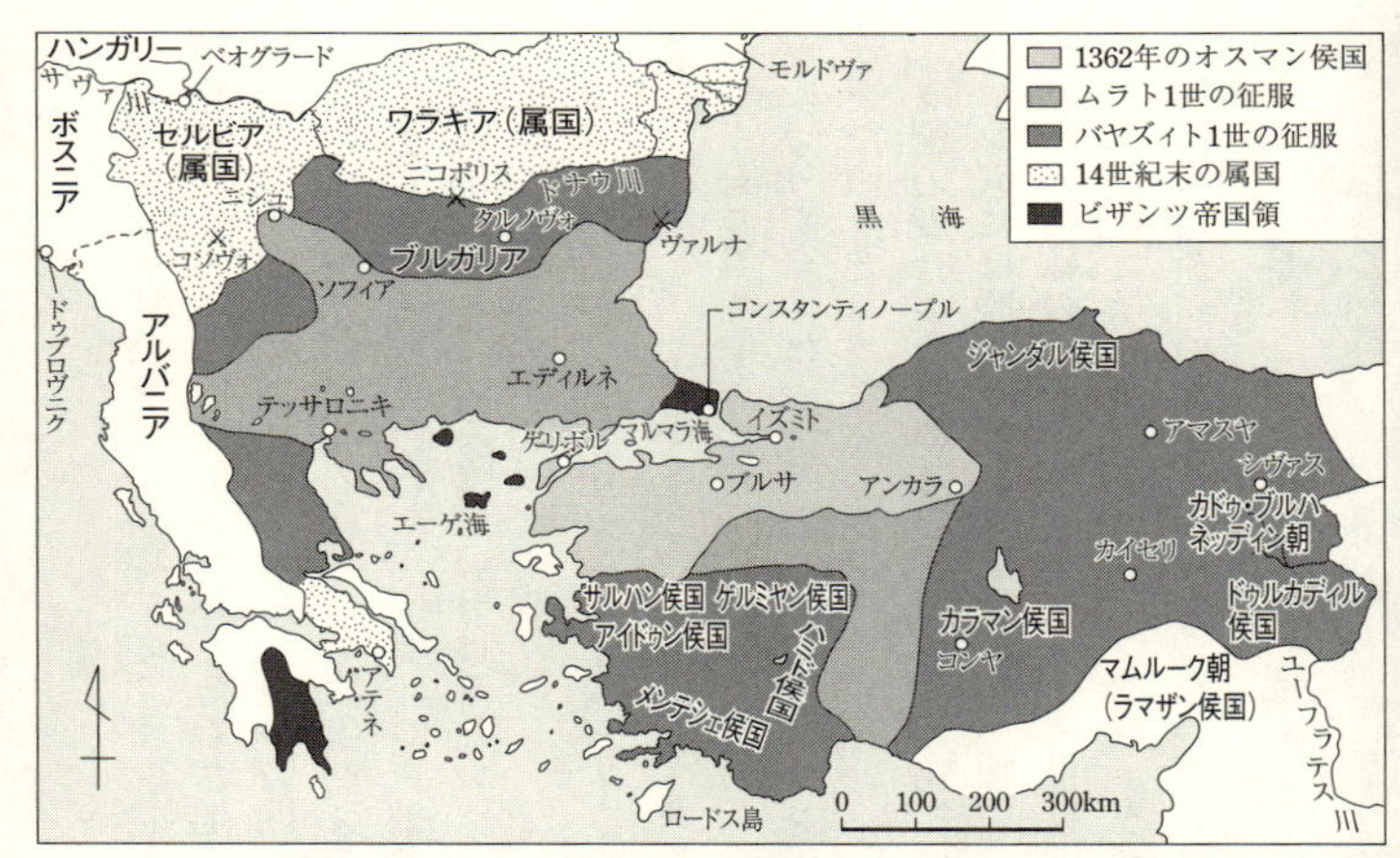

オスマン侯国の拡大　14世紀後半、オスマン侯国はドナウ川からユーフラテス川まで拡大した。中央集権体制が整えられつつあったが、依然として各地の旧支配層の連合体という面も強かった

バヤズィト一世はおおむね事態を収拾し、一三九〇年にはオスマン軍だけでなく、臣属させたビザンツ、セルビア、ブルガリア、アルバニアなどのバルカン軍も引き連れてアナトリア側に遠征し、サルハン、アイドゥン、メンテシェの諸侯国を征服している。この遠征には、オスマン家の「家臣」として、ビザンツ皇帝マヌエル二世も従軍させられている。そこには、バルカンの一大勢力として、アナトリアに軍を進めるオスマン侯国の姿があった。

この当時のオスマン侯国では、後述のように直属の常備軍が成長しつつあった。しかし、依然として、他のバルカン国家と同じく、一種の諸勢力の連合体という段階を脱していない。配下に入っているとはいえ、多くの旧領主たちは離反の機会をうかがい、オスマン君主は、それをオスマン常備軍の力と、さまざまな戦略で抑えていたのである。そもそも諸地域ごとに歴史的背景と現状の異なるバルカン地方に新しい支配を浸透させるには、長い時間が必要だった。

オスマン侯国が支配の度合いを段階的に強めていったという点は、その成功の理由として特に重要である。それは、①同盟、②貢納金を払う属国、③直接支配という三つの段階を相手と状況に応じて巧みに使い分けるというものだった。

セルビアはコソヴォの敗戦ののち、一三九二年にオスマン侯国の属国となっている。すでに属国であったブルガリアは、その君主イヴァン・シシュマンがハンガリーと通じ反旗を翻(ひるがえ)したが、逆に制圧される。オスマン軍は九三年に首都のタルノヴォを征服、さらにバヤズィトはワラキアへの遠征に進んだのち、その帰路でシシュマンを処刑し、王家を廃した。ブルガリア全体は、一三九六年にオスマン侯国の直接支配下に入り、以後五〇〇年間、その主要な領土となった。

支配の度合いを強める過程では、政略結婚も効果的に用いられた。すでにみたように、オスマン家には歴代ビザンツ皇帝の娘が嫁いでいる。さらに、ムラト一世はブルガリア王シシュマンの姉妹の一人と、バヤズィト一世は即位前にアナトリアのゲルミヤン侯国の君主の娘と、即位後にはセルビア王ステファン・ラザレヴィッチの妹と結婚している。しかし、それが属国の延命につながるとは限らないことは、ゲルミヤン侯国やブルガリアの例にみるとおりである。

突然の瓦解――アンカラの戦い

こうしたバルカン支配の進行に意を強くしたバヤズィトは、一三九四年からコンスタンティノープルを包囲し、ビザンツ皇帝を追い詰めるに至った。こうした事態にヴェネチアやハンガリーは危機感を強め、諸勢力を連合して十字軍を送ろうとする動きがようやく本格化した。ビザンツ皇帝が長らく西ヨーロッパに求めていた援軍の到来である。

今回の十字軍は、ハンガリー王ジギスムントの指揮下にフランスのブルゴーニュ公やイングランド、スコットランド、スイスなどからの騎士が加わったものであった。一三九六年、ドナウ川のほとりのニコポリスで十字軍と対峙(たいじ)したオスマン軍のなかには、属国セルビアのステファン・ラザレヴィッチの軍もあった。結果はオスマン軍の圧勝に終わり、オスマン侯国のドナウ川以南の支配は守られた。バヤズィトはアナトリア側でも力による制圧を続け、カラマン侯国を併合、シヴァスを中心としたモンゴル系のカドゥ・ブルハネッディン朝を滅ぼした。

しかし、こうした東西での大発展も、君主が死ねば一挙に分裂、分解する危うい統合にすぎなかったことは、中央アジアから遠征してきたティムールの軍勢にバヤズィト率いるオスマン軍が敗れたことで露呈する。一四〇二年のアンカラの戦いである。コンスタンティノープルの包囲の陣営から急遽駆けつけるという不十分な態勢で臨んだオスマン軍は、戦場において総崩れとなり、離反・逃散する自軍から取り残され、バヤズィトはティムールの捕虜となり、やがて捕囚の境遇のうちに没する。

再統一への道

アンカラの戦いに関しては、ティムールの巧みな戦略にバヤズィトの軍が十分に対応できなかったことがその敗北の原因と考えられる。ティムールは、オスマン侯国のアナトリア側での拡大の結果として追放されていたかつての諸侯国の君主たちを戦いの前面に立て、オスマン軍をゆさぶった。オスマン軍として戦いに参加したアナトリア出身の騎士たちの多くは、かつての君主がティムールの軍にいることに気づいて動揺したといわれる。常備軍も、バルカンとアナトリアの両前線で続く遠征に疲弊し、士気があがっていなかった。軍勢の数でも勝ったティムール軍は、オスマン軍を解体させ、侯国は分裂した。

ティムールが東征のため軍を引くと、あとには、バルカン、アナトリアにちらばったバヤズィトの王子たちによる後継者争いが残された。以後、二〇年にわたってオスマン家は分裂し、バルカンとアナトリアを舞台に抗争が続く。折しも、西ヨーロッパへの援助乞いの旅から帰国したビザンツ皇帝マヌエル二世は、この状況の好転に驚き、神に感謝したことだろう。バヤズィトの包囲で風前の灯ともみえたビザンツ帝国は延命されたからである。ただし、それも結果的には五〇年のことにすぎなかった。

後継者争いは、父とともにティムールの捕虜となり、のちに解放されたムーサーとムスタファ、アンカラの戦いから脱出したスレイマン、メフメト、イーサーの兄弟たちの間で争われた。もう一人の兄弟ユースフはビザンツ宮廷に逃れ、キリスト教に改宗したといわれている。兄弟のなかではスレイマンが当初もっとも有力で、ほぼ再統一を成し遂げるかにみられ

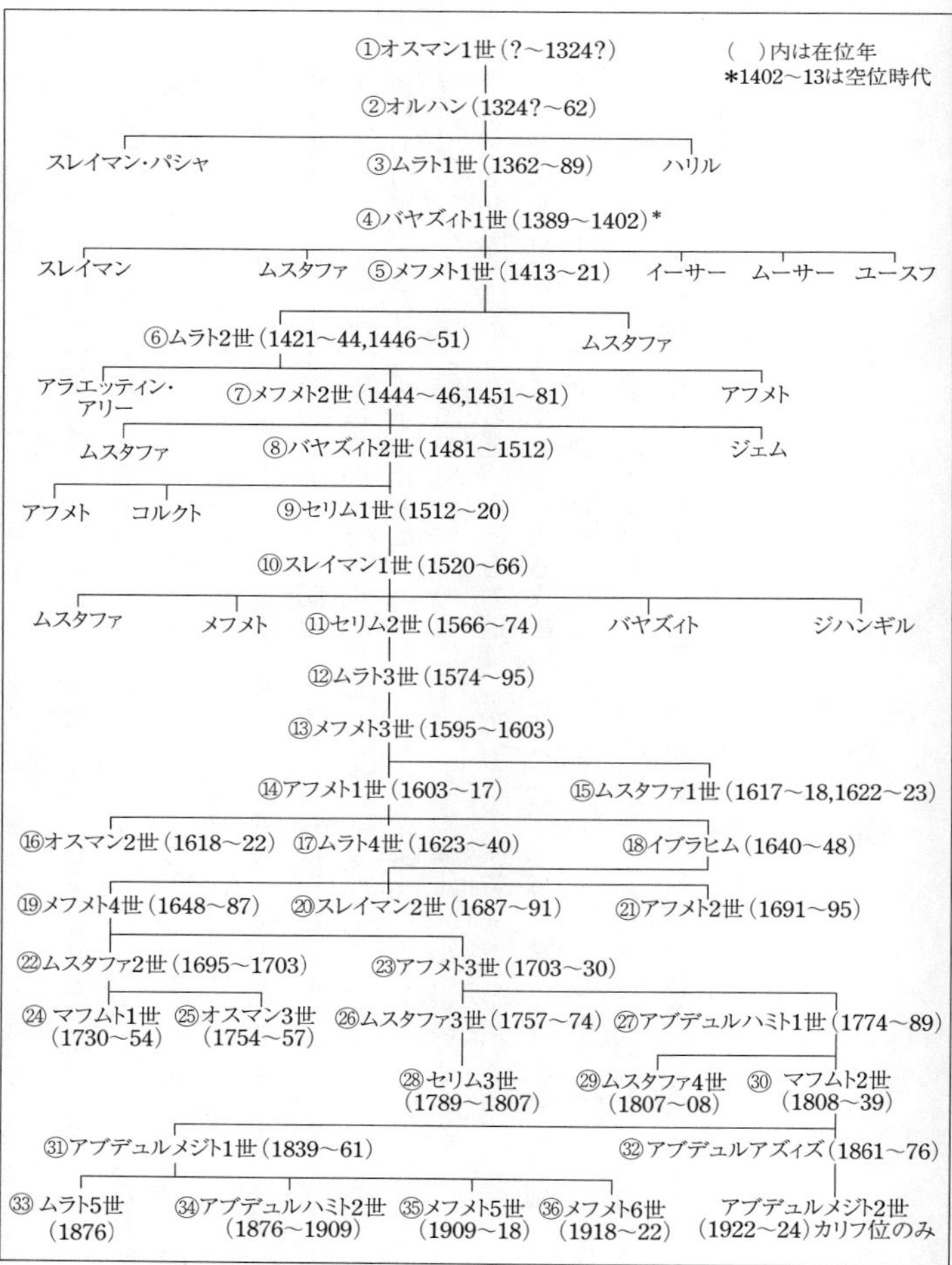
①オスマン1世（?～1324?）
（　）内は在位年
*1402～13は空位時代
②オルハン（1324?～62）
スレイマン・パシャ
③ムラト1世（1362～89）
ハリル
④バヤズィト1世（1389～1402）*
スレイマン
ムスタファ
⑤メフメト1世（1413～21）
イーサー
ムーサー
ユースフ
⑥ムラト2世（1421～44,1446～51）
ムスタファ
アラエッティン・アリー
⑦メフメト2世（1444～46,1451～81）
アフメト
ムスタファ
⑧バヤズィト2世（1481～1512）
ジェム
アフメト
コルクト
⑨セリム1世（1512～20）
⑩スレイマン1世（1520～66）
ムスタファ
メフメト
⑪セリム2世（1566～74）
バヤズィト
ジハンギル
⑫ムラト3世（1574～95）
⑬メフメト3世（1595～1603）
⑭アフメト1世（1603～17）
⑮ムスタファ1世（1617～18,1622～23）
⑯オスマン2世（1618～22）
⑰ムラト4世（1623～40）
⑱イブラヒム（1640～48）
⑲メフメト4世（1648～87）
⑳スレイマン2世（1687～91）
㉑アフメト2世（1691～95）
㉒ムスタファ2世（1695～1703）
㉓アフメト3世（1703～30）
㉔マフムト1世（1730～54）
㉕オスマン3世（1754～57）
㉖ムスタファ3世（1757～74）
㉗アブデュルハミト1世（1774～89）
㉘セリム3世（1789～1807）
㉙ムスタファ4世（1807～08）
㉚マフムト2世（1808～39）
㉛アブデュルメジト1世（1839～61）
㉜アブデュルアズィズ（1861～76）
㉝ムラト5世（1876）
㉞アブデュルハミト2世（1876～1909）
㉟メフメト5世（1909～18）
㊱メフメト6世（1918～22）
アブデュルメジト2世（1922～24）カリフ位のみ

オスマン家の系図

たが、ビザンツ帝国やセルビア、アイドゥン侯国をはじめとする周辺の諸勢力は、常に、より弱い候補を支援して兄弟間の争いを長引かせようとしたことから、再統一までには紆余曲折のドラマが用意された。ライバルとしてムーサーやメフメトが台頭し、最終的には、メフメト（一世）の手でオスマン家支配の再統一がなされた（一四一三年）。

この抗争には、結婚によりムーサーと手を結んでいたワラキア王や、南東アナトリアに影響力をもっていたカイロのマムルーク朝なども干渉し、事態は国際的な関心のなかで推移した。しかし、オスマン家以外からこの地を統合しようとする勢力が現れることはなかった。諸勢力の思惑どおりに抗争は長期にわたったが、兄弟の後継争いが終焉してみると、そこには再び強力なオスマン侯国が現れ、諸勢力にとって大きな脅威となったのである。

オスマン侯国側からみると、再統合の道は、かつて来た道だったともいえる。諸勢力の乱立のなかから再び、オスマン家による支配域が拡大したことは、アンカラの戦い以前の彼らの軍事的・行政的な到達点が、他のライバルたちを上回っていたことを示している。二度にわたる統合でオスマン家の権威はむしろ高まり、時間のかかる社会的な統合も、政治的空白から生じた時間の猶予を有利に活用し、次第に進められた。二度の統合経験は、オスマン支配体制をこの地域に十分に定着させた点では、プラスに働いたともみられている。

ムラト二世の時代

ただし、安定した再統一が達成されたのは、一四二一年にメフメト一世のあとをついで即位したムラト二世が、後継争いを最終的に収拾したときである。生き残っていた叔父のムスタファと兄弟のムスタファをそれぞれ戦場で破ったのちに処刑し、ムラト二世の内政はようやく安定した。後継者争いを扇動し、オスマン侯国の弱体化を目論んだビザンツ皇帝は、状況が緊迫しつつあることを悟らざるをえなかったであろう。一四二四年、ビザンツ帝国は再びオスマン侯国への貢納金の支払いに同意し、領土の一部も割譲している。

ムラト二世は、バルカン側では、アンカラの戦いののちにビザンツ帝国に奪われていたテッサロニキ（のちにビザンツがヴェネチアに割譲）を回復し（一四三〇年）、ヴェネチアの思惑を挫いた。一四二五年のアナトリア遠征では、ティムールの後押しで復活していた西アナトリアの諸侯国を順次併合した。その結果、中央アナトリアのカラマン侯国だけがマムルーク朝との緩衝国として残る形になった。

バルカンでの戦争の焦点は、セルビアとアルバニアであった。セルビア王国は、ハンガリーとオスマン双方からの圧力を受けていたが、一四二八年に再びオスマン侯国の属国となる。しかし、より直接的な支配を広げるためムラトは三八年にセルビアに遠征し、その首都スメジェレヴォなどを攻略した。また、アルバニアへの遠征を重ね、ここでも順次、直接支配域を広げていった。

こうしてムラト二世は、ドナウ川から中央アナトリアに至る、かつて祖父バヤズィトが達成したのとほぼ同じ領域を回復するに至ったのである。オスマン国家にとって「真の領土」ともみなしうるこの地域の安定した支配を確保するため、ムラトはさらに、ドナウ川・サヴァ川のラインを越えて北セルビアやトランシルヴァニアに兵を進め、ハンガリーの勢力とも直接対峙した。

しかし、それは必ずしも順調には進まなかった。オスマン軍は、ハンガリーの手にあるドナウ川の要衝(ようしょう)ベオグラードの攻略に失敗(一四四〇年)、さらに、ハンガリーのトランシルヴァニア侯ヤーノシュ・フニャディにも進軍を止められた(一四四一〜四二年)。こうした状況に、ハンガリーとヴェネチアは新たな十字軍の編制に立ち上がり、アナトリア側のカラマン侯国とも同盟を結んだと考えられている。

一四四三年、ヤーノシュ・フニャディ侯率いる十字軍はセルビアを通ってソフィアまで進み、その後、いったんはオスマン側と和平を結んでいる。この和平を機に、ムラトは退位し、一二歳のメフメトが即位する。しかし、これを好機とみた十字軍勢力は和平を破って再びオスマン領のブルガリアに進軍し、結果として黒海に臨むヴァルナの地で、復帰したムラトが指揮するオスマン軍に敗れることになった(一四四四年)。

その後、一四四六年にムラトは正式に復位する。四八年には再びオスマン領に侵入したヤーノシュ・フニャディの軍をコソヴォで、また、四九年にはアルバニアでスカンデル・ベグを破り、メフメトの二度目の即位に備えた。一四五一年に死去したムラト二世は、このように、領域の周辺や山岳部での対抗者の動きを牽制し安定を確保したうえで、ドナウ川から中央アナトリアに至る領域をメフメトに引き継がせたといえるだろう。一四五一年、一九歳のメフメト二世は二度目の即位をする。

ムラトがどうして一二歳のメフメトにいったん君主（スルタン）の座を譲ったのかは明らかでないが、結果として、一度目の譲位の前例は、死去に伴うスルタン位継承をスムーズなものとした。メフメト二世は即位後、残っていた弟も殺し、内紛の種を残さなかった。即位したスルタンが、特に即位をめぐる係争がなくても予防的措置として行う「兄弟殺し」は、この時期から慣例として定着した。

バルカン統合の手法——オスマン化

オスマン侯国による「バルカンの征服」の評価

前節でみた一四世紀から一五世紀にかけての一世紀は、オスマン侯国のバルカンにおける拡大の一世紀だったといえる。バルカンにおけるオスマン支配は、どうして成功したのだろうか。

これまでの説明から明らかなように、バルカン地域に展開したオスマン侯国は、君主がイスラム教徒であるという点で他の勢力とは異なる特徴をもっていたが、軍事的にも、外交的にもこの地に群雄割拠する諸勢力と同じ行動をとり、この地のルールにのっとって勢力を拡大していった。そのルールとは、同盟や、政略結婚、貢納金の支払いを定める協定、そして戦場での「正しい決戦」などである。オスマン侯国は、けっしてバルカンのエイリアンではなかった。

ところで、一九世紀以来のバルカン研究には、オスマン勢力の発展をエイリアンによる侵略とする見方が根強く存在してきた。困難な独立を果たし、民族意識の高揚を図る近代のバルカン諸国の情勢を反映し、バルカン諸民族の仮想敵としての「トルコ人」が必要だったからである。徹底的な略奪と虐殺、強制改宗によりバルカンは踏みにじられたとする「バルカンの悲劇」説である。

これに対し、オスマン勢力の浸透は平和的に進行し、バルカンの民は封建諸勢力のくびきから解放されたとするトルコ人福音説も、一方では主張されてきた。勇敢なトルコ人がバルカンに出向き、乱世を克服し安定した統治をもたらしたとする考えである。いずれの考えも、オスマン侯国支配者の、外来性、異質性を強調することでは変わらない。二〇世紀以後の政治情勢、すなわち、トルコ人の国トルコ共和国と、バルカン諸民族のバルカン諸国に分かれた政治状況のなかでは、このような理解はごく自然なものとして受け入れられてきた。

しかし、こうした古い理解に対し、現在の研究では次の二点が広く認められている。第一は、オスマン支配の成功の鍵は、彼らが実施した支配の合理性にあったとする理解である。それゆえに成功し、バルカンに長期の安定をもたらした。

第二は、オスマン支配層には、これまで考えられてきた以上に、バルカンの在地出身者が多く加わっており、彼らはトルコ系の支配集団の脇役ではなかった、という点である。オスマン帝国の前半は、アナトリア出身のトルコ系軍人と、バルカンの旧支配層からの転身者の双方によって支えられていた。彼らが合体して生まれたのがオスマン支配層だった。

新しい支配層は、オスマン家のリーダーの周囲に集まり、合理的な統治方法を採用し、バルカンに新しい秩序をつくり出していった。当然ながら、それは、「イスラム教徒によるキリスト教世界の征服」と呼べるものではなかった。

組織的な略奪

では、「合理的な統治手法」の内容はどのようなものだったのだろうか。それは、オスマン侯国が、略奪(アクン)─同盟─臣属─直接支配化の順に、段階的に支配の度合いを深め、最終的には直轄地としてティマール制を施行していった手法を指す。段階順に、詳しくみていこう。

バルカンに展開したオスマン勢力がまず行ったことは、征服を目指す地域への計画的な略奪遠征であった。小隊による機動的で徹底した略奪が町や村を襲うやり方は、アナトリアの辺境地帯で培われたものである。アナトリア側に比べて、馬を操る機動性で抜きん出ることのできたバルカンでは、略奪遠征はより容易だったことだろう。わずかな時間で、オスマン軍による略奪遠征はバルカンの奥深くまで達しているのである。不意をつかれた側を恐怖に陥(おとしい)れたことも想像に難くない。その目的は、物資、金品、奴隷の略奪である。

略奪戦を行うのは、アクンジュと呼ばれる騎士たちだった。彼らは自由意志で戦争に参加する騎士で、略奪での戦利品だけをその収入として得る。オスマン侯国は彼らを台帳に記録し管理しているが、彼らに軍事奉仕の義務があるわけではない。アクンジュは、前章でみた

馬上の「トルコ人」　17世紀のヴェネチアで印刷されたこの絵は、馬を自在に操る勇猛果敢なアクンジュのイメージを反映している。コーレル博物館(ヴェネチア)蔵

エヴレノス家、ミハル家、トゥラハン家のような軍事家系に率いられる場合もあったし、単独で遠征に加わることもあった。オスマン侯国時代には彼らの役割は大きく、一五世紀には約五万人のアクンジュがいたといわれる。

アクンジュについては、興味深い史料が残っている。H・ローリーの紹介する一四七二年付の勅令である。そこではバルカン地方の諸郡に対してアナトリアでの略奪に参加する騎士が募集されている。曰く、「キリスト教徒の騎士を登録せよ。しかしもし希望者がいなければイスラム教徒の騎士を登録するように」。この募集に応じたキリスト教徒の騎士はオスマン侯国の組織的な略奪戦に参加するアクンジュとなったのである。

オスマン侯国は、随時このような募集を行い、バルカンやアナトリアから騎士を募っていたとみられる。バルカンの旧支配層に属した中・下級の騎士たちはそれに応募することで、オスマン軍に加わることができたのである。アナトリアでのアクンジュはバルカンから、バルカンでのアクンジュはアナトリアから主に供給された。しかし一六世紀になると、アクンジュの名は軍の編制のなかに見出せなくなってくる。アクンジュの多くは、後述するティマールを授与され、正式にオスマン騎士に統合されていったものと推測される。

以上からわかるように、アクンジュによる略奪は、気まぐれで冒険的なものではなく、国家により組織化されたものだった。それゆえ略奪戦への参加者は登録され、略奪の戦利品からは五分の一が税として徴収され、軍や国全体のためにも使われた。こうした略奪戦を同時代史料は、聖戦（ガザー）と呼んでいる。しかし、ローリーが指摘するように、それは、略奪戦そのものを指しており、イスラム教徒によるキリスト教徒に対する宗教のための戦いという意味ではなかった。

属国から直接支配地へ

度重（たび）なる略奪の波のあと、ようやくオスマン侯国は「国家」として振る舞い始める。第二段階である。歩兵・騎兵の両方からなるオスマン軍の本隊が姿を現し、バルカンの諸侯に服属を迫っていったのである。最初は貢納金を支払う属国とし、その軍はオスマン軍の一部として遠征への参加を義務付けられる。やがて、属国は機を見て廃され、王族などの支配層は追われる、第三段階である。領域はオスマン直接支配域に組み込まれ、県（サンジャク）という行政単位が編成される。この段階でも旧支配層の中・下層の軍人は、オスマン軍人の配下に「奴隷（クル）」などの形で加わることで、のちに自らもオスマン軍の騎士に登用されるチャンスを与えられた。

ムラト二世の時代、セルビアは、旧支配層の残る属国扱いの地方と、直接支配地となった地方に細かく色分けされ、徐々に後者が広げられていった。しかし問題が起これば、前者に戻ることもあった。これは、ムラト二世がけっして無理をせず、旧来の支配者との関係を見極めながら統合を進めたからに他ならない。オスマン侯国の支配者は、臣属から直接支配化へのプロセスを、慎重に進めたのである。

しかし、一方では、最終的に直接支配地としてティマール制を施行しなくては支配が安定せず、再びアンカラの戦いのあとに生じた危機が訪れることもまた、十分に理解されていた。このため、臣属した人々の行動は常に厳しく監視され、機を見て直接支配化が進められた。

ティマール制――軍事制度として

オスマン侯国の直接支配域とは、ティマール制が敷かれた地域を指している。ティマール制は、騎士に村などからの徴税権を授与し、その代償として軍事義務を課す制度であったから、農村支配のための制度としての面と軍事制度としての面をあわせもった。

そのティマール制が、オスマン侯国でいつ始められたかはわかっていないが、後述するように、一五世紀の前半には整った形で運用されていた。おそらくはビザンツ帝国によってバルカンや西アナトリアで行われていた領主への農村徴税権の授与（プロノイア制）が、オスマン侯国のもとでも行われたのが起源であろう。ルーム・セルジューク朝が行っていたイクター制も同種の制度である。

ティマール制という名称は、授与される徴税権のうち、その額が二万銀貨以下の少額の徴税権が「ティーマール」と呼ばれることに由来する。より高額の徴税権は、ゼアーメトやハスと呼ばれる。このため、三種の総称であるディルリクを用いる方が適当ではあるが、ティマール授与数が他に比べて圧倒的に多いことから、慣例的にこう呼ばれてきた。ここからわかるように、ティマール制の根幹は、それが金額で示される徴税権の付与という点にある。

軍功を記録する馬上の書記　戦場での騎士たちの活躍は記録され、ティマールの加増に結びつけられた。1597年、トプカプ宮殿博物館蔵

一定の徴税権を与えられた在郷騎士は、地方ごとの上級軍人の指揮のもと、夏期に集中する軍役に参加する義務を負った。軍役の際には、そのティマールの額に応じて、馬や武器、テント、従者などを整えて集合場所に集まった。

こうして編制されるのが、在郷騎士軍と呼ばれる州軍政官指揮下の軍である。一五二七年には、バルカンに一万六八八人、西アナトリアに七五三六人の在郷騎士がいたとされる（この他、東アナトリア、アラブ領とあわせ、全体では約二万八〇〇〇人）。このうち、バルカンの在郷騎兵がつくり出す軍は、彼らの従者を加え、四万四〇〇〇人の兵力だった。

ティマールは、戦場での働きによって増減した。脱走したり、あるいはそもそも集合場所に現れなければ、当然、ティマールの没収などの措置を受ける。逆に、軍功をあげれば、ティマールの加増が行われた。これを正確に行う「俸給管理」は、騎士たちを統制していく上で非常に重要な政府の任務だった。このため、オスマン軍の戦場には書記たちが同行し、それぞれの軍功を記録した証明書を発給して回っていたという。軍功に応じた正しいティマール授与が騎士たちのやる気を保証したといえるだろう。

在郷騎士たちは、戦場においては、ティマールのある県や州の上級の軍人の指揮に従った。一四世紀、一五世紀の段階では、こうした上級の軍人は、配下の騎士へのティマール授与にも関与していた。彼らが、地方ごとの在郷騎士軍の編制に責任を負っていたからだろう。しかし、オスマン帝国の中央集権化の進展にともない、ティマール授与の権限は、徐々に中央政府に集約され、一六世紀には政府を通じてのみ、すなわちスルタンの名においてのみ、実施されるようになっている。

ティマール制——農村支配の手法として

平時の在郷騎士たちは、授与された徴税権を行使する一種の徴税官だった。ティマールとして授与されたものの大半は農村からの徴税権だったので、彼らは農民から徴税をし、あわせて徴税につながる経済活動の面において、農民を管理した。

ここで注意しなくてはいけないのは騎士に与えられるのは徴税権のみで、土地や人間そのものに対する所有権・支配権ではないという点である。このため、騎士は農民を自分の畑で働かせたり、それを裁いたり罰したりする権限をもたなかった。司法権は地方法官（カーディー）に、警察権は郡長官（スバシュ）に与えられ、また、上級の軍人は、配下の騎士が農民に対し、不正を働くことがないよう監視した。

ただ、こうした制度は、時とともに整っていったという面も無視できない。一四世紀以来の歴史をもつティマール制であるが、その実施のためのマニュアルが整備され、それが法令の形で告知されるようになるのは、一五世紀後半、バヤズィト二世の時代である。この頃から在郷騎士の権利と義務が、それぞれの地方の実情と慣習に合わせて県単位にまとめられ、地方法令集の形で示されるようになったとみられている。

このティマール制のもとで、農民は土地を保有し、地方ごとに定められた土地税と十分の一税などを支払うかわりに、土地の用益権を確保した。村の徴税人である在郷騎士は、村に近い地方都市に住むことが多く、しばしば農村を見回りながら秋と春の決められた日に農民から徴税を行った。「騎士は一度に三日間、村にとどまり、村人に歓待させる権利をもつ」という条項を含む地方法令集は多いが、それは帝国のすべての地域で認められていたわけではない。

徴税調査とティマール授与

こうしたティマール制の実施のためには、大きな前提がある。それは、一万銀貨分のティマールを与えるとなった場合、どの村とどの村の徴税額を合算すれば一万になるのかを授与する側が知っておかなくてはいけないという点である。このため、オスマン侯国は、タフリールと呼ばれる税源の調査を征服地に対して実施し、徴税額を把握した。調査台帳は大切に保管され、スルタンの代替わりや何か大きな変化があった折には改めて調査が実施され、手元の資料の精度を保つ努力がなされた。ティマールの授与はこの調査結果に基づいて行われた。

ここで一四三一年に行われたアルバニア県でのティマール授与の事例を紹介しよう。アルバニア県は現在のアルバニアとギリシャにまたがる地域に位置する。

このアルバニア県で、ティマールを授与されたのは、どういう人々であったのだろうか。アルバニアのティマール授与台帳を校訂・刊行したH・イナルジュクの整理によれば、アルバニア県の三三五件のティマール授受者のうち、三〇パーセントはアナトリアの各地から転地してきたトルコ系騎士が占めている。一二パーセントの出自は不明であるが、残る五八パーセントの授受者はキリスト教徒あるいはイスラム教徒になって日の浅いバルカン出身の人々である。この五八パーセントの内訳は、二〇パーセントが上級軍人の配下にある「奴隷」軍人、二〇パーセントがスルタンの「奴隷」軍人、一八パーセントがキリスト教徒のままオスマン侯国に参加しているアルバニア出身の騎士たちである。

ここで奴隷と呼ばれる人々は、戦争捕虜などの形でいったんはスルタンやその他の軍人の配下に入った旧支配層の軍人たちを指している。その彼らにティマールが授与され、「一人前」の騎士として登録されているのである。彼らの多くは、自身はイスラム風の名前を、父親はキリスト教徒の名前をもつ新改宗者である。アルバニア県ではこうした人が、ティマール保有者の四〇パーセントを占めている。

また、奴隷にならず、自由身分のままでオスマン侯国に仕えているキリスト教徒騎士が一八パーセントもいる。彼らはアルバニアの旧領主に仕えていた騎士たちだったはずである。戦争の過程でオスマン側についたり、あるいは、有志で略奪兵に志願するなどし、オスマン支配層に加わったと推測される。

アルバニア県の域内では、ティマールを授与される軍人の少なくとも五八パーセントがバルカンの旧領主のもとで支配層を構成していた人々だったことを考えると、新しいオスマン支配層の性格はおのずと明らかになるだろう。このアルバニア県のデータを、単純にバルカン全体に広げることはできないが、一つの指標にはなると考えられる。

以上のように、バルカンではティマール制を通じて現地の中間支配層の相当数が取り込まれ、それにより、オスマン支配が実質的に拡大し、また安定したものになっていったと考えられている。彼らはアナトリアから移住したトルコ系騎士と融合し、新しいバルカンの在地支配層を形成した。アルバニア県の場合は、バルカン出身者がアナトリア出身者を上回っていたが、バルカン全体でどのような比率であったかは、残念ながら依然明らかではない。

「スルタンの奴隷」の育成

イェニチェリ軍の創設

オスマン侯国では、一四世紀中葉から、スルタンの周辺を守ることを第一の目的とした常備軍が整備され始めた。その人材の多くもバルカンから供給された。常備軍の中核を担うイェニチェリ軍の創設は、一四世紀後半、ムラト一世の頃といわれる。当初は戦争捕虜のうちスルタンの取り分となったものから編制されたと思われるが、その後、デヴシルメと呼ばれる、税として少年を徴用する制度によって補充された。デヴシルメの事例として確実なのは、一三九五年にバヤズィト一世が実施したものである。

ムラト一世の時代のイェニチェリの数は二〇〇〇人程度、一五世紀前半のムラト二世の時代にも三〇〇〇人程度といわれ、それは、文字どおり少数精鋭の近衛兵だった。彼らは有給で、常にスルタンの周囲をかため、その特権的な地位を誇った。

その特権は「スルタンの奴隷」(カプクル)という言葉によって表された。カプクルは直訳すると「門の奴隷」となる。門とはスルタンの家を指し、彼らがスルタンの「もの」として扱われる家産的な傭人だったことを意味している。彼らは、イスラム法で定義される奴隷身分にあることになっていたが、それは多分に建前上のことであった。「スルタンの奴隷」は、スルタンに対してのみ奴隷であり、また、宮廷や軍のなかで職にある限り解放されることもなかったからである。彼らはスルタンの「もの」であることから、生きる権利をスルタンに握られていたが、スルタン以外に対しては特権的な存在になりえた。

イェニチェリの数は、次章でみるオスマン帝国の拡大の時代に着実に増えていく。メフメト二世の時代に五〇〇〇から一万程度に増え、スレイマン一世の時代が一万二〇〇〇〜一万三〇〇〇程度である。一五世紀の後半から常備軍への火器の導入が進み、一六世紀には、最新の銃で武装したイェニチェリ歩兵とその砲兵隊が城攻めを中心としたオスマン帝国の征服を支えていくことになる。

イェニチェリ座像　イスタンブルに滞在したイタリア人画家、ジェンティーレ・ベッリーニ作。1479〜80年、大英博物館蔵

デヴシルメ

前述のように、デヴシルメは「スルタンの奴隷」をリクルートするために主にバルカンの諸地方で行われた少年徴用である。必要に応じ不定期に行われ、八歳から一五歳前後の少年が、主に農村から徴用された。一つの家から一人、ユダヤ教徒は除く、都市の商工業者、既婚者は除くなどの諸規定があるが、実際にはさまざまな例外も観察される。徴用が決ま

デヴシルメ実施の様子　1558年、トプカプ宮殿博物館蔵

った少年は、台帳に記録のうえ、集団でイスタンブルに送られ、しばらくはトルコ語習得のため農村に有料で貸し出された。そこから戻ったのち、予備軍に配備され、イェニチェリ兵への道を歩んでいく。ただし、徴用された少年のうち、一部は宮廷用にとり分けられ、彼らは兵士とは異なるエリートコースを歩むことになった。

右に示すミニアチュールは、一六世紀中葉にバルカン出身と思われる宮廷画家が描いたデヴシルメ実施の図である。宮廷画家も宮廷の「スルタンの奴隷」から養成されたから、彼自身もおそらくデヴシルメにより徴用されたのであろう。この絵には、徴用されて赤い衣服を着せられた少年たち、淡々とそれを台帳に記録する書記、金銭の授受をする有能そうな軍人、そして、少年の徴用に抗議する母親たち、とりなす司教とおぼしき人物の姿が、教会の中庭とみられるバルカンの景観のなかに、冷静に描かれている。
　画家がこの絵を、彼が少年時代に最後にみた故郷の町と母親の姿をとどめるために残したと思うのは、想像がすぎるかもしれないが、全体に無表情なミニアチュールのなかで、赤い衣服を着た少年たちは不安げにも、楽しげにもみえる。画家がそうであったように、デヴシルメは未知の世界への出立（しゅったつ）であり、多くの場合、安定した生活と出世へのスタートでもあった。「スルタンの奴隷」のなかからは、この画家のように才能に応じた職業の道が開かれていたことも私たちは知っている。多くは歩兵として活躍し、時には戦場に散ったであろう少年たちの人生は、こうした故郷の町との別れによってスタートしたのである。

宮廷で育つ「スルタンの奴隷」

デヴシルメで徴用された少年の一部は、選抜され、宮廷に送られた。ただし、その事例が増えるのは一六世紀のことである。一五世紀までは、宮廷には別ルートから「スルタンの奴隷」が送り込まれることが多かった。それは、オスマン支配を受け入れたバルカンやアナトリアの旧王族・貴族の子弟の中から適当な人材を選び、「スルタンの奴隷」にするという方法だった。彼らは、小姓としてオスマン家の宮廷で教育・訓練を受けたのち、多くは、オスマン帝国の軍人政治家として活躍している。これは人質のようにもみえるし、オスマン支配層への参加による、自身と一族の生き残りの手段であったともいえる。

このうち、アルバニア出身のスカンデル・ベグ（イスケンデル・ベイ）の例は少し特異である。彼は本名をギェルギ・カストリオトといい、アルバニアの地方貴族の子として生まれた。父がオスマン侯国に臣属したのに伴い九歳の時にエディルネの宮廷に送られ、そこで小姓として養育された。彼は、成人し宮廷を出たのち、出身地のアルバニアの一地方の郡長官に任じられ、ティマールも与えられている（先に引いたアルバニア県の台帳にもその名がみえる）。しかし、やがて任地や上官に対する不満などから反旗を翻し、在地の勢力やヴェネチアと結んでムラト二世やメフメト二世と戦っている。最終的にアルバニアはオスマン帝国に征服されるが、長期にわたってそれを阻んだ功績から、近代になると民族の英雄とみなされるようになった。

しかし、もし彼が反旗を翻さず、また順調に出世をしていたなら、彼はアルバニアの事情に通じたオスマン軍人として活躍していたに違いない。そして、実際、多くの「人質」出身者がオスマン支配層の上層部の主要な構成員として活躍しているのである。

たとえば、一五世紀後半のメフメト二世（一四五一〜八一年）の時代に大宰相を務めた八人を調べてみると、うち六人がバルカン出身者である。その四人がバルカンの旧支配層から登用された人材と確認できる。さらにその四人のうち三人は、ビザンツ貴族の子弟とみられている。彼らは、ビザンツ帝国を滅ぼしたオスマン帝国のもとで、大宰相という最高職に出世しているのである。人質として宮廷に入った人々も、デヴシルメで徴用された人々と同じく「スルタンの奴隷」とみなされた。しかし「奴隷」であることは、ここでも、スルタンに直属する特権に他ならなかった。

こうした人質の慣習は、バルカンやアナトリアでは、オスマン帝国以前から続いてきたものである。王族間、支配者間での人材のやりとりは、力関係に応じて自在に行われていた。ビザンツ帝国の宮廷にならい、オスマン帝国も征服や服従のたびに、旧支配層の適正な年齢の子弟をオスマン宮廷に受け入れ、みずから教育し、オスマン帝国の軍人に育てあげていったのである。スカンデル・ベグのようなまれな例もあるが、彼らの大半はオスマン軍人としてその人生をまっとうし、オスマン帝国とその命運をともにしたのである。

本章では、おおよそ一三五〇年から一四五〇年の間に、主にバルカンを舞台にオスマン侯国が帝国に発展する過程をたどった。そこでは、アナトリア出身のトルコ系イスラム教徒とならんで、バルカンのキリスト教徒からの登用が積極的に行われ、結果として両者を内包したオスマン支配層が形成された。アクンジュ、在郷騎士軍の騎士、「スルタンの奴隷」と称されるイェニチェリや宮廷出身のエリート軍人のいずれにも、バルカン出身の人々が加わっているのである。前述のように、キリスト教徒のままでオスマン支配に参加している人々の存在も確認される。

続く一六世紀になると支配層のなかにキリスト教徒の姿はほとんど見られなくなる。キリスト教徒がオスマン支配層から排除されたというよりも、改宗により、その姿が見えなくなったというほうが適切だろう。支配者はイスラム教徒であることが求められる時代が訪れたためである。

しかし、それは本人だけの話である。先祖はもとより、父や祖父、あるいは同世代を生きる兄弟や親戚がイスラム教徒であることを求める社会ではなかったので、新改宗者である「スルタンの奴隷」たちに不利な要素はなかった。

一六世紀末に至るまで、「スルタンの奴隷」は、主にバルカン社会から新たに供給され続けた。次の一〇〇年の時代に実現したオスマン帝国の軍事的成功は、こうした人々によって支えられることになる。

第三章　戦うスルタンの旗のもとで——一四五〇～一五二〇

イスタンブルの獲得とメフメト二世の征服

スルタンたちの時代の始まり

一四五一年に即位したメフメト二世から、バヤズィト二世、セリム一世、スレイマン一世と続く一〇〇年間、オスマン帝国は大きな戦勝をおさめ、領土はティマール制が完全に施行される「本土」を越えて大きく拡大した。第三章と第四章では、この四人のスルタンの時代をみていく。

四人のスルタンは、各々（おのおの）個性は異なるものの、独特の指導力を備え、それぞれの時代をリードした。この四人のスルタンの成功を支えたものは、これに先立つ一五〇年間に培われてきた独自の征服と統治のシステムだった。軍事的には在郷騎士軍と「スルタンの奴隷」から成る常備軍が戦いの前面で活躍した。その背後では行政、司法の制度が徐々に整備されていた。バルカン統合の過程で培われたこうした支配の技術をもって、オスマン帝国はアナトリアの中部・東部を含む広大な地域への拡大を成し遂げた。

四人のスルタンの時代、そのシステムは、中央集権化の方向でさらにその精度を上げた。

統治の手法は法令の形で明文化され、規範としてのちの時代に伝えられた。国力の向上は、戦場での勝利につながり、戦利品や税収増で国庫は潤い、その財を次の征服に投下する財政的な余力をスルタンたちに与えた。戦うスルタンを中心にした中央集権的な体制は、オスマン帝国の特徴である。

中央集権化はさまざまな痛みを伴った。それは、特にアナトリアにおいて顕著だった。前章でみた一〇〇年の間に、ドナウ川に至るバルカンは、おおよそオスマン体制に統合されていた。しかし、アナトリアにおけるその作業は、一五世紀中葉以後に行われたからである。「トルコ人」の国とみなされがちなオスマン帝国であるが、一六世紀、オスマン帝国をもっとも悩ませたものの一つは、アナトリアのトルコ系遊牧民だった。華々しい戦勝に飾られたスルタンたちの時代は、同時に、アナトリアの「トルコ人」との戦いの時代でもあった。

コンスタンティノープル包囲

英雄的なスルタンの時代は、コンスタンティノープルの征服という、大きな事件で幕を開けた。すでにみてきたように、ビザンツ皇帝の力は弱体化し、都市コンスタンティノープル一つを治めるにすぎなくなっていたが、千年の都の威光は、なんらかの奇跡をビザンツの人々に期待させ、また攻める側にも心理的な圧力をかけていた。それを乗り越えたのは、即位まもない、若いメフメト二世であった。

一四五一年に二度目の即位をしたメフメト二世は、まず周辺の国家を牽制して体制を整えたのち、ボスフォラス海峡のもっとも狭まった箇所に城塞を築き、コンスタンティノープルの包囲に備えた。この新城塞の対岸には、かつてコンスタンティノープルを八年間にわたって包囲したバヤズィト一世の城塞（アナドル・ヒサル城）が位置している。こうして、両岸から黒海沿岸のヴェネチア植民市からの援軍を攻撃する態勢をつくったのである。ヴェネチアはビザンツ帝国の最大の擁護者であり、その援軍はスルタンにとって不安要因だった。ビザンツ帝国自体は五〇〇〇人ほどの旧式の軍隊しかもたず、その防衛はヴェネチアやジェノヴァからの派兵と僅かな雇い兵、そして市民の協力に委ねられていた。

メフメト２世肖像　ジェンティーレ・ベッリーニ作。1479〜80年、ナショナル・ギャラリー(ロンドン)蔵

　オスマン勢力がコンスタンティノープルを包囲するのは、バヤズィト一世、ムラト二世に続きすでに三度目である。かつてバヤズィト一世は緩やかな包囲を敷き、兵糧攻めに持ち込もうとしたが、予想外に長引き、失敗した。市域の広いコンスタンティノープルは長期戦に耐え抜くことができたからである。また、その規模ゆえに長期にわたって全周を包囲しつくすことは難しかった。

　この経験に即し、メフメト二世

コンスタンティノープルの攻防　上は、1000年にわたりコンスタンティノープルを守ってきたテオドシウス城壁。オスマン軍は大型の大砲でここを攻めた。下は、当時の大砲。イスタンブル軍事博物館蔵。15トンの重量をもち、コンスタンティノープル攻略に用いられたものといわれる。著者撮影（２点とも）

は短期決戦の手法を選んだ。特に陸側の城壁を大型大砲その他の最新の武器で徹底的に攻め、一〇万（一六万とも）対総数八〇〇〇～九〇〇〇といわれる絶対的な兵員の差にものをいわせ、短期間に攻め落とそうとする作戦である。大砲の製造にはハンガリーの技術者が雇われた。

開戦直後にヴェネチア海軍に対し海軍力で劣ることが明確になると、海戦を避け、船団を陸に引き上げ、背後の丘陵を越え金角湾内に船を入れるという奇策も用いられた。金角湾の入り口には鎖が渡され、湾内への侵入が阻(はば)まれていたからである。陸海からの攻撃は労力、資金を惜しまぬ総力戦だった。この征服戦の遂行にはスルタン側近中にも反対者がおり、失敗はすなわち、スルタンの権威の失墜につながりかねない情勢だった。作戦を陣頭指揮したスルタンにとっても命運のかかった決戦だったといえよう。

コンスタンティノープル陥落の日

それだけに、その勝利がメフメト二世にもたらしたものも大きかった。包囲を約五〇日間続けたのち、オスマン軍は一四五三年五月二九日の夜明け前に最後の攻撃を行い、城内になだれ込んだ。この日をもってビザンツ帝国は滅亡した。ビザンツ皇帝は戦死したが、その遺体は見つけられなかったとされている。メフメト二世は、「征服の父」という美称をこの直後から用い、その成功をその後の集権的権力のよりどころとした。

包囲戦に加わったイタリアやビザンツの文人、オスマン人士の相当数が、この戦闘を記録しているため、包囲戦のプロセスは、詳しく知られている。しかし、それでも不明な点も多い。たとえば、町はどれほど破壊されたのかといった点である。征服後に何日間略奪が行われたのかも史料によって異同がある。イスラム法は三日間の略奪の権利を兵士たちに認めているが、おそらく略奪は一日できりあげられたとみるのが妥当であろう。徹底した略奪が行われたと記す史料がある一方で、無傷で残った建物や捕獲を免(まぬが)れた住民も多く、それらはオスマン帝国の保護下に入っているからである。メフメト二世が町の破壊を望まず、それを最小限に抑えようとしたとする点では、諸史料はほぼ一致する。メフメト二世は、捕虜のうち、スルタンの取り分となったものを丁重に扱い、特にビザンツ貴族たちについては、その身代金を自ら払って彼らの解放を保障したといわれる。

メフメト二世はまもなく聖（ハギヤ）ソフィア大聖堂に入り、ここをモスクとした。この他、征服直後に町の主要な教会や修道院がイスラム教徒のための施設に転用され、復興のための核とされた。そのなかには今日まで残るカレンデルハーネなどの旧教会堂が含まれるが、アリスト病院のように、征服後のオスマン側の史料からのみ、その名が知られる施設もある。巨大なイスタンブルは、一日の略奪で破壊しつくされるものではなく、征服以前からの荒廃を考慮にいれても、おおむね使用可能な状態でオスマン帝国に引き継がれたと考えるのが妥当であろう。

陥落三日後の金曜日の礼拝は、聖（アヤ）ソフィア・モスクで行われた。導師は、ダマスカス出身で、当時スルタンの宗教的側近だったアクシェムセッティンが務めている。彼は、包囲戦の最中に、預言者ムハンマドの教友アイユーブ（トルコ語読みでエユップ）の墓を「発見」し、戦士を鼓舞したことでも知られている。オスマン帝国によるコンスタンティノープルの獲得がイスラムの勝利であることは大いに宣伝され、アクシェムセッティンが書いた美文の戦勝の報は、カイロのマムルーク朝の宮廷などにもたらされた。

新都建設

オスマン側の史料によれば、メフメト二世は、征服と同時に「わが玉座はイスタンブル」

と、ここを帝国の中心とすることを宣言している。そして、具体的な復興施策を矢継ぎ早に繰り出している。ただし町の名称としては引き続きコンスタンティノープル（トルコ語ではコスタンティニーヤ）が用いられることが多かった。

メフメト二世はまず、捕虜になることを免れたり身代金を払って解放されたギリシャ人らの住民に対して安全を保障し、旧来の「慣習と宗教」の維持を約束した。また、町のガラタ地区に在留するジェノヴァ商人にも、その身の安全と商売や通行の自由を保障した。左の文書は、その内容を確認したオスマン帝国発給のギリシャ語文書である。

一方、メフメト二世は人口の激減した町の復興のため、征服戦に参加・協力した人々――軍人、ウラマー、神秘主義教団員など――に市内の建造物を住居として与えている。のちの諸記録をみていくと、軍功の褒美として市内の不動産をえた人物のなかには、征服戦で大きな貢献をした巨大大砲の製作者ハンガリー人のウルバンや、第一章でその年代記を紹介した

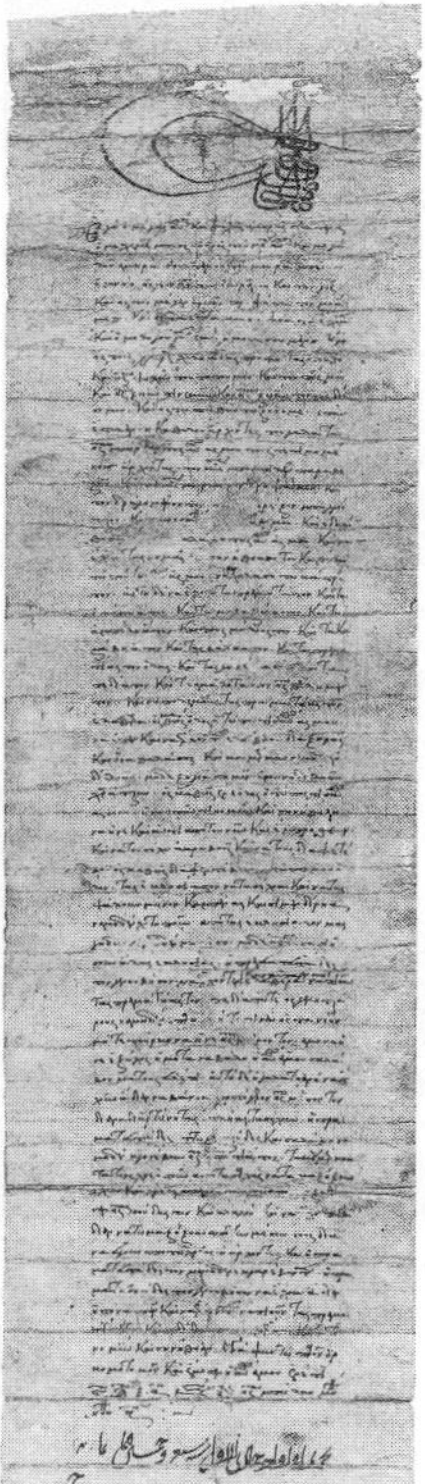

コンスタンティノープル在住のジェノヴァ商人らに安全を約束したオスマン文書　ギリシャ語。1453年、大英博物館蔵

アーシュクパシャザーデらの名もみえる。さらに、メフメト二世は帝国各地に使者を送り、各地からの自発的な移住を募っている。

しかしそれが思わしくないとみると、帝国支配下の諸都市や、その後の征服地から富裕な商人・職人を選んで強制的にイスタンブルに送り込んでいる。ただし、こうした政策は各地で相当な混乱を引き起こしたことが知られている。

都市の建物の復興については、まず征服直後に、城壁の修理や新しい要塞（イェデクレ）の建設が行われ、予想される十字軍の到来に対する防備が固められた。しかし結局、十字軍は現れず、その後城壁が防御の役割を果たすことは二度となかった。

メフメト二世は、一四五七年頃から、自らイニシアチブをとって町に巨大な市場やキャラバンサライを建設し、移住してきた商人や職人がそこで商売が営めるように配慮している。イスラム世界の商慣習に基づき、こうした商業施設は商人・職人たちに賃貸された。メフメト二世は、あらかじめこれらの商業施設を聖ソフィア（アヤ）・モスクに宗教寄進していたので、商人・職人が支払う賃貸料は宗教施設の維持・管理の経費にあてられた。これをワクフ制度という。

さらにメフメト二世は、治世の後半には、かつて聖使徒教会のあった高台にファーティフ・モスクという壮大なモスクを建設している。聖使徒教会は、ビザンツ歴代皇帝の墓所であった場所である。ビザンツの王権を象徴する場所にオスマンの王権を示すスルタンのモスクを建設したことは偶然ではないだろう。メフメト二世は、その効果を計算し尽くしていたと思われるのである。

メフメト二世は、自らモスクを建設するだけでなく、配下の側近の軍人たちにも、その財力に応じて市内要所にモスクなどの建築を行うように命じている。ただし、スルタンのモスクほどに目立つ位置につくられたモスクはなく、その規模も一様にワンサイズ小ぶりである。スルタンを頂点として姿を現し始めた権力の階層性が、建築に反映している。

こうしたスルタンのイニシアチブによる建設事業と、前述の人口対策により、イスタンブルの人口は征服から三〇年後には約一〇万まで回復したといわれる。このうち、約四割をギリシャ正教徒やアルメニア教徒、ユダヤ教徒が占めている。征服以前はほぼ皆無だったイスラム教徒が早くも六割を占めるまでになったという見方もできようが、新たに移住してきた人々のなかには非イスラム教徒も多かった。オスマン帝国後の復興は、宗教を問わず、豊かな商人・職人を積極的に受け入れる形で行われた。イスラム教徒六、非イスラム教徒四というイスタンブルの人口比は、その後、二〇世紀に至るまでほぼ変わらなかった。

「呪われたイスタンブル」

ところで、イスタンブルを首都とするという選択は、バルカンとアナトリアに広がったオスマン帝国の領土を考えると、ごく当然のことだったように思われる。しかし、当時においてはこれはそれほど当然のことではなかったようである。なぜなら、オスマン帝国の人々のなかには、首都に安住する偉大なスルタンの国の一員というイメージを自らのものとしない人々

アヤソフィア・モスク　ビザンツの大聖堂はモスクに転用された。メフメト2世は、イスタンブル内の多数の商業施設をこのモスクに寄進した。著者撮影

もいたからである。

　彼らの多くは、国境地帯でアクンジュとして活躍する自由な身分の騎士たちだった。彼らはティマールを授与される在郷騎士に統合される過程にあったが、「スルタンの奴隷」から成る常備軍の兵やスルタン側近集団に比べ、スルタンに対して独立性をもち、その独立性の維持と、活躍の場としての戦争の続行を望んでいた。異端的なイスラム信仰で「聖戦」を鼓舞するアクンジュのメンタリティは、多くの在郷騎士にも共有されていた。彼らはコンスタンティノープル征服に貢献し、その成功を祝ったが、この征服のあともスルタンがここにとどまらず、旧都エディルネを拠点に、さらに西へ西へと進むことを望んでいたのである。こうした「反イスタンブル」感情の背後には、オスマン国家が「帝国」として確立していくこと、スルタンが強大な権威をもち自分たちを縛ることを嫌う心情があったと理解される。

　メフメト二世の三人の息子たちのうち、ジェム王子は、そういうグループの人々の間で人気が高かった。ジェムが編纂させた英雄伝承『サルトゥクの書』には、オスマン帝国の都はエディルネであるべきこと、イスタンブルは不吉な町であるという話が繰り返される。さら

に、メフメト二世の時代から人々の間に流布し、のちに複数のオスマン年代記に引用された「コンスタンティノープルと聖ソフィア伝説」も、町の不幸を繰り返し指摘する。メフメト二世の帝国化の野心は暗に批判され、ここにとどまることの不安が、ローマの王たちの不幸に託して表明される。曰く、イスタンブルは繰り返し征服される呪われた町である、と。さらに、メフメト二世がこの町の再建に無駄に国税を使い、自らのモスクの建築家を、その失敗ゆえに処刑した史実を不吉の証として挙げている。

その後のイスタンブルの繁栄を知るものの目には、こうした反応は奇妙に感じられるだろう。しかし、当時の人々にとっては、スルタンがイスタンブルに造営した新宮殿同様、新しい時代の到来は、違和感をもたれるものだったのである。のちにトプカプ宮殿と呼ばれるようになる新宮殿は高い城壁に囲まれ、人々に開放された空間はその一部にすぎず、至高なるスルタンの姿は容易には拝めなくなっていた。しかし、イスタンブルの征服者となったメフメト二世は、そうした騎士たちの声を実力で抑え、イェニチェリなどの「スルタンの奴隷」を軍の中核に据え、その後の三〇年間を、東西での軍事作戦に費やしている。

メフメト二世の三〇年の戦争

メフメト二世のイスタンブル獲得に続く三〇年間の統治は、西へ東への遠征に明け暮れる。自ら率いた遠征の数は一八回に及ぶ。その回数からわかるように、夏期の数ヵ月に行われる遠征は、なかば年中行事化していた。

その行き先は、イスタンブルから一夏の遠征で到達できる範囲をおおよそぐるりとカバーする。治世の前半には、バルカン方面のセルビアやギリシャ（トラキア、エーゲ海、ペロポネソス半島）、ボスニア、アナトリア方面ではトレビゾンド王国、カラマン侯国へ矢継ぎ早に遠征している。そして治世の後半は、ウズン・ハサン率いる白羊朝と、ヴェネチアとの戦いにあてられた。ヴェネチアとハンガリーと白羊朝の間には対オスマン包囲の同盟が結ばれていたので、各地での戦いは、他方の情勢を見極めながら慎重に行われた。メフメト二世が、戦略家としての才能と決断力に恵まれた有能な指揮官であったことは間違いない。

とはいえ、戦争にはいつも勝利したわけではない。ヤーノシュ・フニャディ率いるハンガリー軍の手にあるベオグラードは難攻不落で、ついに攻略は果たせなかった。トレビゾンド王国の征服を実現したアナトリアへの遠征は困難を極め、配下のイェニチェリたちに特段のボーナスを出すことで、なんとか帰還を果たしている。最終的に放逐はしたものの、ワラキア（現ルーマニア）のヴァラド公やアルバニア山岳部でのスカンデル・ベグの抵抗は熾烈で、結果として両地域への支配は間接的なものにとどまった。海軍力は依然としてヴェネチアなどのヨーロッパ勢力の域に達せず、それがヴェネチアとの戦いを長引かせると同時に、聖ヨハネ騎士団の手にあるロードス島の攻略に失敗する要因となった。

しかし、三〇年が終わってみると、ドナウ川からユーフラテス川に至る領域は、島嶼部を除き、ほぼすべてオスマン帝国の領土となっていた。メフメト二世の征服活動は、この広大な領域のあちこちに虫食い状に残っていた半独立の諸属国やイタリア諸都市の支配域を一掃

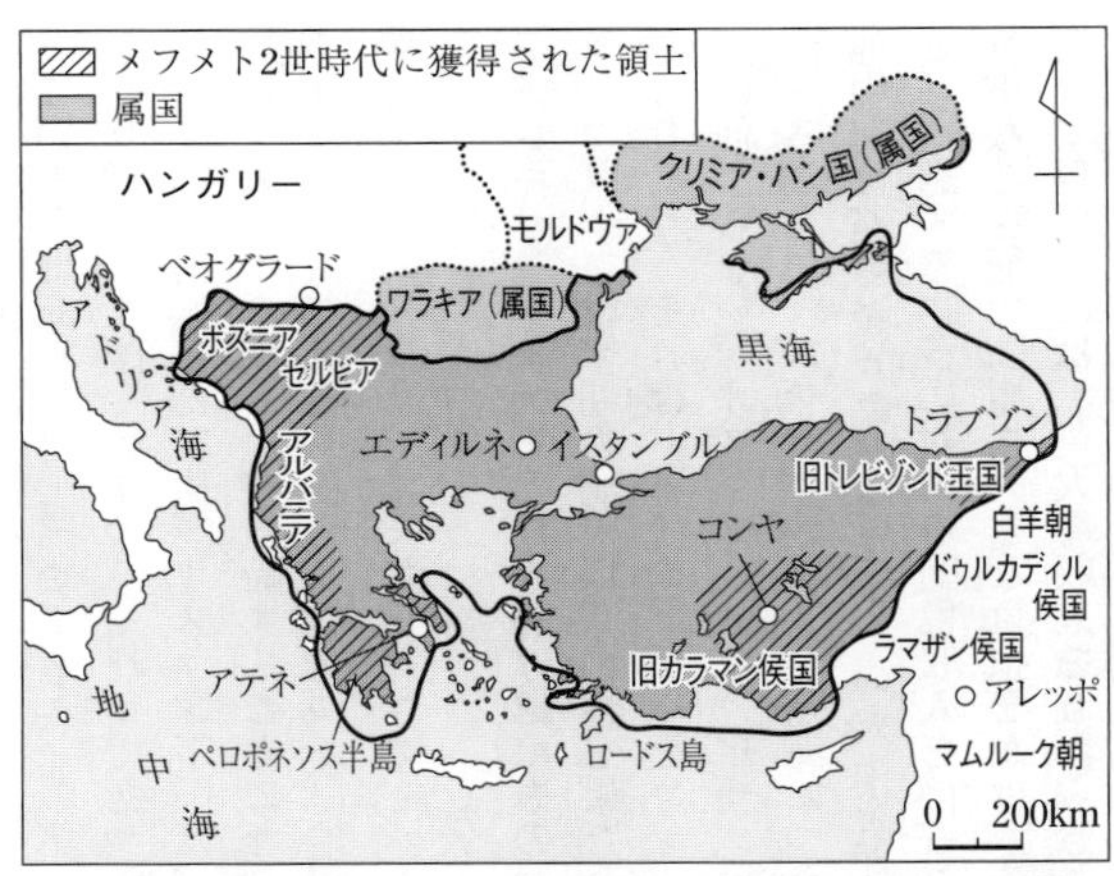

1480年頃のオスマン帝国　メフメト２世時代に帝国は東西に拡大し、黒線の内側の大半を直接支配下に置いた。黒海はオスマン帝国の海となった

し、その多くを直接支配地とし、干渉するその背後の勢力を牽制のために攻撃し、それによりオスマン帝国の「本土」を確かなものにする性格のものであった。新征服地では順次、徴税調査が行われ、ティマール制が実施されていった。メフメト二世が直接支配した領域の大半は一九世紀までオスマン帝国のもとに置かれることになるのである。

海上においても、オスマンの海が広がる。メフメト二世は黒海北岸に向け艦隊を派遣し、クリミア半島やその周辺からジェノヴァやヴェネチアの勢力を駆逐すると同時に、後継者争いに乗じて、クリミア・ハン国にオスマン帝国の宗主権を認めさせた。こうして黒海はオスマン帝国にとって安全な内海となった。

この過程でセルビア王国やボスニアの諸侯、アナトリア側ではビザンツ皇室の流れを汲むトレビゾンド王国や長年のライバルであったカラマン侯国などが最終的に滅亡した。これらの緩衝国が消滅した結果、オスマン帝国は、ハプスブルク家のハンガリー、エジプトとシリアのマムルーク朝と直接対峙(たいじ)することになった。また、イランやイラクに伸張し、一時は、ティムール朝に匹敵する勢力を誇った白羊朝との抗争は、やがてその後続国家サファヴィー朝とのライバル関係となって継続する。

アレキサンダー大王の杖を受け継ぐもの

メフメト二世末期の領土は、中興を果たした一一世紀のビザンツ帝国の領土の範囲とほぼ重なりあう。それは、イスタンブルをコンパスの中心にして支配できる政治的・経済的な範囲に他ならない。オスマン帝国は、ビザンツ帝国がそうであったように、イスタンブルを支配することで、ステップ地域から黒海につながる交易の北方ルートと、インド・イランから地中海に至るキャラバンルートの大半を押さえ、それにより、優れた産品の自国への供給と、通過する物資に対する関税収入を得ることになった。メフメト二世による軍隊の強化や度重(たびかさ)なる遠征は国庫に大きな負担をかけ、その治世中にはしばしば財政難に陥ることもあったが、長期的には、莫大な収入をもたらした。

こうした範囲を支配することになった君主が、自らを東地中海の覇者とみなしたとしても不思議ではないだろう。メフメト二世は、自らの宗教寄進文書などでは、その国家がローマ(=ビザンツ帝国)のあとに立ち上がったものであると説き、自らをアレキサンダー大王の杖を受け継ぐものと称している。彼の意識のなかに、セルジューク朝などのトルコ的遊牧君主の伝統や、さらにさかのぼるアッバース朝などの「イスラム帝国」の継承者という位置づけがあったかどうかは疑わしい。むしろ彼のもっていた世界観は、この地の「土着」の君主として、異教のアレキサンダー大王や、キリスト教徒であったローマの王たちの玉座を受け継ぎ、イスラムの時代を体現するという点にあったように思われる。

イスラム教徒の理解によれば、時間は、創造からユダヤ教の時代、キリスト教の時代と続き、イスラムの時代を経て、終末の日に向かって流れている。キリスト教の時代はいまや過去のものとなり、この地はイスラムの時代へと歴史の駒を進めたのである。こうした世界観は、スルタンのみならず、新たにイスラムを受け入れたバルカンの旧支配層の人々にも共有されていたことだろう。だからこそ彼らは先祖伝来の地の新しい支配者層の一員となり、スルタンの側近として活躍することができたのである。宮廷に入った「スルタンの奴隷」身分の小姓たちもこの世界観のもとで育てられた。

二枚の書記座像

メフメト二世は、アクシェムセッティンらを重用しイスラム的な文化伝統を尊重していたが、一方では、ギリシャ古典文化にも関心をもち、同時代のイタリアの芸術にも深い関心を

2枚の書記座像　右はジェンティーレ・ベッリーニ、1479～80年の作。イザベラ・スチュワート・ガードナー美術館(ボストン)蔵。左はサファヴィー朝の画家による1500年頃の模写。フリーア美術館(ワシントン)蔵

持ったといわれる。このためメフメト二世は、一四七九年一月にヴェネチアとの抗争が終結すると、その八月に優れた画家をイスタンブルに派遣するようヴェネチアの元老院に要請している。

これを受け、ヴェネチアは名声高いジェンティーレ・ベッリーニを選び、イスタンブルに派遣している。彼はイスタンブルに一年半とどまっている。メフメト二世の目的は自らの肖像をつくらせるためとも、建設途中であった新宮殿の装飾画を描かせるためともいわれるが、いずれにせよ、彼がスルタンに気に入られ、今日、ロンドンのナショナル・ギャラリーに展示されている肖像（八五頁）をはじめとする作品を残したことはよく知られている。帰国に際してはスルタンの花押（トゥーラ）で飾られた金のメダルを

はじめ、さまざまな贈り物を与えられたという。彼の最後の作品となった「アレキサンドリアの聖マルコ」の作品のなかには、そのメダルを誇らしげに首にかけた彼の姿が、作品の完成を託されたその弟ジョバンニ・ベッリーニの筆によって描かれている。

ところで、このベッリーニがオスマン宮廷で描いたとみられる絵の一つ「書記座像」には、興味深いエピソードがある。その複数の模写が、イランやインドの画家たちにより作製されているからである。模写作品の一つには、中央アジアやイランで活躍した名匠ベヒザード（一五三三年頃没）の署名があるが、これはおそらく偽署名とみられている。しかし、偽署名をした画家がベッリーニの「書記座像」を見ながらこれを作製したことは間違いない。

それでは、ベッリーニの「書記座像」はどんな旅路をたどったのだろうか。現在はボストンの美術館にあるこの絵は、もともとはトプカプ宮殿に所蔵された一冊の画帳に収められていた。画帳はサファヴィー朝の宮廷で作製されたものである。おそらく、イスタンブルのメフメト二世（もしくはその子のバヤズィト二世）が、「書記座像」を含むベッリーニの絵画何点かを白羊朝に贈り物として送り、それらがサファヴィー朝の宮廷に引き継がれ、ペルシャ語の題字をつけてヨーロッパや中国の具象画を集めた画帳に収められたものと思われる。その画帳がオスマン軍のタブリーズ遠征の際に戦利品としてイスタンブルに持ち帰られた。しかし、実はイランにある間に模写されていたのである。西洋の画家が描いた絵が、イスラム文化圏の画家たちの教科書となっていたわけであるが、そもそもベッリーニは、オスマン朝のミニアチュールに似せてこの絵を描いている。背景の花などはその証であろう。

膝に紙をのせて一心に描くこの若者にベッリーニが何を託し、それを模写した画家が何を考えたのかを知る術(すべ)はないが、東西の世界が閉じられたものではなかったこと、そしてイスラムで禁じられたとされる人物画が、実際には広く流通していたことを、この書記の絵は証言している。

バヤズィト二世の時代

後継者争いと王子ジェム

一月にベッリーニがヴェネチアに帰国した一四八一年の夏、メフメト二世は軍を召集し、行き先を告げずにアナトリア側から出発した。敵に準備の余裕を与えない方策だったのだろう。このため、目的がどこだったのかをめぐっては諸説ある。しかし、出発後、間もなくメフメト二世は発病し死去する。この突然の死はオスマン帝国を再び後継者争いに巻き込むことになった。

メフメト二世には三人の男子があった。もっとも有能といわれたムスタファは一四七四年に死んでいる。これが、大宰相マフムト・パシャの妻をめぐる確執から起きた、大宰相による暗殺事件だったことが、スタヴリデスによる裁判文書の研究から明らかになっている。残るジェムとバヤズィトのうち、イェニチェリら常備軍の支持を集めていたのはバヤズィトであった。ジェムを支持するトルコ系名家出身の大宰相カラマーニー・メフメト・パシャは、ジェムを先にイスタンブルにもたらす策を講じたが、イェニチェリ軍は大宰相を殺害し、まもなくバヤズィト二世が即位する。ジェムは、ブルサを拠点に反乱軍として戦いを続行したが敗れ、メフメト二世の妃である母や妻子を連れてマムルーク朝のカイロに逃れた。

このプロセスは、イェニチェリら常備軍がスルタンの決定に重要な役割を果たした最初の例として重要である。これは次代のセリム一世の即位の際にも繰り返される。即位後、バヤズィト二世は、金品の下賜や各種特権の付与などさまざまな形でイェニチェリたちに報いざるをえなかった。

ジェム王子の墓　向かって左。イタリアから運ばれたジェムの遺体は、ブルサに運ばれ、兄ムスタファの墓所に埋葬された。著者撮影

こうした混乱で始まったバヤズィト二世の時代には、前代に比べ遠征・戦争の回数が少なく、熟考された作戦だけが遂行された。東西の情勢は完全な平和を保証するものではなかったが、彼が極力、戦争を避けていたことはその対応から明らかである。結果的には、バヤズィト二世の三〇年の間に、オスマン帝国はメフメト二世の治世末期に極限まで疲弊していた国力を回復させることができた。戦争を避ける陰で、バヤズィト二世は、陸・海の両軍の武器の更新に力を注いでいる。その成果は一六世紀の新たな拡大につながった。

財政的にも、スルタン位を継承した時点では国家の収支は逼迫していた。メフメト二世が導入し社会不満の原因となっていた各種の新税を撤回するかたわら、支出を避け、財政を再建することはバヤズィトの使命であった。

バヤズィト二世の外交には、弟のジェムが、カイロを離れアナトリアを経て、聖ヨハネ騎士団の支配するエーゲ海のロードス島に渡り、それから一三年間にわたってヨーロッパの諸勢力のもとにとどまるという異常な事態も大きな影響を与えていた。ジェムは、ローマ教皇らの対オスマン政策、およびヨーロッパの諸勢力間の政治の道具として利用され、一四九五年にナポリで生涯を閉じる。遺体の引き渡しも取り引きの材料とされ四年を要したが、最終的にはブルサで兄のムスタファの墓所に葬られた。その母や妻、娘はバヤズィト二世の保護を受けたが、男系の子孫は、ロードス島に残りのちにカトリックに改宗したといわれる男子一人を除き、すべてバヤズィト二世の命で絞首されている。

バヤズィト二世時代の対外関係

ジェムがヨーロッパで生きている間、バヤズィトの対ヴェネチア、対ハンガリー戦略は膠着していた。しかし、その周域では、数は少ないものの、重要な進展があった。まず、ドナウ川の北に遠征し、黒海西岸のアクケルマンやドナウ川河口域の諸都市を攻略、モルドヴァを属国とした（一四九二年）。これにより黒海西岸の交通路が確保され、オスマン帝国の戦争に属国クリミア・ハン国の騎兵軍を動員することができるようになった。

一方、東方では、トルコ系のドゥルカディル侯国をはさんでマムルーク朝との抗争が深刻化した。マムルーク朝が、シリア平原に続くアナトリア南部に拠点をもつトルコ系遊牧民に大きな影響力をもっていたからである。攻勢にでたマムルーク朝は、一時は中央アナトリアのカイセリまで迫り、オスマン帝国を脅かした。マムルーク朝はアダナ地方に影響力を確保し、一四九一年に和平が成立した。シリア平原とアナトリア高原の境域ではラマザン侯国とドゥルカディル侯国が両勢力の緩衝地となった。

一四九五年のジェムの死は、バヤズィトの対ヴェネチア、対ハンガリーの作戦をより積極的にする契機となった。バヤズィトは、一四九五年にクリミア・ハン国の騎兵とオスマン軍のアクンジュをポーランドに送り込んでいる。ポーランドの黒海進出という野望を挫くためである。

ヴェネチアとは、ペロポネソス半島の南岸・西岸やアドリア海に面する諸都市をめぐって争い、一進一退の戦いの後、一五〇三年の和平を有利に締結した。ヴェネチアは、依然、海上の戦いでの優位を保っていたが、陸・海からのオスマン帝国の攻撃で、次第に陸上拠点を失っていった。

ヴェネチアに対抗するため、海軍力の向上が図られたことはバヤズィト時代の大きな前進であった。一五世紀末、大西洋は大航海時代に入っている。ポルトガルやスペインの大型帆船が長距離航海に乗り出していた時代である。地中海でもガレー船の改良が進み、大砲などの火器が搭載されるようになっていた。この時期、オスマン帝国の海軍も、ヨーロッパ諸国の海軍にみられたこうした技術革新に遅れをとることなく、ヴェネチアとの戦争に、最新の武装船を繰り出している。それによりはじめてヴェネチアへの勝利が可能になったのである。

オスマン帝国の成功は、戦争技術の革新期に入っていたこの時代に、イタリアやその他のヨーロッパの各地から技術者を積極的に受け入れていたことにより実現された。技術者のなかには、レコンキスタ後の混乱でスペインを追われたユダヤ教徒も含まれる。一四九〇年代のイスタンブルへの移住者であるが、スペイン語を話すユダヤ教徒の末裔は、五〇〇年後の今もイスタンブルに残っている。同じく地中海で活躍する海賊たちの一部もオスマン海軍に登用され、重用された。もともと多様な「民族」的構成をもつオスマン帝国にとって、国家に有用な人々の参入は歓迎こそされ、警戒されるものではなかった。出仕先を求めて移動するヨーロッパの技術者や軍人にとっても、オスマン帝国は有望な「就職先」の一つだったのである。

東アナトリアの情勢とサファヴィー朝

バヤズィト二世の時代のもう一つの特徴は、イスラム的な文化伝統が徐々に支配層の間に浸透し始めたことである。王子時代をアナトリアのアマスヤで過ごしたバヤズィトは、父のメフメト二世とは異なり、イランや中央アジアの洗練されたイスラム的伝統に傾倒していた。イスラム神秘主義の思想、韻文詩、イラン伝来の史書や文学書に親しんだバヤズィトの宮廷は、父の時代に比べ、「東方的」であった。

その東方には、この時期、新しい勢力が台頭しつつあった。シーア派信仰を掲げ、オスマン帝国のアナトリア支配に正面から挑戦することになるサファヴィー朝である。バルカンの大半の支配を確実なものにし、海軍力を強化し、西の海に乗り出したオスマン帝国であったが、トルコ系遊牧民の世界であった中央アナトリアの直接支配はようやくメフメト二世の時代に果たされたものであり、アナトリアの東部や南部は、依然、オスマンの支配の外か、その支配が間接的にしか及ばない世界だった。

オスマン帝国のアナトリア支配の脆弱性（ぜいじゃく）は、マムルーク朝との抗争の際にもしばしば露呈していた。バルカンで成長し、集権体制を整えつつあったオスマン帝国は、アナトリアの遊牧部族出身の人々には外来の支配者だったからである。滅亡して日の浅い旧トルコ系諸侯国に属していた遊牧部族出身の騎士たちは、オスマン帝国に登用され、ティマールを与えられたとしても、機会さえあればその足かせを逃れ、より自由な立場を求めていた。そうした人々に向け、サファヴィー朝は宣教活動を行った。それは、彼らの心を動かすものだったろう。ただし、それは、シーア派教義に対してというよりも、なじみ親しんだ遊牧民的価値感、すなわち部族の血統と構成員間の平等への憧憬からくるものだったと思われる。根底には、イスタンブルの中央集権的な権力への素朴な「反感」があった。

カスピ海南岸のアルダビールに起こり、東アナトリアに移ったのち、アナトリアからイランに広がる遊牧民に勢力を広げたサファヴィー教団は、極端なシーア派主張をよりどころにしていた。サファヴィー家の当主となったイスマーイールは預言者ムハンマドの娘婿でシーア派にとっての初代イマーム、アリーの再来を名乗り、時には自らを神と称することもあったようである。一五〇一年に白羊朝を破りタブリーズを獲得すると、またたくまにイラン高原を支配し、さらにイラクに入り一五〇八年にバグダードを獲得した。彼に従ったサファヴィー教団員の遊牧民たちは、赤いフェルトのかぶりものに白布のターバンを巻いていたので、トルコ語で「赤い頭」を意味するクズルバシュと呼ばれた。

イスマーイールは神を称え、神のために戦う神秘主義的心情をうたった熱烈な詩を謳い、それはアナトリアの遊牧民の間に伝わり、イスマーイールを慕う同調者を獲得した。クズルバシュの多くはアナトリア出身で、彼らは今やイランの支配者となっているのである。アナトリアの遊牧民たちが、これに動揺しないはずがない。こうした状況に、当時トラブゾンを任地としていたセリム王子はいらだちを募らせていたが、父バヤズィトは有効な手を打てず、むしろ静観していた。彼の老齢のせいとも、彼自身の神秘主義的志向のせいともいわれる。しかし、一五一一年にイスマーイールの同調者が、西アナトリアのテケで大きな反乱を起こすに至ると、事態は急を告げることになる。

セリム王子のクーデターと権力掌握

西アナトリアで勃発した反乱の首謀者は、アナトリアの在地の小さな神秘主義教団組織の長で、シャークルと通称される人物だった。シャークルとは、シャー（王）イスマーイールの僕を意味する。彼はイマーム・アリーの子フサインの殉教の日であるアーシュラー祭の日を期して反乱を起こし、そこから北上、キュタヒヤからブルサに迫る勢いを示した。その軍勢にはさまざまな不満分子が加わり、その行動は暴徒そのものであったが、コルクト王子の軍を破るなどし、オスマン帝国を混乱に陥らせた。バヤズィトはもう一人のアフメト王子を追討に派遣しシャークルの乱を鎮圧するが、その過程で大宰相が戦死し、オスマン側の犠牲も大きかった。また、この反乱のプロセスで後継者争いの只中にあったコルクト王子とアフメト王子はイェニチェリの信頼を失い、もう一人のセリム王子の人気が高まるという事態が生まれた。

先に紹介したように、オスマン帝国では、即位したスルタンが兄弟を殺すことが慣例化していたが、それが可能なのは、王子たちがいずれも、県軍政官として行政や軍事指揮の経験を積み、即位に備えていたからである。その過程で軍功と有能さを競い、首都イスタンブルの有力者の間にも支持者を増やす努力をしていた。父であるスルタンは、イスタンブルに近い県の軍政官に自らの後継候補を任命することで、後継候補の優先順位を示すことができた。イスタンブルにもっとも早く入った王子が継承権を得たからである。しかし、いずれにせよ自らの死後のことである。最終的には、イスタンブルに支持者のある候補（王子）にだけ即位のチャンスがあった。こうして、イェニチェリなどの首都の常備軍勢力がスルタンの後継争いに重要な役割を演じることになったのである。

三人の王子のうちもっとも年の若いセリムは、この時点までは即位のチャンスの薄い候補とみられていた。このためセリムは一か八かの賭けに出る。遠方の任地トラブゾンを離れ、イスタンブルに近いバルカン側に任地を要求し、父バヤズィトに反旗を翻（ひるがえ）したのである。折しも他の二人の王子はシャークルの乱の対応に忙殺されていた。しかし、その時点のクーデターは失敗し、いったんはクリミア半島のカッファに引き下がっている。父のバヤズィトは明らかにアフメト王子を支持していた。しかし、シャークルの反乱を鎮圧した後、譲位を受けるためにイスタンブル入りを目指したアフメトは、イェニチェリ軍にイスタンブル入りを拒否され、ボスフォラス海峡を渡ることができなかった。やむなくアナトリアに退（しりぞ）く。クリミアから戻ったセリムはバヤズィトに退位を迫り、一五一二年四月一九日にスルタンの座についた。彼の即位を決定したのは、イェニチェリ軍の支持ということになるだろう。

この直後に、バヤズィト二世は死去した（六月一〇日）。セリムによる毒殺との説もあるが、定かではない。即位したセリム一世は、翌年、二人の兄弟を戦場で破った後、絞首する。その子供たちもオスマン領内にあるものはみな殺された。兄弟殺しの慣習により、この時も多くのオスマン血統が失われた。

セリム一世の大征服

サファヴィー朝に向けて

セリム一世の即位は、このように混乱と流血の結果であった。このため、彼にはのちにヤヴズ（冷酷なる者）の渾名（あだな）が付いた。しかし、冷静に考えてみると、彼がとった毅然（きぜん）とした措置は、たとえそれが冷酷なものでも、結果的にオスマン帝国の分裂を防ぐ効果をもつことになった。

　セリムが即位後、まず行ったことは、サファヴィー朝に一撃を加えることであった。これは領土獲得を目指した対外遠征ではなく、むしろ、すでにオスマン領となっているアナトリアの国内問題からの行動といってもよい。なぜなら、セリムとの抗争で不利な立場にたったアフメト王子は、シャー・イスマーイールに助けを求め、サファヴィー朝の派遣部隊は一五一二年三月には中央アナトリアのトカトを襲っているからである。アフメトは一五一三年に殺されたが、その子の一人ムラトは、すでにクズルバシュとしてイスマーイールの配下に入っている。シャークルの乱に示されるように、アナトリアのトルコ系遊牧民の間にはイスマーイールへの支持は広く浸透しており、それがオスマン王家の一部と結びつけば帝国が分裂する、さらには、アナトリアがサファヴィー領になる可能性も十分にあったのである。

　東部のトラブゾン県の軍政官としてこの危険を熟知していたセリムは、即位前からサファヴィー朝の影響力の根絶を決意していたとみられる。即位後、まず、ハンガリーなどと和平を結び、背後を襲われる危険を回避したのち、アナトリアの各地に調査を命令し、イスマーイールの同調者を報告させ、彼らの多くを投獄、または処刑している。四万人が殺されたとする説もある。このような措置が可能であったことを考えると、クズルバシュに加わりかねないイスマーイールの同調者は、その存在を隠してはいなかったのであろう。

　強硬な手段で足元の危険を取り除いたのち、セリムは東に向かって遠征を開始するが、それに先立ち、宗教指導者から「異端のクズルバシュを討つことは聖戦である」という法判断を得て、イスラム教徒同士の戦いの正当性を示している。オスマン帝国はこれまでもアナトリアでイスラム教徒の国々との戦いを重ねていたが、盛んに宗教宣伝を行うサファヴィー朝への対抗上、スンナ派イスラムの国家として理論武装をすることも必要であった。オスマン帝国における正統的なスンナ派イスラムの受容は、実は緒に就いたばかりであったが、イスマーイールの挑発によりその実体化が進むことになった。

チャルディランの戦い

一五一四年の春にイスタンブルを出発したセリムの軍は、東に向かった。彼らの通るルートは、ドゥルカディル侯国の手によってあらかじめ破壊されていたという。困難な道行に食糧も不足し、イエニチェリらは不満を募らせたが、スルタンは反対する有力者を処刑するなどして強硬さを示している。

オスマン軍がサファヴィー朝の領内に深く入ったのちも、シャー・イスマーイールの軍はなかなか姿を現さず、オスマン軍を疲弊させる作戦をとっている。結局ヴァン湖に近いチャルディランの平原が両軍の決戦の場となった。八月二三日のことである。両軍とも約一〇万の軍勢だった。オスマンの軍は、攻め込むクズルバシュの騎兵に対し、軍を引き、おびきよせて大砲で撃つという戦術をとった。右翼におけるその作戦は成功したが、左翼では動きが乱れて失敗し、大勢の死者を出した。両軍ともに騎士にはトルコ系が多く、オスマン側の在郷騎士軍の騎士はといえば、いつサファヴィー側についても不思議ではない人々だった。不利な情勢が続けばアンカラの戦いの二の舞になりかねなかっただろう。

しかし結局、戦いを制したのは、オスマン帝国の火器の威力だった。イェニチェリの鉄砲隊が戦場に投入されると、形勢は一気にオスマン側に傾いた。イスマーイール自身も負傷して撤退し、サファヴィー朝の軍は敗走した。

チャルディランの戦い　右にオスマン軍、左にサファヴィー朝騎兵軍を描く。右手前は鉄砲を持つイェニチェリたち。1525年頃、トプカプ宮殿博物館蔵

火器のなかでも、移動可能で簡単に攻撃の向きを変えられる軽大砲が威力を発揮したといわれる。その効果を知っていたセリムは、二五〇〇キロの行軍にもかかわらず、多数の大砲をこの地まで運んできていたのである。イェニチェリ軍のマスケット銃がサファヴィー軍騎士たちの弓や剣に勝ったことはいうまでもない。

逃げるサファヴィー軍を追ってセリムの軍は、九月にタブリーズまで進んだ。ここに九日間とどまり、戦利品としてイランの財宝や優れた職人集団をイスタンブルに連れ帰った。

本来、セリムの意思は、軍とともにアゼルバイジャンで冬を越し、春を待ってイスマーイールを追走し、おそらくサファヴィー朝の息の根を止めることにあったとみられる。しかし、軍の本陣がこれほどの大軍を伴ったまま敵地で冬を越したことはかつてなかった。オスマン帝国の戦争は、春の集合、夏の戦い、そして秋には帰還することが基本だったからである。このため、イェニチェリたちは越冬に反対し、反乱も辞さない事態となった。セリムのアマスヤまでの帰還は、こうした軍の反対を受けてのものといわれている。この帰還により、アゼルバイジャンや東アナトリアはサファヴィー朝の手に残された。

南東アナトリアの領有へ

オスマン軍のチャルディランの戦いでの勝利は、サファヴィー朝がしばらく前に白羊朝から奪っていた南東アナトリアの帰属に、大きな影響を与えた。翌年(一五一五年)再びアマスヤから出発したセリムは、三月にエルズィンジャンに近いケマー城を落としてサファヴィー朝側の拠点を取り払った。そこから南東アナトリア地方、特にこの地域の要衝アーミド(ディヤルバクル)の領有をめざして軍を進めた(一五一五年九月に征服)。

南東アナトリアから北イラクの山岳地方は、クルド系族長諸侯が勢力をもつ地域である。彼らは白羊朝やサファヴィー朝に臣属してきたが、オスマン帝国は、旧白羊朝の官僚でこの地の情勢に通じたイドリース・ビトリースィーらを使って、彼らの懐柔に努めた。結果的に、ほとんどのクルド系族長諸侯が、その世襲的な権力を維持したままオスマン帝国に臣属し、対サファヴィー朝戦争に協力することになった。

次の目標は南アナトリアに向けられた。そこには当時、マムルーク朝側についていたドゥルカディル侯国とラマザン侯国が残されている。ラマザン侯国は、すばやくセリムに降伏したが、ドゥルカディル侯国は抵抗した。ドゥルカディルの君主アラウダウラは、セリムの母方の祖父だったが、前年のサファヴィー朝遠征への参加を拒んでいた。セリムにとっての不安は、サファヴィー朝とマムルーク朝が手を組むことであり、実際、その動きは進んでいた。ドゥルカディル侯国が占めるトロス山地からチュクロバ平原の地域は、交通の要所でもあった。

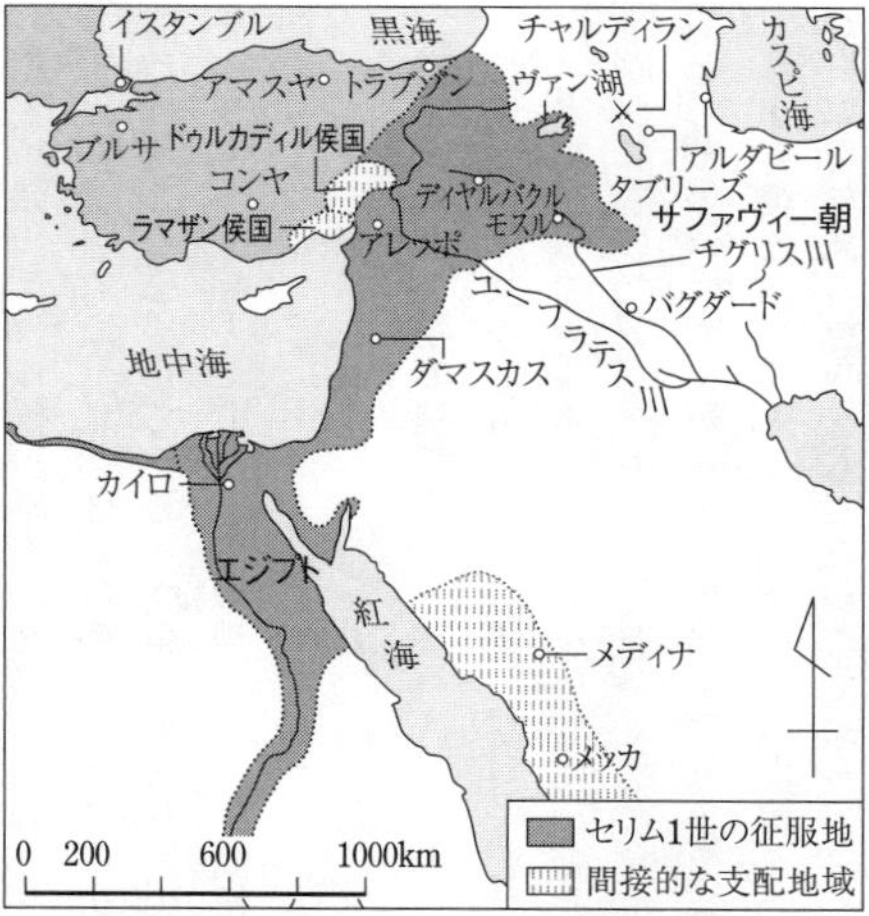

セリムはここを攻め、一五一五年六月、アラウダウラは敗れてアナトリアの最後の君侯国ドゥルカディルは滅びた。刎ねられた彼の首は、マムルーク朝のスルタンのもとに送られたという。ドゥルカディルへの攻撃が、マムルーク朝を意識したものであることはここからもうかがわれる。

セリム1世の征服

旧ドゥルカディル侯国地方の軍政官には、オスマン側についていたアラウダウラの甥のアリーが任命された。この任命は南アナトリアの新領土のオスマン領への取り込みが段階的に行われたことを示している。南東アナトリアのクルド系族長諸侯の支配域同様、既存の勢力をオスマン支配下に取り込みつつ、徐々に直接支配を拡大していく手法が、ここでもとられた。

対マムルーク朝の戦争

ひとたびイスタンブルにもどったセリムは、一五一六年、再び遠征に出発した。セリムが、当初からマムルーク朝遠征を目的に出発したのか、あるいは、シャー・イスマーイール討伐を目指したが、途中で方針をかえ南に向かったのか、定かではない。ただ、マムルーク朝との戦争の目的が対サファヴィー朝戦争を有利に進めるためだったことは確かだろう。マムルーク朝を討つことは、両国の同盟関係を断ち切るだけでなく、サファヴィー朝に経済的な打撃を与える意味をもったからである。

セリムは対サファヴィー朝戦略の一つとして経済封鎖も試みていた。イランの主要な輸出品である絹の交易を止めるという戦略である。イラン産の生糸は、通常、ブルサにもたらされ、生糸のままか、あるいは絹織物に加工され、イタリア商人を通じてヨーロッパに輸出されていた。イランの生糸は品質が高く、高値で取り引きされ、イランに膨大な利益をもたらしていた。そのルートを妨害するため、セリムはブルサにいたイラン商人たちを投獄し、イラン産の絹を焼却している。イラン商人との通商は厳しく禁じられた。

　しかし、ブルサが閉ざされた今、イランの生糸はアレッポにもたらされ始めていた。タブリーズ—アレッポ間の交易ルートがあったからである。マムルーク朝の支配下にあったアレッポを奪い、イランとの通商ルートを絶つという考えは、おそらく一五一六年の春にイスタンブルを出発したセリムの頭のなかにあったことだろう。

「異端者を助けるものは異端者である。異端との戦いは聖戦である」。これは、セリムがマムルーク朝追討にあたり、宗教指導者から得ていた法判断である。メッカ、メディナの保護者であり、同じスンナ派であるマムルーク朝と戦うには、サファヴィー朝以上にその正当性の証明に気を遣う必要があった。セリムは、法判断をよりどころとして示しつつ、シリアに進んだ。

　マムルーク軍との最初の戦いは、一五一六年の八月、アレッポ近郊で起こり、一時間ほどの戦闘

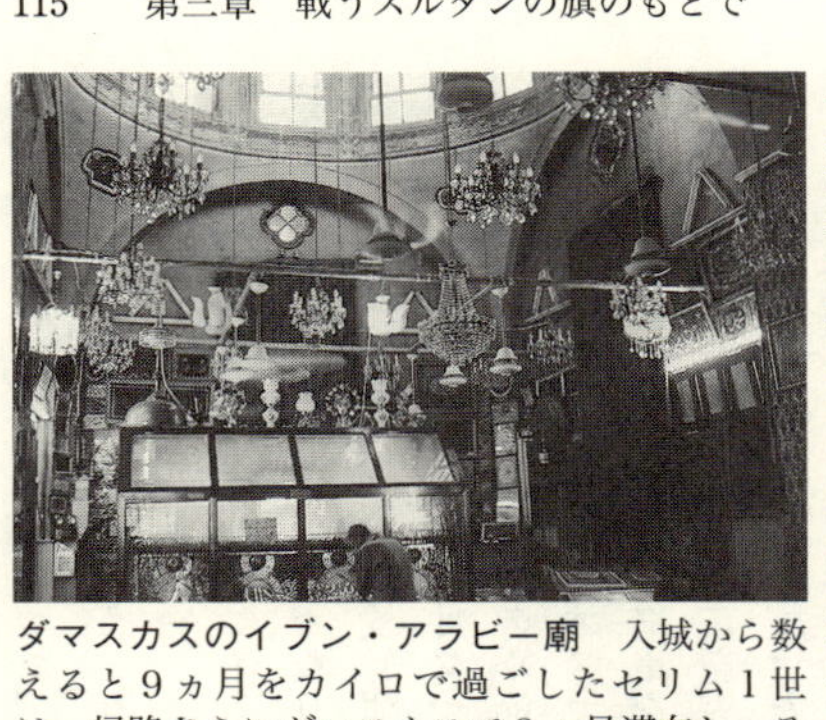

ダマスカスのイブン・アラビー廟　入城から数えると9ヵ月をカイロで過ごしたセリム1世は、帰路さらにダマスカスで8ヵ月滞在し、その間にイブン・アラビー(1240年没)の廟を修復し、隣接するモスクなどを建設した。イブン・アラビーはアンダルシアの生まれで、完全人間論などで知られるイスラム神秘主義(スーフィズム)の思想家。一時アナトリアのコンヤに住み、ダマスカスで没した。オスマン帝国には彼の信奉者が多く、セリムもその一人だった。著者撮影

でオスマン軍の圧勝に終わった。エジプトの年代記は、オスマン軍は「卑怯にも」大砲や鉄砲を使ったと非難しているが、両者の間には大きな軍事力の差が存在した。マムルーク朝のアレッポ太守ハイル・ベイは、オスマン側に寝返り（以前より内通していたといわれる）、まもなくアレッポ県軍政官に任命されている。アレッポに出陣していた老齢のマムルーク朝スルタンのカーンスーフ・ガウリーは敗走し、まもなく死んだ。セリムの軍はさらにダマスカスに進み、大きな抵抗も受けずに町を手中に収めている。ウマイヤ・モスクでは彼の名が君主として読み上げられ、オスマン帝国はシリア地方の支配者となった。

秋が近づきこの年の遠征の季節は終わっていたが、セリムは遠征を続行し、カイロに進んだ。カイロ近郊に到着したオスマン軍は、新しく即位した最後のマムルーク朝スルタン・トゥマンベイ率いるマムルーク軍をカイロ北部のライダーニーヤで破り、一五一七年一月にカイロに入城した。しかしそこを完全に制圧するにはさらに二ヵ月を要した。マムルークたちが地の利を生かして抵抗を続けたからである。ようやく三月末（または四月中旬とも）にスルタン・トゥマンベイは捕らえられ、処刑された。こうしてマムルーク朝は滅亡し、オスマン帝国はエジプトとシリア、そして、かねてよりマムルーク朝が保護下に置いていたメッカ、メディナの支配者となった。

エジプト征服がもたらしたもの

その後、セリムは数ヵ月にわたってカイロに滞在している。対サファヴィー朝遠征からは一刻も早い帰還を望んだイェニチェリたちも、ここでは不満をもらさずセリムとともにエジプトにとどまっている。この間にセリムが行っていたことは、アラブ社会の仕組みを検討させ、そこにオスマン帝国の支配諸制度を適用する作業だった。他の地でもそうであったように、シリアやエジプトでも多くの旧マムルーク朝支配層がオスマン支配を担う人材として登用された。元アレッポの太守ハイル・ベイはエジプトに移され、最初のエジプトの州軍政官となった。

一方で、戦場から戦場へと飛び回っていたスルタンのこの例外的に長いカイロ滞在は印象的である。エジプトはこれまでも外来の支配者を受け入れ、やがて彼らをエジプト化させてきた歴史を持つが、征服者セリムもこの地の文化伝統に強い影響を受けたようにみえる。オスマン帝国は、この征服でエジプトを含むアラブ世界の支配者となったが、一方では、支配したはずのエジプトやイスラムの聖地のもつ重さを長く、背負っていくことになった。オスマン帝国は、イスラム世界の「守護者」となったのである。それを正しく実践しているかどうかが、ウラマーに先導された民衆によって判断・評価される。こうしたイスラム社会独特の「正義」の感覚が、この後、オスマン帝国にも広まっていった。エジプト征服は、バルカンの国として出発したオスマン帝国が「イスラム化」を深めていく、大きな転機となる事件だった。

第四章　スレイマン一世の時代——一五二〇～六〇

「壮麗王」の時代の始まり

オスマン帝国史のなかのスレイマン

怒濤（どとう）のような八年間にオスマン帝国の面積を二倍にしたセリム一世の後継者は、一五二〇年に即位したスレイマン一世であった。オスマン史でもっとも名の知られたスルタンである。

しばしば彼によってオスマン史が代表されるのは、一つには、スレイマンに率いられたオスマン軍によるウィーン包囲の記憶が鮮烈なこと、もう一つには愛妃ヒュッレムがロクソランの名でヨーロッパの人々の間でよく知られているからだろう。彼はヨーロッパでは壮麗王の美称で知られた。

オスマン帝国の脅威にさらされたヨーロッパの人にとって、スレイマンは、その剣を自分たちの喉もとまで突きつけた恐るべき王だった。その一方で彼は、キリスト教徒の女奴隷だったロクソランに操られたと伝えられる。ハレムの艶（なまめ）かしいイメージとともに、彼の時代がヨーロッパの人々の空想をかき立てたとしても不思議ではない。

同時に、前者はオスマン帝国の興隆の頂点を、後者は凋落の始まりを象徴してもいる。彼の時代は、頂上を極めると同時に、頂上を越えたあとに必ず訪れる長い下り坂の始まりだとする見方は、こうしたスレイマン像と無関係ではない。

確かにスレイマンの治世は、オスマン帝国の歴史のなかで大きな画期だった。しかし、それは、上り坂と下り坂の間としての画期ではなかった。実は、軍人の活躍で拡大することによって成り立ってきた軍事国家がその拡大を止め、限られた領土を支配各層が協力して統治する官人たちの国家へと移行する画期だった。また、帝国の歴史の前半では宗教を超えた統合が、後半ではイスラム的統治が、支配を性格づけた。前半が興隆で、後半が衰退とは、に

スレイマン１世の肖像　ナッカーシュ・オスマン作。1579年、トプカプ宮殿博物館蔵

わかには決められない。スレイマンをオスマン帝国の最盛期とする理解は、「ヨーロッパにとっての脅威の度合い」を尺度にした一つの評価にすぎない。

画期は、スレイマンが即位した時の次の二つの条件から生まれてきた。一つは、彼が父から受け継いだ帝国がすでに東西に十分に広がった大帝国であり、これ以上の拡大には大きな無理がともなっていたことである。二つめは、彼がメッカ、メディナの保護者としてはじめて即位した君主だったことである。この二点は、スレイマン一世の四六年の治世の間に徐々にそれが持つ意味を明らかにし、そして彼以後の時代を「新しい時代」に変えることになるのである。

イブラヒム・パシャの登用

父セリム一世は、八年間の治世のほとんどを東方への遠征で過ごし、イスタンブルで玉座を温める時間はほとんどなかった。その間、スレイマンはマニサの県軍政官の地位にあったが、誰もが認める皇太子として必要に応じてイスタンブルやエディルネに移り、万が一の場合に備えていた。スルタンの不在を狙って、西方から攻撃があるかもしれなかったからだ。セリムに他の男子がいたかどうかは不明だが、歴史に名を残しているのはスレイマンだけである。このため一五二〇年にセリムが急死した時も、大きな混乱は起こらなかった。

しかし、スレイマンをとりまく内外の状況はそれほど穏やかではなかった。セリムの死の前年に、再び中央アナトリアで親サファヴィー朝派のクズルバシュの反乱が起こり、その余波はまだ続いていた。また、スルタンの交代を好機とみたダマスカス県軍政官が反旗を翻し、シリアをオスマン領から離反させようとしていた。この軍政官は旧マムルーク朝の軍人から登用された人物だった。この反乱はまもなく鎮圧されるが、若いスルタンの足元はまだ堅固なものではなかった。

こうした不安定な時期、スレイマンは、マニサでの王子時代以来の寵臣イブラヒム・パシャを宮廷の小姓長に任じ、身近に置いた。一五二二年のロードス島征服のあとには大宰相に抜擢している。イブラヒム・パシャがわずか三〇歳前後のことである。その後十数年間にわたって、スレイマンの成功の陰には必ずイブラヒム・パシャの存在があった。

ただし、イブラヒム・パシャは陰の存在だったわけではない。きわめて優秀な大宰相として、政治の前面で指揮をとっている。両者の関係は、マクブール（お気に入り）という当時の彼の渾名からもわかるように、恋愛関係と考えてまず間違いないだろう。オスマン帝国の支配層の間では、こうした同性間の感情・関係はごく普通のことと考えられており、あとでも触れるように特別なことではなかった。特別なのは、寵臣だったイブラヒム・パシャの有能さであり、政治の表舞台での活躍の方である。ただし、そのあまりの成功は多くの妬みと疑念を生み、最終的には彼の失脚、処刑という悲劇に結びつく。イブラヒム・パシャは妻としてスレイマンの妹、皇女ハティージェを得ている。

宮廷に入る小姓——旧支配層型からデヴシルメ型へ

イブラヒムは、アドリア海に面したパルガのヴェネチア人在留民の子といわれるが、クリミア出身とする説もある。彼がスレイマンの小姓となったのも、デヴシルメによるとする説と、海賊にさらわれて売られたとする説などがあり、不明である。ここからわかることは、イブラヒムが特別な身分をもたないキリスト教徒の子だったということであり、小姓時代にスレイマンに見出され国政の中心に躍り出た人物だったという二点である。

先にみたように、オスマン帝国の宮廷では一五世紀来、宮廷の小姓出身の大宰相が多数活躍していた。メフメト二世やバヤズィト二世の宮廷では、その多くは、バルカン旧支配層の子弟であった。しかし旧支配層の取り込みというプロセスが一段落した一六世紀、宮廷に供給される小姓の出自は、まったく雑多なものになっている。理論的には、羊飼いの子もデヴシルメによって宮廷に入り、その後、頂点を極めることも可能だったのである。

トルコでは、すべての人が生まれつきもつ天職や人生の幸運の実現を、自分の努力によっている。スルタンのもとで最高のポストを得ているものは、しばしば、羊飼いや牧夫の子であったりする。彼らは、その生まれを恥じることなく、むしろ自慢の種にする。祖先や偶然の出自から受け継いだものが少なければ少ないほど、彼らの感じる誇りは大きくなるのである。

これは、ハプスブルク家のオスマン大使ビュスベックの書簡の一節である（一五五五年）。ビュスベック自身は、貴族の庶子だったがゆえに多くの苦労をしている。それに比べオスマン帝国はなんと幸せなことよ、という嘆息である。

しかし、宮廷で育てられる小姓に旧支配層出身という身元保証（あるいは、宮廷に入るまでの教育）がなくなってくると、彼らのなかでの抜擢・昇進の基準は、ますます人物本位になってくる。それは、エリート候補たちの才能の開花を促したが、一方では、スルタンの恣意が時に強く反映する結果も生んだ。

スルタンと小姓たち　スルタンの日常の世話をするのはエリート小姓たちの務めだった。中央にスレイマン１世。その右に小姓長と太刀持ちの２名が控える。1558年、トプカプ宮殿博物館蔵

スレイマンの場合、寛容・公正という美徳が彼の特徴として語られる一方で、このイブラヒムの異例の抜擢に示されるように、愛情への強い執着も際立っている。彼の愛情は、治世の前半では寵臣イブラヒムに、後半では愛妃ヒュッレムに向けられ、その度合いは、それまでの慣習や常識を逸脱していた。

彼は、誰にも何事も相談しなかったといわれる父のセリムと違い、近しい人々の意見を聞き、その影響を受けて行動している。それは美徳でもあり、弱点でもあった

ろう。オスマン帝国一の偉大な王としてのちに理想化されるスレイマンであったが、同時に、生身の人間的な面が、彼の生前から時に愛され、時に批判の的ともなってきた。

イブラヒム・パシャとエジプト

イブラヒム・パシャの大宰相としての最初の功績は、エジプト統治を軌道にのせたことにある。エジプトでは一五二二年にハイル・ベイが死ぬと、たて続けに旧マムルーク朝の軍人が反乱を起こし、混乱が続いていた。さらに事態の沈静化のために州軍政官として送られた有力軍人アフメト・パシャが逆に反乱を起こし、一五二四年にはイスタンブルからの独立を宣言するに至っていた。アフメト・パシャは、イブラヒム・パシャの大抜擢がなければ大宰相となるべき順位にいた、高位の軍人政治家であった。自らエジプト州軍政官職を志願しているところをみると、そこでの反乱を当初より企図していたのかもしれない。しかし、この反乱は短期間で鎮圧された。

混乱の収拾のために翌年エジプトに派遣されたイブラヒム・パシャは、マムルーク朝時代の行政を改めて調査して新しい地方法令集を編成し、オスマン帝国による支配の手法を新たに示した（一五二五年）。彼の優れた行政能力によりエジプトの混乱は収拾され、オスマン帝国によるエジプト支配は、ようやく軌道にのる。

彼はまた、一五二六、二七年に相次いで起こった南アナトリアでの反乱の収拾でも功績をあげた。この反乱は、例によって親サファヴィー朝派のクズルバシュが起こしたものであるが、そこには旧ドゥルカディル侯国軍人も多く参加していた。この前年に旧ドゥルカディル侯国君主による間接支配が廃され、アナトリア南部が直接支配地化されたことへの反発であった。イブラヒムは、後者の人々――すなわち、旧ドゥルカディル侯国軍人の不満分子――をティマールの授与などにより懐柔し、首尾よくこの反乱を収拾した。

すぐれた行政能力は、複雑な大帝国となったオスマン帝国の支配層に求められる資質になってきていた。特に地方の軍政官は、単に戦場で指揮をとる武勇の人では務まらなくなっていた。イブラヒム・パシャは、そうした時代に求められる才覚を備えた軍人政治家だったといえよう。

ヨーロッパ諸勢力との陸・海の戦い

ベオグラードとロードス島の攻略

さて、スレイマンの治世の前半は、積極的な対ヨーロッパ戦略に彩(いろど)られる。父セリム一世の活躍で、オスマン帝国の境域は、ドナウ川からユーフラテス川というオスマン帝国の「本土」を越えてアラブ地域に大きく拡大していたが、ヨーロッパ方面ではいくつかの課題が残されていたからである。すでに、緩衝地帯にあった勢力をほぼ駆逐し尽くしていたため、その戦いは、背後にあったハンガリー、さらには当時ヨーロッパの大勢力にのしあがっていたハプスブルク家との直接対決につながった。

ロードス島攻略　ミニアチュールには異なる時間の場面が埋め込まれる。軍の整列(画面右)、進軍(中央)、戦闘(左)が一つの絵となっている。1558年、トプカプ宮殿博物館蔵

対決の機会はすぐに訪れた。バヤズィト二世、セリム一世の二代にわたって、ハンガリーのヤギェウォ王家はオスマン帝国に貢納金を支払ってきたが、一五一六年に即位したラヨシュ二世が和約の更新を拒み、オスマン帝国に敵対したからである。若いスレイマンの即位を好機と捉えていたのかもしれない。即位の儀式でスルタンに謁見したヴェネチアの使節は、スレイマンをごく温和な人物と伝えており、こうした報告はただちに周辺の諸国にもたらされていた。

スレイマンは、ハンガリーの反抗を見逃さず、最初の遠征でハンガリー王国に向かった。目標はハンガリーの守備兵が守るベオグラードだった。二ヵ月の包囲ののち、一五二一年八月二九日、難攻不落で知られたドナウ川の要衝ベオグラードを陥落させ、ドナウ川の北に広がるハンガリーの支配域が次の標的となった。

しかし、翌二二年の夏の遠征は、ハンガリーではなく、聖ヨハネ騎士団のロードス島に向けられた。バヤズィト二世以来力を入れてきた海軍の増強の結果、この戦いには二三五艘か

らなる船団が参加し、大規模な海上作戦が実施された。ロードス島はアナトリアの沿岸に近く、聖ヨハネ騎士団はそこを基地に東地中海で海賊行為を行い、さらにはメッカへの巡礼団の船をしばしば襲っていた。こうした行為はメッカ、メディナの支配者となったスルタンにとって見逃せないことだったのだろう。降伏に至るまで五ヵ月を要したが、二二年一二月に陥落し、翌年一月、騎士団員は島を撤退した。

ベオグラードとロードス島は、いずれも、「征服の父」と呼ばれた曾祖父メフメト二世が落とせなかった要所だった。それだけに、両者の獲得は即位直後のスレイマンの名を高める効果が大きかった。こうした演出は、イブラヒム・パシャの発案といわれる。

ハンガリーをめぐる攻防――ウィーン包囲

ベオグラードを獲得したスレイマンは、一五二六年、そこを拠点にハンガリーに進んだ。そしてドナウ中流域の湿地を越え、モハーチの平原でハンガリー軍と対峙(たいじ)した。この戦争の結果はその後の状況に大きな影響を与えたが、戦闘そのものはごく短時間でオスマン軍の圧勝に終わり、ラヨシュ二世は戦死した。スレイマンはさらにハンガリーの首都ブダまで進み、ここを攻略した。

後継者を残さずラヨシュ二世が死去したことは、ハンガリー情勢を混乱させた。ラヨシュ二世の妹と結婚していたハプスブルク家のオーストリア王フェルディナントがハンガリー領有を主張する一方、ハンガリーの貴族たちは後継にサポヤイ・ヤーノシュを選び、オスマン帝国も彼をあと押ししたからである。

フェルディナントは、神聖ローマ皇帝カール五世の弟である。ハンガリーをめぐるこの対立から、オスマン帝国とハプスブルク家はついに直接、対峙することになった。この対立は、のちにスレイマンと、カール五世のもう一人のライバル、フランスのフランソワ一世が結び、オスマン帝国とフランスの軍が陸・海で共同作戦をとるという新しい展開も生んだ。一六世紀のヨーロッパの国家間の抗争に、オスマン帝国は一つの、しかしとても有力なアクターとして参加していた。

こうしたヨーロッパの政治のなかで積極的に動くには、情報収集と交渉が重要であることはいうまでもない。オスマン帝国ではイブラヒム・パシャが外交でも要（かなめ）の活躍をしている。彼に面会したヨーロッパの使節は、彼がヨーロッパの情勢を仔細に検討していたことを伝えている。

ハンガリーにおけるサポヤイ・ヤーノシュの親オスマン政権を守るため、スレイマンは一五二九年再びハンガリー遠征を行った。まず、フェルディナントが奪っていたブダを奪還し、さらにフェルディナントのオーストリアの首都であるウィーンの包囲まで進んだ。しかしウィ

0 200 600 1000km
シャーバーン朝
ムガール帝国
ヴィー朝
ラージプタナ
シンド
グジャラート
ホルムズ
1552
ディブ
1538
インド洋

ン軍が遠征した年を表す

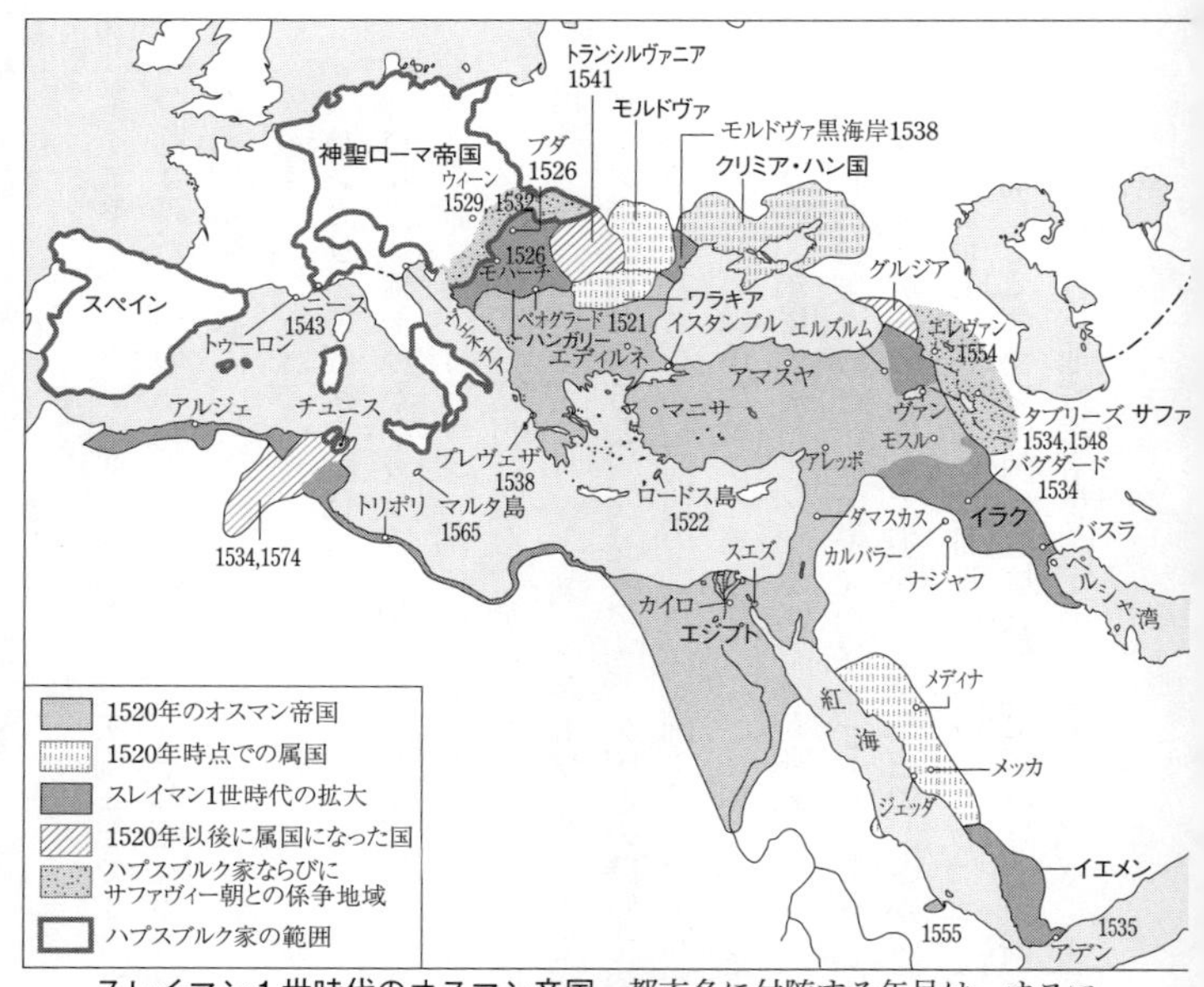

スレイマン１世時代のオスマン帝国　都市名に付随する年号は、オスマ

ーンの攻略には至らず、一〇月一四日、オスマン軍は包囲を解き、イスタンブルに引きあげた。

ウィーンを目指した遠征は、一五三二年にも繰り返された。依然としてフェルディナントが全ハンガリーの王位を主張していたからである。この遠征も、ウィーンの八〇キロ南の町を落とすにとどまり、ウィーン獲得には至らなかった。しかし、これらのヨーロッパ中心部に至るオスマン軍の進軍は、ハプスブルク家のバルカン進出の夢を挫（くじ）き、和約への道を開いた。一五三三年、フェルディナントがハンガリーの北部と西部を、サポヤイ・ヤーノシュが中部と南部を領有することでオスマン帝国とハプスブルク家が合意し、分割された二つのハンガリーの双方が、それぞれオスマン帝国に貢納金を支払うことを定めた和約が結ばれた。

ハンガリーの直接支配化

バルカン情勢はハンガリーを軸に動いたが、その東に位置するオスマン帝国の属国モルドヴァの動きも、オスマン帝国には関心の的だった。一五三八年には、スレイマンは、ハプスブルク家と秘密の協約を結んだ疑いでモルドヴァに遠征し、その黒海側を直接支配地とする措置をとっている。これにより、モルドヴァ公の支配域は内陸に限られることとなった。オスマン帝国からすると、クリミア・ハン国との陸路での往来のルートが脅かされる心配を取り除いたことになる。前述のように属国クリミア・ハン国からの騎兵軍は、オスマン帝国のバルカンでの戦争に欠かせぬ存在となっていたからである。

一五四〇年にサポヤイ・ヤーノシュが死ぬと、三三年のハプスブルク家とオスマン帝国の間の和約は破られた。サポヤイの子はまだ生まれていなかったため（妻は妊娠中）、フェルディナントがその後継を主張し、ブダを占領したからである。このためスレイマンはハンガリーに遠征し、再度ここを征服、トランシルヴァニアを属国とし、ハンガリー南部をブディン州としてオスマン帝国の直接支配域に組み込む決断をした。ブディン州ではまもなく徴税調査が行われ、地方法令集を定めた上で、ティマール制が施行された。その後、一五〇〇年間にわたってハンガリーの主要地域はオスマン帝国の直接支配下に置かれることになった。

その後もハプスブルク勢力とオスマン帝国の間では陸・海で衝突が続いたが、一五四七年に五年間の和約が結ばれ、フェルディナントは年三万金貨の貢納金を支払い、両者はハンガリーにおけるそれぞれの支配域の存在を認めあった。

ただし、ハンガリー支配は、オスマン帝国にとって非常に経済的負担のかかる事業であった。オスマン帝国が当初ここを、貢納金を払う属臣による間接統治にとどめていたのは理由のないことではない。緩衝国の消滅は、対オーストリア防衛のコストも増大させた。そもそもハプスブルク領への遠征のために、軍の集結地であるエディルネをでて国境地帯に達するだけでも、通常五二日がかかる。ウィーン包囲で知られる一五二九年は特に悪天候が続き、イスタンブルからブダに達するためだけで、四ヵ月を要している。

このように領土が膨大となったオスマン帝国にとって、君主に率いられた首都からの毎夏の遠征は大きな負担を伴い、帝国の財政を圧迫するほどになっていた。このためブディン州に州軍政官が置かれることになった一五四〇年代以後、ハプスブルク家との抗争は、ブディン州軍政官が守備兵と州の在郷騎士軍を指揮する形で行われることが多くなる。こうしてスレイマンの後期には、戦争の手法も変わっていった。

バルバロス・ハイレッティンとプレヴェザの海戦

バルカン半島とならんで、スレイマンが進めた作戦は東地中海における覇権の獲得を目指すものだった。そのために彼がとった手段の一つは、アルジェを拠点にする海賊国家の長として知られ、セリム一世の時代にオスマン帝国に臣属したバルバロス・ハイレッティン（バルバロッサ）を、オスマン海軍の提督に登用し海軍を強化することだった。

エーゲ海のレスボス（ミディッリ）島出身のバルバロス・ハイレッティンは、兄のオルチとともに地中海の海賊として活躍し、一五一六年以後はアルジェリアの領主でもあった。彼は、スペインをはじめとする大国の艦隊が地中海に乗り出してくる時代に対応し、オスマン帝国の配下に入ることを選んだようである。一五一九年にオスマン帝国への臣属を決め、セリム一世はこれに応えて、二〇〇〇人の兵を彼に贈った。

一五三四年にオスマン海軍総督兼エーゲ海諸島部の州軍政官となったハイレッティンは、オスマン艦隊の装備の更新などに努め、その艦隊を自ら指揮した。最初に攻略したチュニスは、翌年にカール五世に奪われたが（一五三五年）、フランスとオスマン帝国の同盟に基づく対イタリア本土への作戦に艦隊を送り、さらにヴェネチアの手に残っていたエーゲ海の島を次々と征服した。こうした攻勢に脅威を感じたヴェネチアは、ハプスブルク家と結び、アンドレア・ドーリア指揮のもとでヴェネチア・スペインの合同艦隊を編制した。その連合軍は一五三八年九月、アドリア海に面したプレヴェザの沖合でオスマン艦隊と衝突した。オスマン海軍はこの海戦に圧勝し、ヴェネチアは一五四〇年にオスマン帝国と和議を結ぶことを余儀なくされた。

こうして、エーゲ海からアドリア海、さらにアルジェリアに至る地中海の海域でのオスマン帝国の優位が確定的なものとなった。特に東地中海ではオスマン支配下にない島は、キプロス島、クレタ島、キオス島の三つを残すだけとなった。長年続いた、本土はオスマン領、島はヴェネチア領という二分はすっかり過去のこととなった。

西地中海での展開

ヴェネチアとは和議が成立したが、ハプスブルク家との対立は、ハンガリーをめぐる抗争を海上に広げる形で継続した。一五四三年には、陸・海の双方で、フランスとオスマン帝国の共同作戦が実行に移された。ハイレッティン率いるオスマン艦隊がハプスブルク側についているニースを攻め、その冬、ハイレッティンの艦隊はフランスのトゥーロンに停泊して過ごした。しかしオスマン軍のフランス本土への登場はさすがにフランソワ一世を不安にさせたとみえ、彼はカール五世と和平を結んだ。このためオスマン海軍は再びニースを攻撃することなく、翌春、帰還した。ニースは、オスマン軍が攻撃したもっとも西のヨーロッパの町である。

エジプトから現在のアルジェリアに至る北アフリカの海岸線に沿った地域には、ハイレッティンのオスマン帰属などを契機に、ゆるやかにオスマン帝国の支配が広がっていった。カール五世は、レコンキスタによるイベリア半島からのイスラム教徒の放逐に続き、北アフリカへの拡大を宗教的使命と宣伝していたが、それに対抗するため、在地の勢力が東のオスマン帝国の力を期待したからである。カール五世の野望は、一五三五年のチュニス略奪や、嵐のために失敗に終わった一五四一年のアルジェ攻略などに現れている。しかしオスマン帝国も、この時期、地中海南岸を「領域」として支配するには至っておらず、むしろ、その地方で活躍する在地の海賊集団を支配下に置き、宗主権を主張していたにすぎない。海軍総督就任前のハイレッティンはその一人だった。

イスラム教徒の海賊集団は、スペインやイタリアの沿岸をさかんに攻撃し、戦利品を得ていた。キリスト教徒側の勢力も、かつてロードス島にいた聖ヨハネ騎士団がマルタ島に基地を移し、再び海賊活動を活発化させていた。

こうしたなかで、ハプスブルク家スペインの艦隊やオスマン艦隊の本隊も、ヨーロッパでの情勢に応じ、時に北アフリカまで出動している。チュニス、アルジェ、トリポリ、マルタのような主要な拠点は大国間の奪い合いの対象となった。しかし彼らが本国に帰還すると、あとにはわずかな守備兵と在地の海賊や部族支配者が残された。西地中海は、大きな勢力の狭間（はざま）で、大国の庇護（ひご）を受けた海賊が活躍する世界だった。

紅海・インド洋への進出

東地中海世界の覇権を獲得したオスマン帝国の足跡は、大航海時代の一六世紀、紅海を越えてインド洋まで延びている。当時のインド洋は、喜望峰を越えて新航路を拓いたポルトガルが東方からの香辛料交易を独占しようとしていた時代である。ポルトガルはマムルーク朝末期から紅海に進出し、ジェッダを攻撃するなど、エジプトの支配者の脅威となっていた。

海軍力に劣るマムルーク朝の求めに応じて、一五〇九年、バヤズィト二世は大砲と司令官を贈ったといわれる。

その後、エジプトを征服したオスマン帝国は、一五三〇年代に紅海に面したスエズで造船を開始した。新建造の艦隊七二隻を率いて、エジプト州軍政官のハーディム・スレイマン・パシャがインド洋を渡り、インド西岸のグジャラートのディブに到達したのは一五三八年のことである。当時、グジャラートにはポルトガルの支配が及んでおり、在地の王がスレイマン一世に助けを求めたのがそのきっかけだった。

しかし、スレイマン・パシャが到着した時には、すでにその王はポルトガルの勢力に殺されており、状況は変わっていた。このため、スレイマン・パシャは短期間の包囲戦ののち、ポルトガルの援軍が到着する前に帰還せざるをえなかった。結果的にこの遠征は、ごく短期間のデモンストレーションに終わった。しかし、この遠征の途中、紅海の出口に近いアデンを獲得し、イエメンにポルトガルに対する守備の足場をつくったことは、のちのイエメン州の創設につながった。しかし、この拠点もポルトガルの船が紅海に出入りするのを阻止するには不十分だった。

イラク征服ののちには、オスマン帝国はペルシャ湾に面するつながる港をもつ都市バスラを得、そこからインド洋へ乗り出すことが計画された。しかし、ペルシャ湾の入り口に位置する要衝ホルムズはポルトガルの手にあり、海上の交通は妨げられていた。このため一五五二年にスエズから艦隊を送りホルムズの攻略を目指したが、これには失敗し、艦隊を指揮し

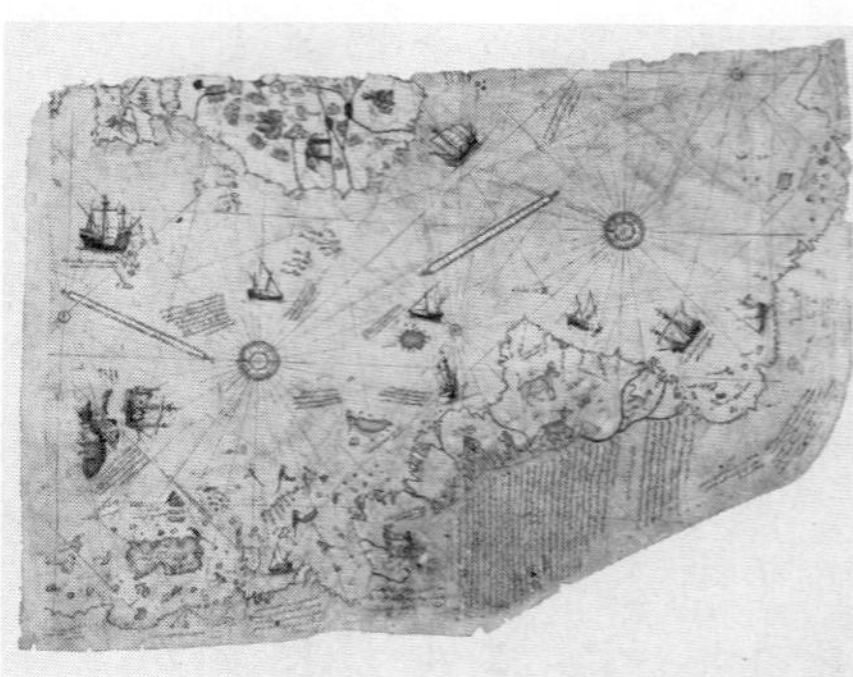

ピーリー・レイスの世界地図　オスマン海軍の指揮官だったピーリー・レイスは、アメリカ大陸を含む世界地図と、すぐれた地中海の航海書『海洋の書』を残した。1513年、トプカプ宮殿博物館蔵

たピーリー・レイスは処刑の憂き目にあっている。このピーリー・レイスは、地図作者で『海洋の書』の作者として知られるピーリー・レイスと同一人物とみられている。

海洋への展開の断念

このように、地中海の覇者オスマン帝国も、ペルシャ湾や紅海、さらにはインド洋において、海洋国家ポルトガルと対等にわたりあうのは難しかった。スエズでの造船には限りがあり、オスマン軍に経験のある船員を集めることも難しかったためである。このため、ペルシャ湾にはラフサ州、紅海にはイエメン州やエチオピア州を置き、陸上からポルトガルを牽制すると同時に、荷揚げ後の交易ルートの安全確保に努める方策に転じている。ポルトガルもオスマン帝国が主要な港を押さえている事態を受け入れ、一五六〇年代以後は、両者の間に事実上の住み分けが成立した。

海洋の重要性が世界的に増していったこの時期、オスマン帝国は、アラブ領の獲得でインド洋への出口は確保したが、そのコストは大きく、さらなる展開は断念せざるをえなかった。地中海世界での成功が、主にイスラム教徒の海賊集団を取り込むことによって実現したことに示されているように、大洋に展開するには、自前の人材と経験が圧倒的に不足していたからである。

ピーリー・レイスが残した地図や海図が示すように、オスマン帝国に出仕した人材のなかには当時の世界一流の技術者も含まれていた。しかし彼らの経験は十分に生かされることなく終わった。オスマン帝国の海軍は陸上の作戦の後方援護を目的としたにすぎず、ましてや海上交易を国家が主導することまでは考えられていなかったからである。オスマン帝国は、あくまで「陸の帝国」だった。

対サファヴィー朝の戦争

対サファヴィー朝戦争の特徴

西のハプスブルク家と並んで、東のサファヴィー朝がスレイマンの時代を通じてオスマン帝国のライバルであったことは間違いない。しかし、サファヴィー朝との関係は、次の二つの点でハプスブルク家との関係とは異なっていた。

第一は、サファヴィー朝の脅威は、対外問題であると同時に、国内問題でもあったことである。いうまでもなく、アナトリアにおけるサファヴィー朝に同調するトルコ系クズルバシュ遊牧民の存在である。クズルバシュはそのように生まれつくものだけではなく、むしろ、オスマン帝国支配などへの不満を契機に「なる」ものだった。チャルディランの勝利で圧倒したとはいえ、サファヴィー朝との関係如何で、不満分子がまとまってクズルバシュに転じ、アナトリアが不安定になる要素は残されていた。

第二は、サファヴィー朝の戦争の手法がヨーロッパ諸国のそれと大きく異なっていたことである。依然として遊牧騎兵を主力とするサファヴィー朝の軍は機動性が高く、山岳部を自在に移動した。大砲をひき大軍で移動するオスマン軍の所在は常に明らかだったが、彼らは変幻自在に現れ、消えた。オスマン軍は行く先々で抵抗も受けずに町や城塞を征服するが、本隊が離れると、敵が現れて奪回された。騎兵による略奪戦は、サファヴィー朝の方が上手である。こうした消耗戦がその長い境域に沿って長期間続き、外交交渉―決裂―開戦―外交交渉―和約とすすむヨーロッパでの戦いと違い、東の境域の安定の確保は難しかった。

一五三四年のイラン・イラク遠征

スレイマンは、その治世中、三回の対サファヴィー朝遠征を行っている。最初の遠征は、一五三三年にハプスブルク家との和議が成立したのを受けて、一五三四年に決行された。伏線は、一五二六、二七年に南アナトリアで発生したクズルバシュの反乱だった。これはイブラヒム・パシャの活躍で収拾されたが、折をみてその背後にあるサファヴィー朝を討つことは、常にスレイマンの頭にあったことだろう。スレイマンは、サファヴィー朝のバグダード知事がオスマン帝国側に寝返ったことを好機ととらえ、これを口実に開戦した。サファヴィー朝はシャー・イスマーイールの子、タフマスブの時代となっていた。この頃のサファヴィー朝は東からウズベク系遊牧部族国家シャーバーン朝の圧力を受け、困難な状況が続いていた。

一五三三年、軍総司令官（セルアスケル）の称号を帯びた大宰相イブラヒム・パシャが先遣隊として東方に向かい、三四年春に出発したスレイマンは、すでにオスマン帝国の手に落ちていたサファヴィー朝の都タブリーズで大宰相と合流した。そこから南下し、イラクに入ったスルタンは、九月三〇日にバグダードに到達した。この間、イランのサファヴィー朝領を進んだにもかかわらず、一度もシャー・タフマスブの軍に遭遇することはなく、バグダードの征服はいとも簡単に達成された。

その冬をバグダードで過ごしたスレイマンは、翌春、サファヴィー軍の到来の報に再びタブリーズに向かうが、すでにそこにシャーの姿はなく、スレイマンはその後さらに半年かけてイスタンブルに帰還した。足掛け二年にわたる東方遠征は、このように、サファヴィー朝の本隊とは一度も対戦することなく終了した。しかし、結果は大きく、これによりイラクの中部・南部がオスマン帝国領となり、モスル州とバグダード州が編成された。また、東でも、ヴァン湖を越え、タブリーズまで支配するに至ったが、タブリーズとヴァンは、まもなくサファヴィー朝により奪還された。

新征服地のバグダード州とモスル州のうち、モスルでは徴税調査が行われ、ティマール制が敷かれた。一方、バグダード州では、エジプト同様独立採算の経営方法がとられ、徴税は徴税官（エミーン）が実施した。いずれの地方でも、旧支配者の法が検討され、おおむねそれを引き継ぎつつ各地方の支配に関する地方法令集がまとめられた。

イラクの聖地

先のイラン・イラク遠征の旅程は、マトラクチュ・ナスーフという宮廷史家兼画家によって記録されている。彼はボスニアに生まれ、デヴシルメで宮廷に入り、そこで学者・画家としての才能を見出されて活躍した人物である。アッバース朝時代の史家タバリーの『諸預言者と諸王の歴史』のトルコ語訳をつくったことでも知られる。オスマン家の王たちの一代記や遠征記を著し、スレイマンにも高く評価されていた。

マトラクチュは、スルタンのイラン・イラク遠征に同行し、途中の町々や山河、そして特に念入りにバグダードのイスラム巡礼地を叙述し、それを美しいミニアチュールで飾った。通常の遠征記と異なり、挿入される絵に人物や戦闘の様子を描くものは一枚もない。地図帳のようなこの書籍の作製は、発注主であるスルタンの、遥かなイラクの聖地への思いを物語っているように思われる。

この遠征はサファヴィー朝から領土を奪う重要な政治的目的をもったものだったが、その成功のためには、宗教的に敬虔（けいけん）なスルタン像を演出し、同じイスラム教徒と戦う正義を宣伝する必要性もあった。彼はバグダードに滞在している間、スンナ派法学の立役者アブー・ハニーファ（七六七年没）の墓を「発見」し、そこを復興するだけでなく、ナジャフやカルバラーといった、いわゆるシーア派の重要な聖地を訪れている。ナジャフは、預言者ムハンマドの娘婿でシーア派がよりどころとするアリーの墓所で知られ、カルバラーはアリーの子フサインの殉教の地である。

スレイマンが、シーア派の旗を掲げスンナ派オスマン帝国に挑戦するサファヴィー朝との戦いの最中に、シーア派のもっとも重要な聖地を訪問したことは奇妙な感覚を抱かせるかもしれない。しかし、スンナ派にとってもアリーがクライシュ族出身の第四代カリフであり、フサインがムハンマドの聖なる血をひく子孫であることに変わりはない。シーア派聖地をたずねることで、サファヴィー教団の掲げる教義に共鳴するアナトリアの人々に、オスマン家スルタンの立場が発信されたのかもしれない。

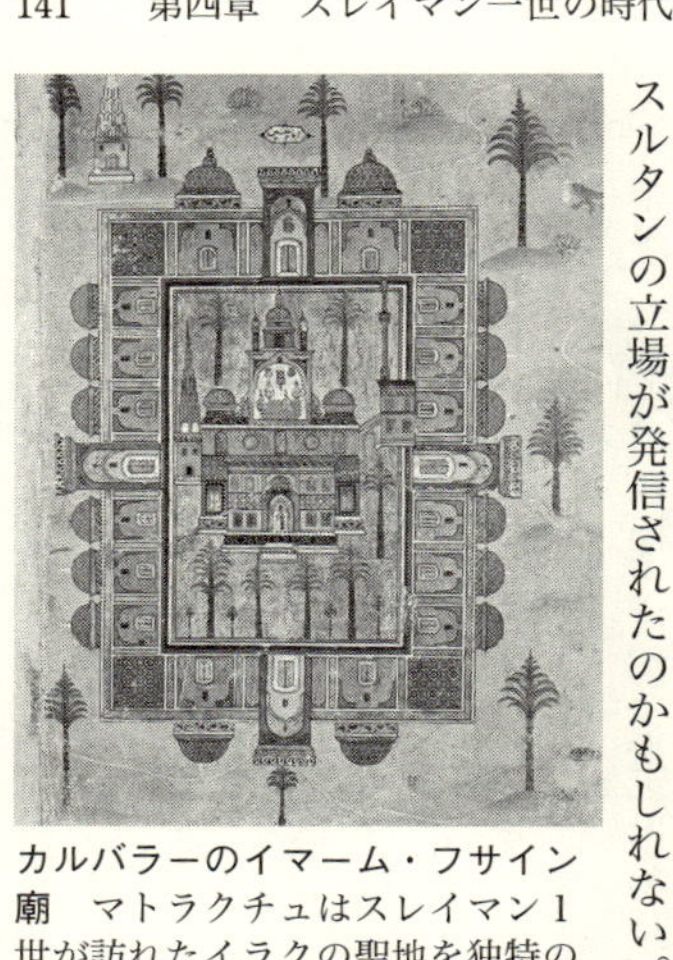

カルバラーのイマーム・フサイン廟　マトラクチュはスレイマン1世が訪れたイラクの聖地を独特の画法で詳細に記録した。1537年頃、イスタンブル大学図書館蔵

イブラヒム・パシャの失脚

ところで、このイラン・イラク遠征からの帰国直後に、オスマン宮廷では大きな事件が起こった。大宰相イブラヒム・パシャがトプカプ宮殿のスルタンのハレムの一室で、夜半に突然、絞首されたのである。処刑の理由は明らかにされなかった。このため当時より

臆測と噂を呼んだが、今日に至るまで決定的な理由は解明されていない。

イラク遠征中にスルタンと意見の違いがあった、彼が増長しスルタンを脅かす存在となった、スルタンの愛妃ヒュッレムに陥れられた、など諸説が語られるが、どれも決め手はない。いずれにせよ、スルタンと並ぶほどの権勢を誇ったイブラヒム・パシャも、「スルタンの奴隷」であるかぎり、スルタンの命に服し、突然の死を受け入れるしかなかったのである。

この事件は、スレイマンの治世の中間点での出来事だった。スレイマン一世の軍事的な成功、すなわち、ベオグラード攻略（一五二一年）、ロードス島征服（二二年）、ブダ攻略（二六年）、ウィーン包囲（二九年）、バグダードを含むイラクの征服（三四年）と続いた輝かしい戦争は、いずれも、イブラヒム・パシャのいた治世前半に達成され、それ以後の対外関係は、一定の安定と引き換えに、一進一退の長い膠着状態が基調となる。オスマン帝国にとっての戦勝の時代は、イブラヒム・パシャの死とともに幕を閉じた。

第二次、第三次対サファヴィー朝遠征

膠着は東方戦線で顕著だった。二度目の対サファヴィー朝遠征は、一回目同様、サファヴィー朝からの要人の亡命により始まった。すなわち、シャー・タフマスブの弟アルカス・ミールザーがオスマン帝国に亡命し、一五四八年、スレイマンは、彼を立てて、サファヴィー朝の手に帰していたタブリーズを目指して出発した。しかし、今回もシャー・タフマスブの作戦に翻弄される。オスマン軍は、撤退したシャー・タフマスブのあとを襲うようにタブリ

ーズに入城するが、まもなく水や糧食を絶たれてここを放棄せざるをえなくなる。そして、西方に戻ってヴァンを獲得するにとどまった。アレッポで冬を越したスルタンは、翌春、そこからコーカサス方面に遠征し、この年の冬にようやくイスタンブルに戻った。この年もシャー・タフマスブは現れなかった。サファヴィー朝に戻されたアルカス・ミールザーはタフマスブによって処刑された。

しかし、スレイマンが帰還するとシャー・タフマスブはアナトリアに現れ、オスマン治下の都市を襲った。このため、スレイマンは一五五三年、最後の東方遠征に出発、途中、後述するムスタファ王子の処刑という事件をはさみ、その冬をアレッポで過ごした。翌五四年にサファヴィー朝治下にあった南コーカサスのナヒチェヴァンやエレヴァンを攻撃し、周囲を略奪した。

こうした行為は、シャー・タフマスブを戦場に引きずり出そうというスレイマンの作戦だったのだろう。しかし、返ってきたのは和議の提案だった。一五五五年、アマスヤにイランから使節が訪れ、両者は、オスマン帝国のイラク領有、サファヴィー朝のタブリーズやコーカサスの領有を確認し、和議を結んだ（アマスヤ和約）。この和議は、その後四〇年間、双方によって守られた。

スレイマン一世の時代のサファヴィー朝とオスマン帝国の抗争は、イラクのオスマン領化という進展はあったものの、全体からみると、タフマスブがオスマン帝国の攻勢をしのぎきったというのが適当である。直接対峙していれば王権の存続すら危うかったサファヴィー朝は、結果的にはイラクという最小限の犠牲を払って、王家の存続を確保した。

ただしこの間、徹底してサファヴィー朝の影響が排除された結果、アナトリアにおけるオスマン統治は安定した。徴税調査、ティマール制の施行というオスマン化プロセスを経て、州県体制下に組み込まれたアナトリアでは、もはや、サファヴィー朝が内なる脅威と感じられることはなくなっていたのである。アナトリアの東部でもオスマン帝国の支配は徐々に浸透していった。

もちろん、アナトリアから反乱の芽が消えたわけではない。不満をもつ遊牧民や軍人は、昔ながらの方法で山に入り、反乱者になったからである。しかし、彼らは、もはやクズルバシュと呼ばれることはなくなった。彼らは、サファヴィー朝に期待を寄せるのではなく、オスマン帝国内での解決を求めてイスタンブルに向けて行動を起こすようになる。そして、そうした反乱への参加者は、別の名前、すなわち、ジェラーリーと呼ばれるようになる。これについては、第五章でふれる。

法と統治

イスラム法とスルタンの法

四六年間のスレイマン一世の治世の後半にはオスマン帝国の征服の勢いは止まる。しかし、この時期は、内政の整備の点では大きな進展のある二〇年間だった。オスマン帝国の成立以来、特に曽祖父メフメト二世期以来続けられてきた中央集権化のための諸策がこの時代に体系化されたからである。

その方針は、オスマン帝国の諸制度をスンナ派イスラムの観点からみて問題のないものとして体系化する、という点に置かれていた。特に法制の分野において、その作業が進んだ。これは従来、特別に議論されることなく共存してきたイスラム法とスルタンが定める法（カーヌーン）の関係を明確化し、オスマン帝国における「イスラム」の位置を確かなものにすることを目指していた。これは、アラブ地域も支配下に入れ、「イスラムの盟主」としての立場が重要になったことに呼応している。また、サファヴィー朝との長引く戦争に勝利するため、国家としてスンナ派イスラムへの擁護を鮮明にする必要もあったと考えられる。

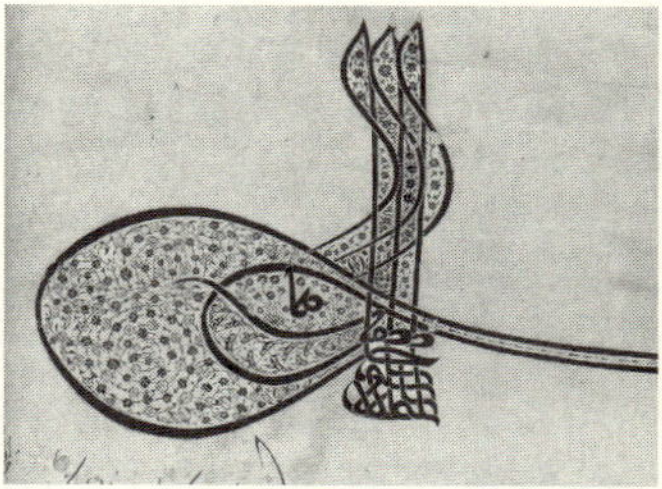

スルタンの花押（トゥーラ）　花押はスルタンの証。書記官僚トップのニシャンジュは公文書にこの花押を書く職だった。これはスレイマン１世のもの。イスタンブル国民図書館蔵

ただし、こうした作業は、これまでの法慣習を変えるものではなかった。むしろ、現状を肯定するために、異論を封じる理論武装をした、といった方がよいだろう。たとえば、オスマン帝国の各地では、依然としてオスマン以前からの慣習が多数「スルタンの法」のなかに取り入れられ、そのまま守られていた。なかにはキリスト教国であったハンガリーや遊牧民政権のもとに置かれてきた東アナトリア地域

の法も含まれる。それらを含んだ「スルタンの法」の体系全体がイスラム法のもとにあり、それはイスラム法に抵触していないと宣言することで、原点にある慣習がイスラム法により守られることになる、という仕組みである。

この作業は、主に、スレイマン一世の信任の厚かったウラマーのエブースードによって進められた。彼は、シェイヒュルイスラムという職を三〇年間務め、多くの「スルタンの法」を起草し、それらがイスラム法のもとにあることを明確に謳った。また、個別の問題に対応し大量の法判断（フェトヴァ）を発行した。彼の法判断は「エブースード師の法判断集」としてまとめられ、他の事例のために参照された。この結果、スレイマン一世自身が、のちに立法者（カーヌーニー）と呼ばれるようになるほど、オスマン帝国の法が体系化されるのである。

エブースードが起草した「スルタンの法」には支配の根幹に係わるものも多い。たとえば、エブースードはこれまでに編まれてきた県単位の地方法令集を調整し、オスマン帝国の土所所有の原則をハナフィー派の古典イスラム法理論を用いて整然と説明した。

スレイマン一世の時代には、また、中央政府や官職者の従うべきルールを定めた統治法令集も、再編集された。統治法令集の始まりは、メフメト二世によるとも、バヤズィト二世によるともいわれるが、いずれにせよ、一五世紀後半から積み重ねられてきたことは間違いない。エブースードは、書記官僚のトップにあったジェラールザーデ・ムスタファとともにその編集にあたり、中央政府の構成やその位階、税制の基本、軍人の義務規程、非イスラム教徒の処遇など、さまざまな問題に関する帝国の基本ルールを明文化した。

こうして、官僚たちの側から見たあるべきオスマン帝国の姿が明確になった。法の中に描かれたオスマン帝国は当時の国家や社会のそのままの姿ではないが、のちのオスマン帝国の人々は、これがスレイマン一世の時代に実現していたと想定し、現実を「あるべき姿」からの逸脱ととらえがちだった。この視点は、スレイマン一世時代をオスマン帝国の頂点とするオスマン帝国の人々の歴史観の出発点になっていく。

ウラマー官僚機構の整備――シェイヒュルイスラム

スレイマン一世時代の立役者の一人エブースードは、このように、シェイヒュルイスラムという官職からこの作業をとりしきった。このため、彼の任期中にシェイヒュルイスラムの地位は大きく向上し、これ以後、ウラマーの諸職の最高位とみなされるようになった。

オスマン帝国のウラマーの職は、教育に従事しウラマー

シェイヒュルイスラムの仕事　自宅兼オフィスの様子。法判断を求める人々が列をなし、階上のシェイヒュルイスラム（右上）は法判断の回答書を書いている。17世紀初頭、トプカプ宮殿博物館蔵

養成にあたるマドラサ教授職と、地方法官職の二系統に分かれるが、それ以外に、折々の問題にイスラム法上の解答を与えるムフティーという職もあった。シェイヒュルイスラムは、このムフティーのうち、イスタンブルのムフティーがそう呼ばれたものである。首都のムフティーは、スルタンらの求めに応じ政治的な問題にイスラム法の観点から判断を下したため、その役割が重要になった。その職にあるものは、宮廷の御前会議に出席する二名の軍法官（カザスケル）とともに、オスマン帝国のウラマー機構を牛耳る（ぎゅうじ）ようになっていった。

歴代のシェイヒュルイスラムたちは、エブースードがそうであったように、オスマン支配の整備に大きな役割を果たし、スルタンの側近として、軍人政治家たちと協力し、スルタン政権を支える役割を果たした。このため、のちのシェイヒュルイスラムのなかには、事実上「スルタンの奴隷」と同じとみなされ、その失策から、通常はウラマーには行われない、処刑や財産没収の対象となる人物も出てくる。

ウラマー官僚機構の整備——任官資格制度

エブースードのもう一つの重要な功績は、ウラマー官僚の任用と昇進に関する制度の整備を行ったことである。

理屈の上では、ウラマーという集団は、コーランを学び、イスラム法を学んだものすべてを含んでおり、そのなかで政府の職につく職業的ウラマーは、一握りであるはずだった。しかし、オスマン帝国ではウラマーの職業化が進み、在職者か任官待機期間にある者だけが、

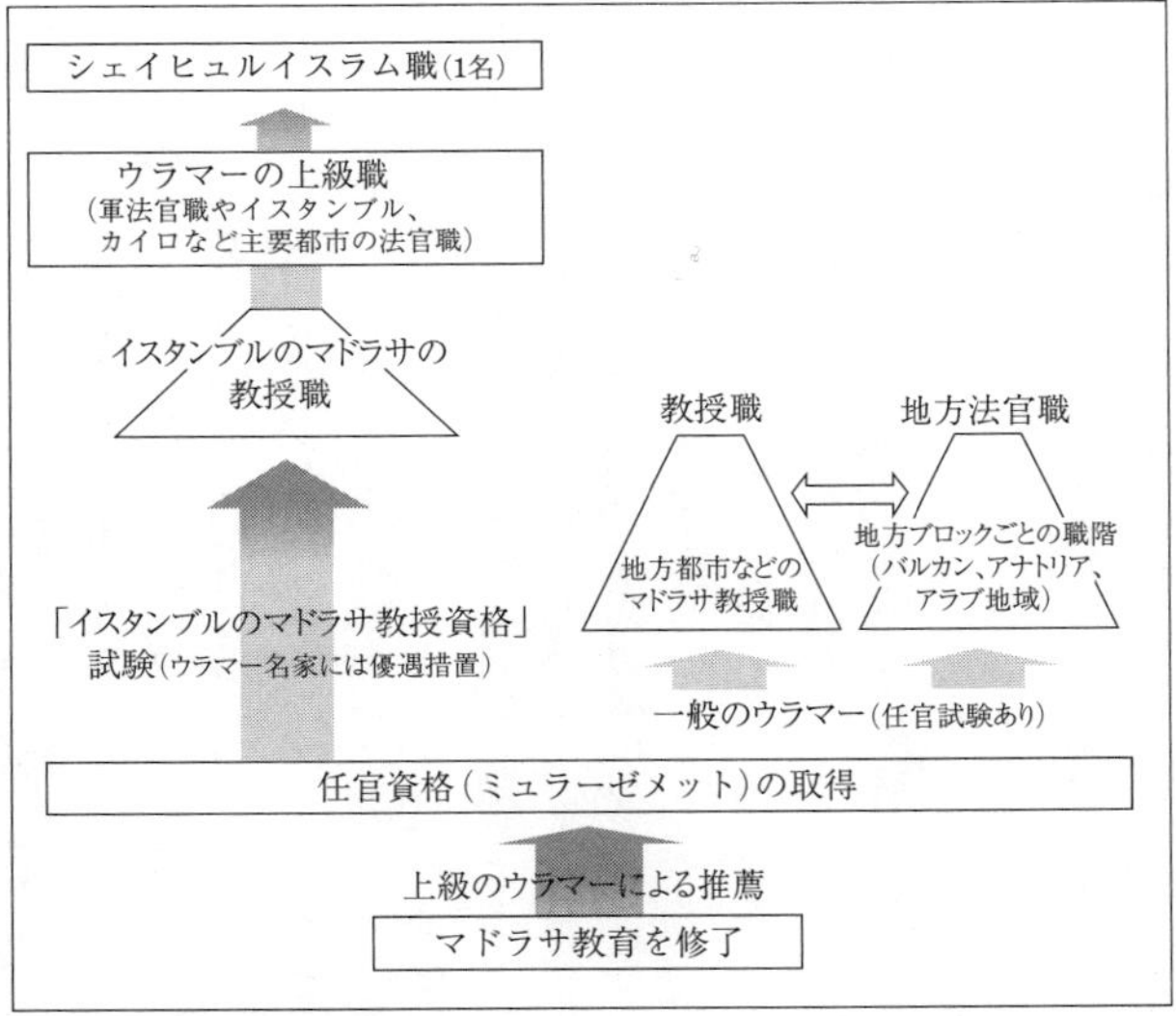

ウラマー官僚のキャリアパス

事実上、ウラマーとみなされるまでに至っている。こうしたなかで職をめぐる争いは激しくなる一方だった。このため、その任用、昇進のルールを定めることは、すでに職業的ウラマーの集団内部にいる人々にとって、その権益を守るために急務だったといえるだろう。こうしてエブースードによるウラマー官僚機構の整備が始められた。

まず一五三七年に、首都の最高学府とみなされたマドラサでハナフィー派法学の教育を終えた学生たちに任官資格（ミュラーゼメット）を与え、任官資格者名簿に登録する、という制度がつくられた。そしてこの名簿に基づき、各地の地方法官やマドラサ教授の任命が行われた。この制度は大きな効力をもち、この後資格をもたないものが任官されることはまったくなくなったという。

この制度によって制度化されたウラマー官僚の世界は、表と裏の顔をもつものだった。表の顔は、地方都市から首都に至る階層的なマドラサ教授と法官の配置である。位は俸給額でわかりやすく示された。またステップアップには試験が課される場合もあった。この制度は広大な帝国において同じレベルの行政・司法・教育が行われることを保証した。

その一方で、裏の顔もあった。まず任官資格を得るには、特定の職にある上級ウラマーの推薦が必要であり、また、それら特定の職にあるものは、子弟を無条件にそれに登録する特権をもっていた。また、一見、ピラミッド型に整った教授職と法官職であるが、実は、それぞれは二層に分かれている。上級の職につくには特別の資格が必要とされ、その取得にあたっても有力者の子弟は優遇された。

この結果、整った表の顔の裏側では、任官資格を得るためのコネづくりが盛んに行われ、また、この制度の運用を通じて特定のウラマー名家が出現した。まもなく、オスマン帝国のウラマーの上級職は、少数のウラマー家系により独占されることになった。

疎外される人々

スレイマン一世時代の法や制度の整備は、イスラム的な諸制度を統治に利用し、それにより中央集権化をさらに進める性格のものだった。しかしオスマン帝国の人々のなかには、統治のためのイスラムとは相容（あいい）れない、土俗的な信仰をもつ人々も多かった。スンナ派イスラムの旗が振られ、地方法官が帝国の全土に派遣され、彼らが日常生活にも影響を及ぼすようになった一六世紀、心情的にそれに与（くみ）しない人々は、次第に疎外されていったに違いない。

その最たるものが、オスマン帝国の初期に活躍したアクンジュたちだった。彼らの多くは、異端的なイスラム信仰を掲げ、聖戦・殉教を謳（うた）っていた。その信仰は、シーア派系の神秘主義教団によって吸収されることも多いが、いずれにせよ彼らにとってのイスラムは法や統治とは無縁のものだった。アクンジュに限らず、バルカンやアナトリアの在郷騎士や遊牧民の間には、依然、正統的なスンナ派イスラムとは異なる心象世界が存在していた。

我らは、スレイマンの奴隷（エスイル）ではない、セリムの奴隷（クル）でも
我らが、慈悲深き王（シャー）の奴隷（クル）だと、誰が知ろう
愛の僕（クル）となったものが、現世の上官（ベイ）になんでへりくだろうぞ
我らこそは来世の支配者（スルターン）、見るがいい、我らが誰の奴隷かを
苦難のとき、たえず悲しみを食（は）み、血を飲み下した
我らを望むなかれ、我らは天国に流れる川に立つ奴隷

この詩の作者ハイレティー（一五三五年没）は、マケドニアに生まれ、オスマン帝国のアクンジュとして活躍した人物である。シーア派神秘主義教団に属す彼は、クズルバシュと紙

一重である。しかし、彼は常にオスマン帝国の前線で戦っていた。

彼は、こうした過激な詩を書く一方で、詩人として大宰相イブラヒム・パシャに出仕すべく、イスタンブルで就職活動もしている。一六世紀の前半、彼の居場所は依然、オスマン帝国のなかにあったのである。しかし、スルタンの絶対化とスンナ派イスラム重視が進行するなか、こうした心情を吐露する人々の居場所は次第に失われていった。

イスタンブルとその世論

モスクの町、イスタンブル

征服から一〇〇年を経た一六世紀のイスタンブルは、名実ともに帝都の名にふさわしいものとなっていた。再建の核になったのは、この一〇〇年間にスルタンと大宰相クラスの軍人政治家たちが行ってきた、モスクを中心とした宗教施設群の建設だった。スレイマン一世の即位以前、すでに町にはモスクが林立していた。すなわち、教会から転用された聖ソフィア（アヤ）・モスク、メフメト二世のファーティフ・モスク、メフメト二世時代の軍人マフムト・パシャやハス・ムラト・パシャらのモスク、バヤズィト二世のモスク、バヤズィト二世の大宰相チャンダルル・イブラヒム・パシャのモスクなどである。セリム一世のモスクはその没後に建てられた。

これに倍する勢いで、スレイマンの時代、特にその後半には、多数の建築物が宮廷建築家スィナンの指揮下で建設された。すなわち、亡くなった王子のためのシェフザーデ・モスク、ヒュッレム妃のハセキ・スルタン・モスク、皇女ミフリマーフのモスク、大宰相リュステム・パシャのモスク、そしてスレイマン自身のスレイマニエ・モスクなどである。最後の大宰相ソコッル・メフメト・パシャのモスクもこれに加えることができるだろう。

　こうして長々と名前を列挙してきたのは、それらの一つ一つが、町のシルエットを形づくるほどの重要な施設だったからである。イスタンブルを訪れたなら、今もその多くを目にすることができる。それらは、イスタンブルの市壁内の各所に適当な距離をおいて配置されている。市壁内全体が計画的に開発されていったことがわかる。

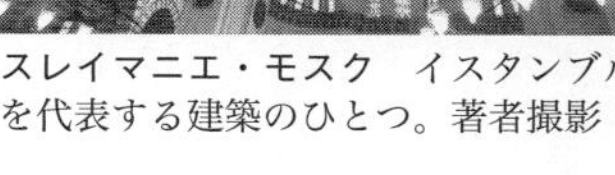

スレイマニエ・モスク　イスタンブルを代表する建築のひとつ。著者撮影

　大モスクの建設は、同時に水路の整備も伴った。イスタンブルでは、征服後、町の西部からひく水路と北部からひく水路が整備されたが、市壁内の開発に伴い、北部からの水路が拡充され、スィナンが建設したいくつもの水道橋を伝わって、市内に水が運ばれた。イスタンブルにおける水の分配は、スィナンの指揮する宮廷建築室が統括し、技術者集団の

管理下に置かれていた。

幹線の水路からは、さらに支線がひかれ、日々の生活の中で使われる街区内のモスクが水路で結ばれた。スルタンのモスクの扉は庶民にも開かれていたが、一日五回の礼拝のために行くには敷居が高い。生活の中心となる小モスクの増加は、市民生活の安定に不可欠だった。一六世紀中葉にはイスタンブル市内に約二〇〇の小モスクがあったことが史料から確認できる。

首都イスタンブルの繁栄

スレイマンの時代のイスタンブルの人口がどれほどだったかについては、確かなことをいうのは難しい。一四七九年には一〇万という推論をするに足る戸数のデータがあるが、その後は適当な史料が存在しないためである。このため、しばしば四〇万程度ともいわれてきたが、近年の研究では、市壁内の人口は多くて二〇万程度と下方修正されている。しかしそれでも、ヨーロッパ一、二の都市であることに変わりはない。

その男性人口の多くは、イスタンブルの大バザール地区などの商業施設に店を構える商人・職人、その弟子や徒弟、荷運びたちだった。先にも述べたように、その六割弱がイスラム教徒であったと推定されている。軍人やウラマー、書記などからなるオスマン帝国の支配層の大半も市内に居住した。市域は対岸のアジア側にも広がり始めていた。

首都イスタンブルの人口が増加すると、その秩序を守り生産活動を保護する政府の任務も

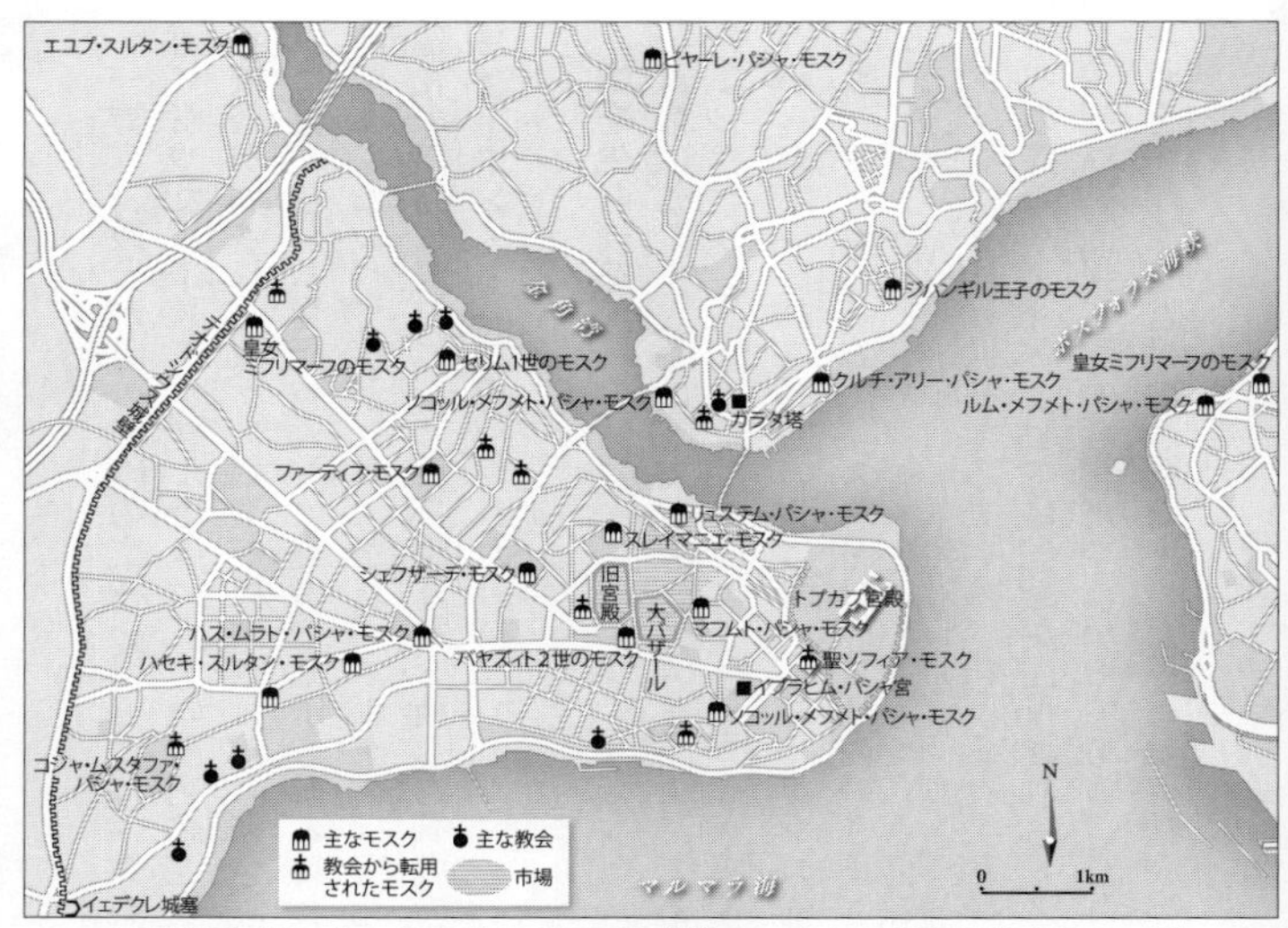

16世紀後半のイスタンブル　町には多数のモスクや教会が共存した。道路網は現在のもの

重くなっていった。このため、オスマン政府は、人々の生活に必要な食糧と、市場への商品・原料の供給を確実に行うことを至上命題に、町の行政体制を整えた。小麦や羊のような主要な食糧の供給は帝国各地とイスタンブルを結んだ行政ネットワークを使って行われ、大宰相がその最高責任者だった。また、都市内の行政や風紀管理には、地方法官や市場監督官（ムフタスィブ）らのウラマーがあたり、街区の小モスクのイマームが行政の末端に位置づけられた。このようにウラマーを行政的に用いることで、「イスラム的統治」が、足元で支えられた。

一方、為政者が町の人々の支持を得るには、娯楽の提供や気前のよさを示す振る舞いも不可欠だった。イスタンブルでは、王子の割礼式、皇女の結婚式、あるいは戦勝の記念に大きな祝祭が催され、人々に娯楽が提供された。毎金曜日や断食月の夜には、スルタンの諸モスクに付属した給食所で人々に食事や菓子も振る舞われる。スルタンの「徳」は、こうした気前のよさによって示された。また、スルタンは巡礼を円滑にとりしきる重い義務も負った。巡礼の出発に際して行われる贈り物を積んだ御輿（みこし）の儀式は、スルタンの宗教的役割を示すパフォーマンスとして重視された。

噂を生む構造

首都に暮らす人々は、支配層（アスケリー）であれ、商人・職人から乞食に至る被支配層（レアーヤー）であれ、政治と無関係ではいられなかった。スレイマンの時代、人々は、遠方からもたらされる戦勝の報に酔い、スルタンの帰還の祝祭を心待ちにすることも多かったろう。しかし、一方で、スルタンの宮廷内のさまざまな権力闘争、あるいは、スルタンやその側近たち、宮廷のハレムの女性たちの噂も、細波（さざなみ）のように町に広がり、些細なニュースもイスタンブル中が共有するという、口コミ社会ができあがっていた。

その際のメディアとしては、詩が注目される。スルタンや高官たちを称えたのも詩だったし、それを批判したのも詩だったからである。もちろん、複雑な古典詩のルールを理解し、それを堪能するだけの教養をもった人々は、社会のごく一部に限られただろう。詩人の多くは、有力者をパトロンとしその庇護下で活動していたので、これは、基本的にはエリートの嗜(たしな)みだった。しかし、暗誦で伝わる言葉のもつ力は大きい。覚えやすく勘どころをとらえた詩は、時に、イスタンブルの大衆と支配エリートをつなぐ架け橋にもなったのである。

そして、そんなイスタンブルが噂で持ちきりになるような事件が、スレイマンの宮廷では繰り返された。たとえば、スルタンの寵臣イブラヒム・パシャやムスタファ王子の処刑（後述）である。このとき、人々は、――世論と呼んでもいいだろう――これをスルタンの愛妃ヒュッレムに結びつけた。彼女は、一五三四年にスルタンと異例の結婚をしていた。奴隷身分出身の彼女に操られるスルタンは、人々の格好の噂の種だった。

一六世紀のおそらく宮廷勤めだった女流詩人、ニサーイーはこう謳っている。

ロシアの魔女の言葉を耳に入れ
企みと魔術にだまされて、あの悪女の言いなりとなり
生命の園の収穫を、あの気ままな糸杉のなすがままにした
ああ、無慈悲なる世界の王よ

ロシアの魔女がヒュッレム妃を指していることはいうまでもない。非難は、ロシアの魔女に魅せられたスルタン・スレイマンにも向けられている。

かつてあなたが若かった時、あなたは何ごとも公平に正しく行っていたのに
その振る舞いと気質で民を幸福にしていたのに
年老いた今、悪しき不正義を行うとは

ヒュッレム妃

その噂の的、ヒュッレム妃は、二五年の長きにわたって、事実上、スレイマン一世と一夫一妻の関係にあった宮廷の奴隷身分出身の女性である。スレイマン一世の長子ムスタファの母はメヒデヴラン妃といい、やはり奴隷身分の女性だった。しかしその後、多くのハレムの女性のなかで、ヒュッレム妃がスルタンの愛情を受け、次々に五男一女を産んだ。

スレイマンによるヒュッレム妃の扱いは、これまでのオスマン宮廷の慣例を壊すものだった。なにより、オスマン宮廷では、一人の女性からのスルタンの男子の出産は一人に限られてきた。すなわち、一度、男子を産んだ女性はスルタンから遠ざけられることになっていたのである。しかし、スレイマンは、おそらく愛情ゆえに彼女をそばに置き続け、一五三四年には、前述のように彼女とイスラム法上の正式な結婚をしている。そのために彼女の「解放」手続きを法的に整えたといわれる。また彼女に莫大な財産をわりあて、彼女は自分の名のもとにイスタンブルの中心部にモスクやその他の施設群をつくった。彼女は亡くなる一五五八年まで、ハセキと呼ばれる宮廷のハレムのトップの座を占め続けた。

こうしたスレイマンの愛情は、美談のようにも思われる。しかし慣例を壊せば矛盾が生ま

れるのもまた、当然である。スルタンの息子五人の母となったヒュッレム妃は、少なくともこのうちの一人をスレイマンの後継とすべく、娘婿（むこ）のリュステム・パシャを使って画策したと信じられている。そもそも、先にみたように、スレイマンと近いイブラヒム・パシャに嫉妬し、彼についてあらぬ噂を流し、スルタンに彼を殺させたのも彼女だというのは、世論の断じるところである。しかし真相は、すべて闇の中である。

リュステム・パシャの貪欲

ヒュッレム妃と並んで世論の評判が悪いのは、スルタンの娘婿、リュステム・パシャである。ヒュッレム妃とスレイマンは、一人娘の皇女ミフリマーフをかわいがり、彼女を近くに置いていたといわれる。ミフリマーフは、皇女は有力な高官に嫁ぐという慣例に従い、サラエヴォ出身の軍人政治家で、当時ディヤルバクルの州軍政官の任にあったリュステム・パシャに嫁いだ。当時の世論は、ヒュッレム妃とミフリマーフとその婿リュステム・パシャの三人組を、徳の高いスルタンの目をくもらせた張本人としている。

ヒュッレム妃　ロシア出身といわれる。これは後世の想像画。トプカプ宮殿博物館蔵

　たしかにリュステム・パシャは、これまでの軍人政治家と違う素養をもっていた。それは、財務

リュステム・パシャ・モスクを飾るイズニク・タイル　オスマン帝国の建造物は、外側は石と鉛の灰色に覆われているが、内部は、美しい彩色タイルで飾られていた。彩色タイルの多くはイズニクの工房で作製された。透明感のある青や緑に加え、16世紀以後、鮮やかな赤が使われ、チューリップやカーネーションなどの植物文様が描かれた。著者撮影

と蓄財に長けていたことである。彼は、一五四四年に大宰相の地位についたのち、ハプスブルク家との和約をまとめあげ、貢納金を確保した。また、スルタン領に徴税請負制を導入するなどし、スレイマンの治世の前半の戦役で悪化した財政を立て直すという大きな功績をあげた。先に引いたビュスベックの言葉を借りれば、「宮廷の庭でできた野菜や花まで売った」という財政再建ぶりである。役職につくものから上納金をとったことでは評判を落としたが、適任者を任じたことでは定評がある。

陰鬱な人物という評もあるが、妻のミフリマーフやヒュッレム妃の信頼は厚かった。ムスタファ王子の死の責任をとって失脚、処刑の噂もあった時は、彼女らが助命に奔走している。結局三年後に大宰相に復帰し、その死まで、合計一四年間大宰相職にあった。

国庫のみならず自分のための蓄財にも熱心だっ

たことから、亡くなった時の遺産の多さは年代記にその中身が列挙されたほどだった。しかし、実は、こうした蓄財の才は、ポスト・スレイマンの時代の軍人政治家に不可欠なものになっていく。大宰相ら高官は、政治的な党派の頭領として、自分の子飼いの家来を大勢、養うようになるからである。リュステム・パシャは、その先駆的な人物だった。

リュステム・パシャはまた、人口の増えたイスタンブルの再整備にあたり、宮廷建築家スィナンを重用している。商業地区の中心につくった彼のモスクは土地を集約的に利用した優れた建物である。また、妻ミフリマーフのモスクは、ボスフォラス海峡対岸のウシュクダル地区に建てられ、アジア側の開発の中心となった。前述のヒュッレム妃の大規模施設同様、スィナンの作品である。

こうした宮廷の女性による建築活動は、ヒュッレム妃とミフリマーフを端緒に広範に行われるようになる。自らの名を永遠に建物に残すという、これまで男性が独占してきた事業に彼女らが関心をもったためだろうか。しかし、その費用は、さかのぼれば国庫から出ていた。

オスマン帝国の税収は、一般財政分とオスマン家家産分に分けられていたが、后や皇女の給金はオスマン家家産分から振り分けられ、それが不足すれば一般財政分からもわりあてられた。「兄弟殺し」により、傍系への税収の分割は防がれてきたが、ハレムの女性と皇女の台頭で、抜け道がつくられることになった。

第一のスキャンダル――ムスタファ王子の処刑

五〇代になったスレイマン一世は病(おそらく痛風)に苦しみ、顔色がとても悪く、彼が面会したときは化粧をして取り繕っていたともビュスベックは伝えている。遠征の間隔もあき、その後継者問題がひそかに取りざたされるようになっていた。

王子のなかでは、スレイマン自身はヒュッレム妃が最初に産んだメフメトにもっとも目をかけていたといわれるが、彼は一五四三年に病死、スレイマンは、彼のために、イスタンブル中央に巨大なシェフザーデ・モスクを建てている。イスラムでは、亡くなった人のために詠まれるコーランの詠誦こそが、その魂をもっとも慰めると考えられた。イズニクで造られた青タイルで飾られたそのモスクには、大勢のコーラン詠誦者が雇われ、昼夜、その声が響いていた。シェフザーデ・モスクの建設もスィナンによる。

メフメト亡きあと、一番の候補はメヒデヴラン妃を母にもつ長子のムスタファだった。しかし、結局、彼が一番先に継承に向けた行動を起こし、その結果、父親の不興を買い、一五五三年、イラン遠征に向かう途中で、突然、処刑された。謀反計画があったとされるが真偽は定かではない。謀反と直結せずとも、県軍政官としての任地アマスヤから首都に味方をつくる工作はしていたとみられる。後継問題には命がかかっていることを考えれば、それも当然だろう。彼には、イェニチェリら軍人たちの支持が厚く、父親の存命中にクーデターを起こせば、その成功は間違いなかったといわれたが、スレイマンがそれを怖れたとの説もある。

案の定、その処刑の直後、遠征中の軍の動静は不安定になった。イェニチェリだけでなく多くの高官も彼を支持していたからである。この処刑をそそのかしたのは、自分の子の即位を望むヒュッレム妃ら例の三人組の仕業と考えるものが多かったことから、スレイマンは大宰相のリュステム・パシャを罷免して、自らへの批判の矛先をかわした。スレイマンは、ムスタファの子（すなわち、自らの孫）も全て処刑し、反乱の火種を残さなかった。

さらにムスタファの側近たちも多数処刑された。前述のようにオスマン帝国の王子たちは、県軍政官の任地に軍・行政機構・宮廷からなる一種の擬似政府をつくり、行政経験を積んでいた。スレイマン自身が王子時代の宮廷からイブラヒム・パシャを連れてきたように、

ムスタファ王子の処刑　スレイマン1世のテントの前に横たわる王子の死体を描いたミニアチュール。1587年頃、トプカプ宮殿博物館蔵

のちの幹部候補の「スルタンの奴隷」もそこで育てられていた。主を失ったこうした人々による反乱・報復を怖れ、処刑したものである。

この直後に、スレイマンの末子ジハンギルが死んでいる。病弱な彼は、腹違いの兄の事件にショックを受けた末と噂される。彼のためには、トプカプ宮殿から一望できる金角湾を挟んだ対岸に小ぶりなモスクが建てられた。末子をかわいがっていたヒュッレム妃の希望だったといわれる。しかし、その彼女も五八年に亡くなった。

詩人の声、町の声

ムスタファ王子の死は、軍人たちの間だけでなく、イスタンブルの町にも波紋を広げた。誰が次のスルタンになるのか、生き残るのは誰なのかは町の関心事だったからである。そのなかでのムスタファ王子の処刑である。しばらくしてドゥカーギンザーデ・ヤフヤー（一五八二年没）の詠んだ次の詩がイスタンブルで評判になった。

なんと、なんということ。ああ、この世の一角が崩れさった
ムスタファを死の反乱者(ジェラーリー)たちが奪いとった
あの美しい太陽は沈み、彼の側近(ディーヴァーン)の衆は失われた
（死の反乱者は）オスマンの家を、その企みで罪に陥れた

殺害の場面は次のように描かれる。

世界の王（シャー）は怒りで真っ赤に燃えて待っていた、天幕は、雪のつもった山のよう
王子は白い毛皮をまとい、まるで白い城のよう
手に接吻をするため、天空を回る太陽のように進み出た
そのとき、月のかけらとなって沈んだのだ。彼は、二度と天幕から出てはこなかった
それを見た者たちは、春の雨のようにさめざめと泣いた

詩人の怒りの矛先は、大宰相のリュステムと、それを許すスルタンに向けられる。

この世のザールが王子を打ち倒し、リュステムの企みがその体を傷つけた
（最後の審判の日にふる）星のように涙が流れ、悲鳴の声があがった
死の瞬間は最後の審判の日のよう
悲鳴とうめき声がその場を埋め尽くし、老いも若きも、川のように、涙を流した
体中に痛みが襲い、涙が流れる
ああ、なのに、幸福なる玉座に座る、世界の支配者（パーディシャー）よ
皆が愛したあの人は土に帰った、なのに、裏切り者のサタンは、今も生きているとは
この怨嗟（えんさ）の声を、明け方の霞のように、たなびかせてよいはずがない

彼らは、支配者（パーディシャー）の血筋を侮辱したのだ

詩に現れるザールとリュステムは、古代ペルシャの伝説上の王ルステムとその父ザールを指すが、スレイマンの天幕内にいた殺害の実行者といわれるザール・マフムトと、大宰相リュステム・パシャを指していることは明らかだ。この詩が、一種のルポルタージュとしてムスタファ王子殺害の場面を活写し、人々の非難の矛先をリュステム・パシャに向けさせたことはいうまでもない。

この詩の作者ヤフヤーは、アルバニアの名家の出身でデヴシルメによりオスマン軍に加わった。イェニチェリとしてスレイマンの主たる遠征に従軍するかたわら、折々に詩を謳い、詩集を編み、スルタンや高官たちに献上した。その甲斐あって、軍職をはなれイスタンブルの複数の重要なモスクの管財人職を射止めていた。その職にあるときに詠んだ詩がこれである。

おそらく、彼自身が長年身を置いたイェニチェリ軍の軍人たちの心情を代表し、彼らから得た情報を巧みに詩にまとめ、リュステム・パシャに攻撃の矢をむけたのだろう。この時リュステム・パシャはすでに大宰相を罷免されていた。その失脚を確信し、非難したのだろう。

しかし、誤算があった。それは、三年後にリュステム・パシャが大宰相として再登用されたことである。このため、詩人はリュステム・パシャの再三の嫌がらせを受け、結局、ブル

ガリアのイズボルニクに左遷の憂き目にあっている。リュステム・パシャは、当時としては珍しく、詩人嫌いで知られる。こうした批判的言説に辟易していたのかもしれない。

しかし、この詩のなかには、もう一人、スルタンへの非難が含まれていることも忘れてはいけない。政治の混乱や失政の責任を文人たちが非難する際、その矛先は、たいてい大宰相に向けられた。しかし、大宰相を任命し、あらゆる事案の最終決断をしているのはスルタンである。大宰相を批判する形をとった政府批判は、こののち、広くみられるようになる。スレイマンの時代は、宮廷とそれに直結する支配層の動向を、首都の人々が遠巻きに見守り噂しあう、都市型の政治が始まった時代でもあった。

スキャンダルの第二幕

人々の涙を誘ったムスタファ王子の死は、しかし、舞台の第一幕にすぎなかった。まもなく後継争いの第二幕が始まり、それは、さらにドラマティックな展開となった。

ムスタファとジハンギルの死により、スレイマンの後継候補はヒュッレム妃の二人の子、バヤズィトとセリムに限られた。それまで二人を制御していた母ヒュッレムの死後、彼らを制止するものはなくなり、両者のライバル関係はエスカレートしていった。軍人としての才のあったバヤズィトは、特に積極的に動いた。頻繁に父に手紙を送り、その後継への確証を求めたほか、即位を目指し、配下の軍事力の強化に努めた。トプカプ宮殿に残る書簡から、一節を紹介しよう。弟セリムの任地コンヤよりも遠いアマスヤへの任地換えを命じられた直後の書簡である。これは後継争いで不利になったことを意味していた。

親愛なる我が王よ、私がどうしているかとお尋ねになるならば、昼も夜もあなたの善きことを祈る毎日でございます。ですが、私が悲しみと研鑽（けんさん）に疲れ果てていることをお知りください。ああ、どうして、私が何をしたとおっしゃるのか。弟の言うことを聞きいれて、私になんとひどいことをなさるのですか。私にここ（キュタヒヤ）を離れアマスヤに行けと言われるとは。このようなことを、我が王がなさるとは信じることができません。ああ、この仕打ちに、身も心も打ち砕けます。おわかりいただけるでしょう。お心は、どこにいってしまったのか。……私が、弟セリムの家来（クル）だとでもおっしゃるのでしょうか。……私にも欠点はありましょう。しかしセリムほど不埒（ふらち）ものではありません。やつは、ブルサでも一体何人の娼婦と不貞を働いたことか。しばらくしたら、あちこちから偽者のセリムの息子たちが現れましょう。こんなやつが王にふさわしいとお思いなのですか、やつに言ってやってください、こんな醜いことはするなと。私の言葉を嘘だと思わないでください。本当なのです。嘘は申しません。世の人が皆、知っていることです。

スルタンへの訴えは、弟の悪行を含め、ずいぶんと下世話なところにまで及んでくる。兄弟の争いは泥沼化の様相である。ただ、この手紙のなかには、どこか父の自分への愛情を期待した、肉親の情の機微も感じられる。彼らも「家族」だったということだろうか。

しかし、国家をあずかる父スレイマンが警戒しないわけがない。長引く継承問題にしびれを切らしたバヤズィトが、自らに刃を向けることもスレイマンは恐れていた。スレイマンの弟セリムへの肩入れが明らかになると、バヤズィトは力に訴える道を選んだ。こうして、事態は、兄弟が直接、戦場で白黒をつけるまでに発展した。一五五九年のコンヤの戦いである。バヤズィトの行動をみると、国家の軍とは独立して、王子が相当の軍事力をもっていたことがわかる。しかし、セリムの側には父がついていた。帝国の在郷騎士軍や中央政府からの派兵も加わり、対等な戦ではなかった。

結果は、当然、セリムの勝利だった。父に従順で動かなかったセリムが、結局、最後に残ったことになる。その臆病さから動けなかっただけともいわれる。バヤズィトは、アナトリアを東に逃げ、政府軍の追討を振り切り、四人の男子を連れて、一五六〇年八月、サファヴィー朝に逃げ込んだ。当初、厚遇したタフマスブであったが、アマスヤの和約後の安定の継続を望み、やがて、五〇万金貨と和平の保証と引き換えに、バヤズィトをオスマン側に引き渡す決断をした。オスマン帝国の側からみると、ヨーロッパを引き回されたジェム王子の二の舞は避けられた。

一五六二年六月、引き渡されたバヤズィトとその子たちは、スレイマンの使者の手でまだサファヴィー領にいるうちに殺され、二度とオスマン帝国の地を踏むことはなかった。バヤズィトがイランから父に送った懇願の手紙のなかに残された詩も今日に伝わっている。

ああ、世界の王のなかの王、スルタン・スレイマン、我が父よ
ああ、我が心の、心のなかの最愛の人、我が父よ
あなたのバヤズィトをここまで苦しめられるのですか、わが愛する父よ
私に罪がないことは神はご存知です、偉大なるスルタン、我が父よ……
このバヤズィトの過ちをお許しください、苦しめないで、この僕(しもべ)を
私に罪がないことは神はご存知です、偉大なるスルタン、我が父よ

スレイマンが返事として送った詩の一節には、こうある。

私がいつ、お前を苦しめたというのか、ああ、我がバヤズィト、息子よ
罪がないなどと申すな、悔いよ、我が愛する息子よ

このように、スレイマンの晩年は、息子たちの継承争いのなかで暮れた。

第五章　オスマン官人たちの時代――一五六〇～一六八〇

オスマン官人支配層の台頭――一六世紀後半

「恭順なスルタン」の始まり

長く病気を噂されていたスレイマン一世が、約一〇年ぶりに遠征に出たのは一五六六年のことである。ハプスブルク家の新皇帝マクシミリアン二世がハンガリーでオスマン側の城を奪ったことへの報復だった。オスマン軍はマクシミリアンの軍を押し返し、さらにハンガリー西部の重要都市スィゲトヴァールの包囲を進めた。しかし、その陥落が間近というところでスレイマンは亡くなった。戦場でもずっと病床にあったといわれる。

大宰相のソコッル・メフメト・パシャはその死を隠したままこの町を落とし、その城を修復したあとようやく約一ヵ月後にイスタンブルに向けて出発した。遺体はテントの下にひそかに仮埋葬されていたという。大宰相は、さらに戦争を継続しようとする人を抑えるために、城の修復で時間を稼ぎ、秋の到来を待って帰還したとみられる。一方、彼は、継承争いに勝利して唯一の後継候補であったセリム王子に書簡を送り、バルカンへ出陣し軍と合流するよう指示している。

スレイマン1世の葬儀　スルタンの棺には生前の地位を表すターバンが飾られた。背後が廟。1579年、チェスター・ビーティー図書館(ダブリン)蔵

セリム以外には後継候補がいないにもかかわらず、どうしてこれほど手の込んだことが行われたのかには謎があるが、答えは次の二つと考えられる。

一つはスルタンの代替わりにかかわらず、大宰相を中心とした現政府を継続させるためだった。これまでのオスマン帝国では、王子たちはその任地で自分自身の家臣団を育て、即位にともなって彼らを要職につけるのが慣例だった。セリム王子の家臣団は二〇〇〇人にのぼっていた。しかし、スレイマン一世の長い治世の間に支配組織は成長し、スルタンと必ずしも一体ではない政府ができあがっていた。大宰相ソコッル・メフメト・パシャは巧みにセリムを操り、既存の政府の存在を認めさせた。

二つめは、セリムのスルタン位継承には、軍人各層からのボーナス要求が大きかったからだろう。前章でみたように彼の即位に至るプロセスで流された血は多かった。それに報いるだけのものを軍人たちは要求していた。大宰相はその準備も新スルタンに指示している。

王子時代の貯金を継承争いで使い果たしていたセリムは姉の皇女ミフリマーフから五万金貨の借金をし、即位に伴うボーナスの支払いをまかなったといわれる。実際、イェニチェリ軍は、スレイマニエ・モスクでの前スルタンの埋葬に至る過程で何度となく示威行動を起こし、新スルタンを脅かしている。

セリム二世は弱体のスルタンであることを運命づけられて出発した。彼は政治を大宰相に任せ、その後、一度も軍を率いて遠征に出ることをせず、イスタンブルの宮廷とエディルネの狩場で享楽的な人生をすごした。大酒飲みだったことでも知られる。

ポスト・スレイマン時代は、このようにスルタンが戦争と政治の前線から消えていった時代だった。代わって、大宰相を中心とするオスマン官人たちによる支配が始まる。官人支配のシステムに「恭順なスルタン」こそ、実は、時代が必要としたスルタンだった。セリム二世がそれに従ったことにより、ポスト・スレイマン時代は結果的に、順調にスタートした。

ソコッル・メフメト・パシャの時代

大宰相ソコッル・メフメト・パシャはボスニアの地方小貴族の家に生まれ、デヴシルメを経てオスマン宮廷入りし、スレイマン一世の晩年に大宰相となった軍人政治家である。

その後の短命な大宰相たちと違い、彼は一四年間その職にとどまり、スルタンに代わって軍を率い、諸種の決定を下した。同時に、自分の周囲に軍人や書記、ウラマーを集めて党派形成を行った。党派とパトロネージに基づいた政治は、一六世紀後半以後のオスマン帝国の特徴である。

ソコッル・メフメト・パシャは一族も優遇し、イスラムに改宗した親族はボスニアや首都に出て出世している。スレイマン一世の時代の一五五七年、彼の弟（または甥）は、セルビア正教会の大主教に任じられている。これは、一時絶えていたセルビア正教会をオスマン帝国が復活させたもので、ハプスブルク家との抗争のなかでバルカンのキリスト教徒を自分たちの側に引きつける目的で行われた政策だった。ソコッル家の事例は、デヴシルメによる登用と出世が一家一族の栄光への道でもあったことを示している。

ただし、彼の権勢も絶対ではなかった。ライバルの軍人政治家たちもさかんに党派形成を行っていたからである。スルタンもこうした党派争いのなかで一つの駒として扱われた。宮廷の奥で暮らすスルタンも要所では担ぎ出され、政治的に利用された。指導力のないスルタンが続くにもかかわらず、オスマン帝国後半の歴史が引き続きスルタンを中心に展開しているようにみえるのは、そのためである。

地中海情勢

オスマン帝国は、大宰相ソコッル・メフメト・パシャのもとで、スレイマン一世後も軍事的優位を維持していた。その成功は、主に地中海でもたらされた。一五七〇年、オスマン海軍は長年の懸案であったヴェネチア領キプロス島への攻撃を開始し、翌年、その征服を果たした。この結果、イスタンブルとエジプトの間の航路の安全が確保された。

　これに対し、ヴェネチアはローマ教皇、ハプスブルク家スペインと連合し、キプロスの奪還を目指した。両海軍の決戦は一五七一年一〇月ペロポネソス半島に近いレパントの沖で始まった。有能な連合艦隊の指揮官ドン・ファン・デ・アウストリアに対し、オスマン側は経験の浅い指揮官が率い、ほぼ全船が沈められるか拿捕されるという惨敗を喫した。しかし、連合した三つのヨーロッパ勢力のその後の足並みはそろわず、次の手を打つことができなかった。一方、オスマン帝国は冬の間に艦隊を再建し、翌夏には、失った以上の数の艦隊を地中海に送り出した。

　これを受け、ヴェネチアは七三年にオスマン帝国と和約を結び、キプロスを放棄したうえ、三〇万金貨の貢納金を払うことに同意せざるをえなかった。一連の戦いがキプロスの領有をめぐってのものであったことを考えれば、勝利したのはオスマン帝国の側だった。西地中海でも、一五七三年にスペインの無敵艦隊によって奪われたチュニスを、新建造の艦隊で七四年に奪還した。地中海でのオスマン帝国の覇権は続いていた。

　しかし、このレパントの海戦の勝利が、宗教戦争で分断されていたヨーロッパの人々を勇気づける事件だったことは疑いない。共通の敵「トルコ」を破ったことをすべての勢力が一緒に祝うことができたからである。スペインからイタリアに渡っていたセルバンテスがこの海戦に参加し、片腕を失いつつも、これを誇りにして生きた逸話はよく知られている。セルバンテスは帰国の途中、西地中海で海賊の捕虜となり、解放までの五年間、そこでも苦労している。

二つの運河計画——限界への挑戦

ソコッル・メフメト・パシャは、その在任中に二つの壮大なプロジェクトを進めていた。一つはスエズ運河計画である。その発端は、セリム二世の即位の直後に起こったイエメンの反乱だった。シーア派の一派ザイド派の在地指導者たちが一五六六年に起こした反乱の制圧には三年を要した。このため、地中海と紅海をつなぎ、アラビア半島の支配を確実にしようとしたのだろう。また、前代に挫折したインド洋への展開を再開する目的もあったかもしれない。しかし、この計画は調査のみに終わり、実行には移されなかった。

一方、北方では別の運河の建設に着手している。アゾフ海に注ぐドン川とカスピ海に注ぐヴォルガ川をつなぐ運河である。一五六九年、その三分の一程度が掘られたという。もしもこれが完成していれば、イスタンブルからカスピ海に艦隊を送ることが可能になるはずだった。そこから、モスクワ公国や、東方のライバル、サファヴィー朝に向けて攻撃を展開することが可能になる。また、毛皮をはじめとするロシア産品からの関税収入も得られる。しかし、この計画も完成をみずに、翌年には放棄された。

失敗に終わった二つの計画に共通するのは、すでに限界に達したオスマン帝国の拡大に新しい突破口を開こうとする試みだったという点だろう。そのいずれもが、のちに(スエズ運河は一八六九年、ドン・ヴォルガ運河は一九五二年に)同地点で実現していることを考えると、あながち無謀な計画だったとはいいきれない。しかしいずれもが本拠地から遠い場所での工事であったことから財政上の負担は大きく、また当時の技術では越えられない障壁もあ

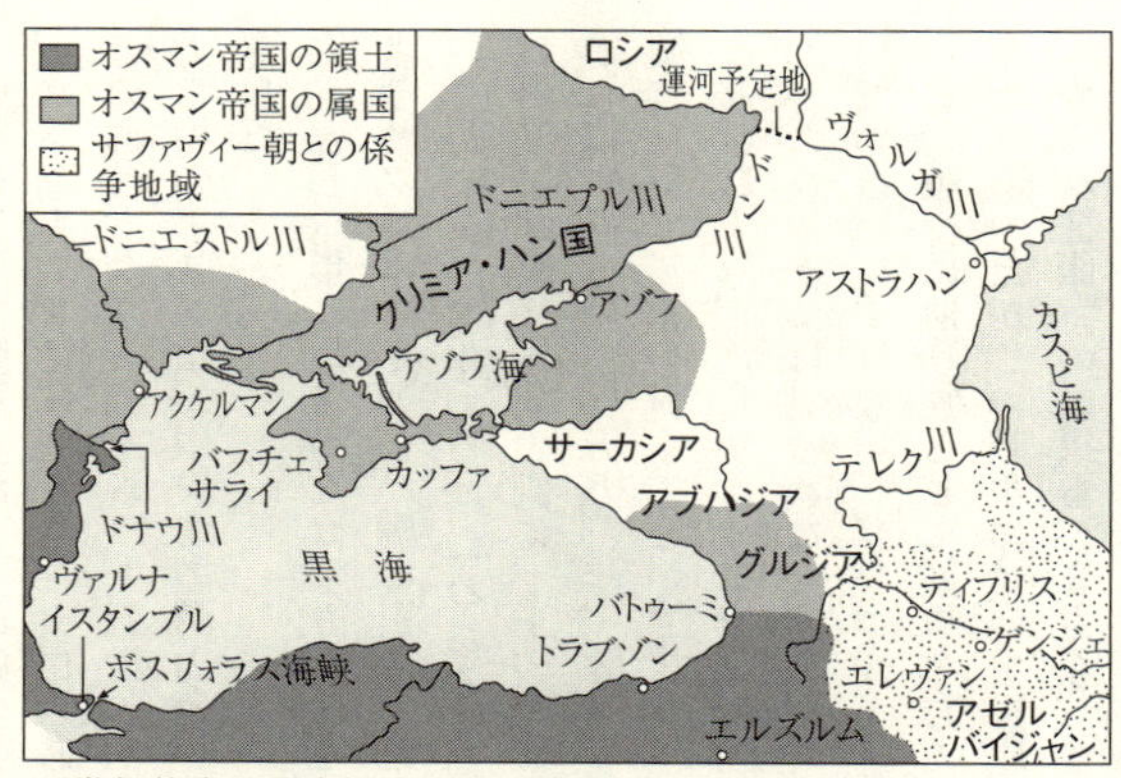

16世紀後半の黒海沿岸とコーカサス　オスマン軍はクリミア・ハン国騎兵とともに、北方に出兵した。運河計画もそこから生まれた

った。こうして、オスマン帝国は、すでに獲得した領土を守っていく道を進むことになるのである。

コーカサスの長引く戦役

一五七四年にセリム二世が亡くなり、ムラト三世が即位した。ムラト三世の初期には引き続きソコッル・メフメト・パシャが大宰相を務めたが、この頃から有力な軍人政治家たちの間の権力争いが激しくなり、ソコッル・メフメト・パシャは次第に実権を奪われていった。彼のライバルたちはソコッル・メフメト・パシャの東西での平和路線を批判し、開戦を主張した。自分たちが目立つためである。この結果、一五七八年、サファヴィー朝領であるコーカサスへの遠征が始まった。反対していたソコッル・メフメト・パシャは、まもなく政務中に刺客によって暗殺された。政敵の手引きがあったとみられている。

ソコッル・メフメト・パシャ亡きあと、イスタンブルの政局は、何人かの有力者間の綱引きの舞台となり、続くムラト三世の治世二一年の間には、一一回も大宰相が交代している。大宰相のポストは、中央での勢力争いの焦点だった。その結果が戦争の進め方にも大きく影響した。

一五七八年に始まったコーカサスとアゼルバイジャンへの戦役は、コーカサスの在地支配者やサファヴィー朝との駆け引き、厳しい地形や自然環境との戦い、そして物資移送の困難のなかで、一三年の長期にわたる断続的な戦争となった。一五九〇年に和議が成立するのは、サファヴィー朝の側に、王の交代やシャーバーン朝の侵入という不利な要件が重なったからにすぎない。一五九〇年、オスマン帝国は、ようやくコーカサスとアゼルバイジャンの領有を得て、陣を引くことができた。

これにより、たしかにオスマン帝国は東方に大きく拡大した。しかし、結果的にみるとかかったコストには見合わない勝利だった。当時の知識人の多くが、この戦争の無益さに気づいていないはずはない。ソコッル・メフメト・パシャの反対も記憶されていたからだ。実際にこの戦役に財務官として従軍したムスタファ・セラーニキーという書記官僚は、偉大な征服ではあったがこの戦争のせいで国庫が空（から）になり軍人たちの規律が乱れた、と嘆いている。「偉大な征服」の成果も、まもなくサファヴィー朝により奪還された。一七世紀に入るとアッバース一世のもとでサファヴィー朝が急速に勢いを回復し、反撃に出たからである。アッバース一世は、東からのシャーバーン朝の侵攻を止めたのち、国内の体制、特に軍事制度を刷新し、一六世紀末にオスマン帝国に奪われた旧領の回復に努めた。オスマン帝国がハプスブルク家との戦役に忙殺され、東に兵力を割く余裕がないのを見極め、一六〇三年にタブリーズを奪還し、グルジアのティフリス、アゼルバイジャンのゲンジェといった要衝を次々に攻略した。こうして、一六〇七年までに、オスマン帝国はムラト三世時代に獲得した領土のすべてを失い、境界戦は一五五五年のアマスヤ和約のラインに戻った。

ハプスブルク家オーストリアとの「長期戦争」

同じような消耗戦は、西の戦線でもみられた。一五九三年、主戦派のベテラン軍人、コジャ・スィナン・パシャに引きずられ、有力軍人政治家間の覇権争いの結果として、ハプスブルク領ハンガリーへの侵攻が始まった。ハンガリーのハプスブルク家領とオスマン帝国領の境域には、両方の役人が徴税にやってくる二重支配地域が存在し、双方からの略奪合戦も日常化していたため、開戦の口実には事欠かなかった。

この侵攻は、ドナウ以北のオスマン帝国の三属国の状況を混乱させた。ハンガリー戦線でのオスマン軍の劣勢をみて、トランシルヴァニアはハプスブルク家側につき、さらに、モルドヴァとワラキアでも両領主がオスマン側に兵を向けたからである。オスマン軍はハンガリーにおいて、ある城をとれば別の城が奪われるといった一進一退の戦況を続け、戦争は長期化した。その間、二度にわたりハンガリー支配の拠点ブダが包囲されることもあったが、その陥落は免れた。

一六〇三年頃からはオスマン側に有利な状況も生まれた。トランシルヴァニア、モルドヴァ、ワラキアの状況が逆転し、ハプスブルク軍がワラキア公を殺害、トランシルヴァニアでは反ハプスブルク家の反乱が起きたためである。また、オスマン軍は、大宰相ララ・メフメト・パシャのもとでハンガリーでの喪失を挽回した。そして、一六〇六年に、緩衝地帯のツィトヴァトロクで和議のテーブルにつくに至った。

この一三年間の「長期戦争」に完全な勝者はなかった。オスマン側は何度か襲った危機的な状況を乗り切って旧領を守ったともいえるし、一六世紀前半の勢いがすでにないことを証明したともいえる。ハプスブルク家も新式の軍事技術の優位を示すことができず、また相変わらずハンガリーやトランシルヴァニアの在地諸勢力から完全な信頼をとりつけることができなかった。一六〇六年に結ばれた和議は、こののち六〇年間維持された。

「長期戦争」がもった意味

ただし、この戦争がオスマン帝国にもたらした影響は大きかった。一三年間の推移をみると、オスマン帝国は前半の劣勢を徐々に挽回し、最終的に開戦前の状況に戻して終わっている。この挽回は、戦争が始まってまもなく示されたオーストリア側の新技術を、オスマン帝国側が急遽、模倣し、戦場で活用したからにほかならない。

ヨーロッパ史において「軍事革命」と称される一六世紀後半の軍事技術の革新は、一つにはイタリア式築城術の導入、二つには鉄砲の改良とそれを操る歩兵軍の充実、三つには火器を使った攻撃を中心に据えた兵法の改良に求められる。オスマン軍は、急いでイェニチェリ軍を増強し、さらに未熟でも火器を操れる非正規の歩兵をアナトリアの農村から集めて戦場に送り込み、少なくとも第二の点は追いついた。以後の戦争において、火器を使う非正規兵は軍に不可欠の存在となる。ただし、戦争が終わるとこの非正規兵たちは行き場を失い、社会不安の原因となった。

なお、軍事技術の面ではオスマン軍は第一、第三の点でもヨーロッパでの進展にほぼ歩調を合わせていたとみられている。しかし、一六世紀の成功を支えていた総合力の優位は失われていた。戦争によってオスマン帝国が新たな地平を開くことは難しくなっていたといえるだろう。

この東西での戦役の間、スルタン自身が戦場に赴（おもむ）いたのは、メフメト三世の即位直後の一度のみである。スルタンはイスタンブルの宮廷の奥深くで暮らす存在になっていた。

ハレムの役割

スルタンがトプカプ宮殿にこもるようになると、宮廷内のハレムのもつ役割が急速に大きくなっていった。スルタンの実質的な政治機能は弱まったが、有力者たちがスルタンを利用するにはハレム官僚たちの仲介が必要であり、また、幼少のスルタンなどの場合には母后らの影響力が大きかったからである。ムラト三世の母ヌールバヌー妃以来、母后はトプカプ宮

黒人宦官長　黒人宦官長はスルタンや母后と軍人政治家たちの仲立ちをし、実権をふるった。アムステルダム国立美術館蔵

殿内に居住するようになり、ハレムのスタッフは増え経費も増した。

ハレム官僚は黒人宦官（かんがん）たちが務めた。一七世紀には三五名程度の有給の黒人宦官がおり、うち黒人宦官長は、小姓の教育を担当する白人宦官長を抑え宮廷全体をとりしきる任を負うようになっていた。彼らは、帝国の他の官職者とは異なり、スルタンの私的な傭人という性格をもっていたので、それを利用しスルタンの名のもとに設立された宗教寄進の管財人職を手中に収め、富を蓄積した。また、メッカ、メディナのために設立された宗教寄進の管財人も黒人宦官長が務めた。黒人宦官の多くはスーダン出身で、エジプトで施術のうえでイスタンブルに献上されたといわれる。このため彼らの多くは引退後にエジプトに移り、そこで影響力を維持することが多かった。

ハレムの内部では、一六世紀後半以後、母后をトップにした位階的な構造ができあがった。母后に続くのは、現スルタンの子を産んだハセキと呼ばれる女性たちだった。ハレムの女性の大半は、戦争捕虜や献上品として贈られた奴隷身分の女性である。

しかし、女奴隷という言葉の響きとは異なり、宮廷のハレムは基本的に教育の場だった。

その日常は、規律と階層的権力関係に秩序づけられた一種の女学校のようなものだと考えた方がいいだろう。宮廷に残った先輩女性が後輩の教育にあたり、宦官長は寮長のような役回りである。このうち母后の目にとまった成績優秀者には、スルタンの側室への道が開かれた。

一方、母后やハセキらにはヨーロッパの王室間の外交に似た活動が任されていた。メフメト三世の母后サーフィエ妃がイギリスのエリザベス女王に送った書簡からは、彼女らがロイヤルファミリー同士の付き合いの礼儀にならい、贈り物の交換などをしていたことがうかがわれる。

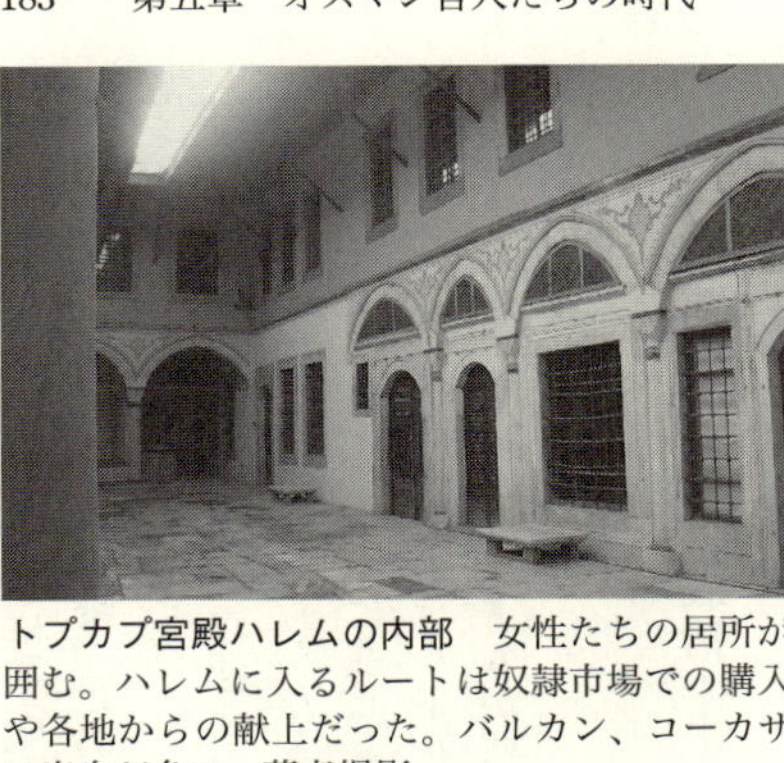

トプカプ宮殿ハレムの内部　女性たちの居所が囲む。ハレムに入るルートは奴隷市場での購入や各地からの献上だった。バルカン、コーカサス出身が多い。著者撮影

宮廷のハレムでは、当然、オスマン家の子孫を作ることが重要とされたが、ムラト三世の場合を除き、スルタンの側室となった女性の数はきわめて少なかったとみられている。その他の女性は一定の年齢に達すると同じく宮廷で育てられる小姓出身の軍人政治家の妻となり、宮廷を出ることが多かった。

ところでムラト三世の子づくりは、オスマン帝国のスルタン位継承方法を変える転機となった。彼には、王子時代の子メフメトがおり、メフメトは王子として県軍政官を務めた最後の王子となった。その

後、ムラト三世は子づくりに励み、一五九五年に彼が亡くなった時には一九人の男子がいた。即位したメフメト三世は、年の離れた幼い弟たちの殺害をためらったが、伝統に従いやむを得ず一九人を絞殺している。

新スルタンの即位後に、宮廷を出る前スルタンとその子供たちの棺の列のあまりの長さに、人々は哀れみ、嘆き悲しんだと年代記は伝える。このため、次に即位したアフメト一世は、弟ムスタファを殺さずに残し、以後、新スルタン即位時の兄弟殺しは行われなくなった(一六〇三年)。その後、継承ルールは明確に定まらないながらも、父から子へではなく、一族の年長者へ継承されるケースが増えていく。この変更はスルタンの役割の変化を反映したものといえるだろう。

政治的混乱と収拾——一七世紀前半

ジェラーリー反乱

ハンガリーをめぐるオーストリアとの戦争と、アゼルバイジャンやコーカサスをめぐるサファヴィー朝との戦争が続いていたころ、足下のアナトリアやシリアでは反乱が相次いでいた。その反乱者はジェラーリーと呼ばれた。ジェラーリーは、一六世紀初頭のアナトリアの山賊ジェラールに由来するが、オスマン帝国下で、防備の手薄な村や町を襲う山賊や暴徒、さらに政府から離脱した反乱軍など、政府にとってのさまざまな次元の「賊」がこの名で呼ばれた。かつてはクズルバシュと呼ばれた反政府的な遊牧民も、一六世紀後半以後はシーア派的色彩を前面に出すことが減り、同じくジェラーリーと呼ばれた。

アナトリアでは一五七〇年代以後、すでに小さな都市暴動が頻発していたが、大規模なジェラーリー反乱の第一波は一五九六年頃に始まる。この時、ジェラーリーとなったのは、対ハプスブルク家の戦争で非正規兵（レヴェント）として使われていたアナトリアの農村出身者だった。包囲戦の終わりとともに解雇された彼らは、火器などの武器を所持したまま故郷に戻り、折しも発生した下級軍人カラ・ヤズジュの反乱に合流し、暴徒化した。彼らのなかには、定住後何世代も経ていないかつての遊牧民も多い。彼らが武器を得れば軍人同様活躍することは対ハプスブルク家の戦争で証明されていた。在野に放たれた彼らの一部は農村に戻らず、他の暴徒とともに、アナトリアを荒らす存在となった。

非正規兵（レヴェント） 17世紀以後、イスタンブルで流行した「人物画集」に収められた非正規兵。大きな鉄砲をかかえる。K. Ådalh ed., *Alay-ı Hümayun*, 2006より

イスタンブルの政府が東西の戦線に忙殺され、その討伐に十分な兵力を割けない事態に乗じ、反乱は相次いだ。カラ・ヤズジュは一六〇二年に死んだが、その兄弟デリ・ハサンがあとを継ぎ、また、他の地方でもウズン・ハリルの乱、そしてカレンデルオールの乱などが続いた。騎馬

で機動力のある山賊の集団が各地で村や町を襲い、このため、オスマン帝国の台帳にあったはずの村が消えるという事態が各地で生じた。

所領の村からの徴税で生計を立てていた在郷騎士たちがこれにより生活の糧を奪われ、彼ら自身もジェラーリーと化すという負の循環も存在したとみられる。さらには、カラ・ヤズジュの乱の追討にあたっていたはずのカラマン州の軍政官が待遇への不満から反乱軍に加わるなど、軍人間の権力闘争が反乱の火に油を注いだ事例もある。

一方、シリアではジャンブラット家の乱が発生した。ジャンブラット家はクルド系家系で、アレッポに拠点をもっていた。この反乱は、他のアナトリアの反乱とは異なり、オスマン帝国の中央権力の弛緩（しかん）を狙った伝統的な在地アラブ勢力の離反の試みと理解できる。その首領アリー・パシャは、一時はイタリアの地方侯と協約を結び、オスマン帝国からの分離を目指すほどの勢いを示していた。

これらの反乱軍の首領の多くは、オスマン帝国の中級・下級の軍人だった。このため、政府はしばしば彼らに県や州の軍政官ポストを提供し、それにより事態の収拾を図っている。かつて新征服地の旧領主に対して使われた手法でもあるが、この時代には、反乱軍の首領を遠くバルカンの県軍政官に任命しているケースが多い。本拠地から離し、新規のジェラーリーがその軍勢に加わるのを阻止する狙いがあったのだろう。

しかし、ハプスブルク家オーストリアとの戦争が終結すると、クユジュ・ムラト・パシャの率いる政府軍が反乱の討伐にあたり、徹底した強硬な対応により、一六〇八年までには反乱の多くを鎮圧した。ジェラーリー反乱の第一波は、こうして終結した。動乱への芽は各所でくすぶっていたが、長期的に政府軍に抵抗することは難しかったためである。

ジェラーリー反乱の性格

ところで、この反乱は何を意味していたのだろうか。多様な動機の混ざり合った反乱だったが、基本的には、軍人支配層内部での権力闘争の延長という色彩が強い。少なくともリーダーたちはそうだった。このため、反乱の収拾には、前述のように首領への官職の授与という手法が効果を発揮している。

しかし、一方で、その軍勢に、いわゆる被支配民である農民が加わっていたことも確かである。社会の流動化が進み、農民のなかから軍人に加わろうとする人々の競争や不満が、時に彼らの暴徒化を招いたのである。ただし、支配する側に加わることができたのはイスラム教徒だけだった。このため、イスラム教徒の人口が多いアナトリアで反乱は続発したが、バルカンには飛び火しなかった。ジェラーリーの首領たちがバルカンの県軍政官として送られたのも、このためである。一方、バルカンの一部の地方では、一七世紀中葉にイスラム教への改宗が多くみられる。農民が非正規兵として兵士になる道が開かれた時期と重なることから、両者の動きが連動していたと解釈することもできよう。

実際、ジェラーリーの反乱軍だけでなく、その討伐に送られた政府軍の構成も複雑なものだった。在郷騎士のなかからも反乱者が出ている状況下で派遣されたのは、少数の常備軍

（イェニチェリ軍）と、大宰相や州軍政官などの私兵集団だった。この頃から有力な軍人政治家は、自らが俸給を払って私兵を養っているからである。ここにも農民出身の非正規兵が入り込む余地があった。このように軍の構成の変化と社会の流動化は、並行して進んでいた。

オスマン二世の殺害

いったんは鎮静化したジェラーリー反乱であったが、一六二〇年代になると再燃した。今度の反乱の首領は中央政府内で権力闘争を展開した高位の軍人だった。中央の任官に不満をもつ州軍政官が任地で兵を固め、そこで反乱を起こすというパターンだった。

混乱の源は、一六一八年に即位したオスマン二世の政治だった。すでにみてきたようにスレイマン一世以後、オスマン帝国では五代にわたって、力のないスルタンの治世が続いていた。アフメト一世が二七歳で死去した時、その長子オスマンは一四歳だったため、兄弟殺しを逃れていた叔父のムスタファが即位した。しかし、ムスタファ一世は、ポケットに入れた金貨銀貨を誰彼かまわずふりまくという奇行を年代記が正直に書いているように、正気の人物ではなかった。彼が三ヵ月後に退けられたのち即位したオスマン二世は、こうした憂うべき状況からの脱却を目指し、矢継ぎ早にスルタン権力の回復のための手を打とうとした。

しかし、イスタンブルの政治は、すでに、大宰相クラスの複数の軍人政治家、宮廷の黒人宦官長、シェイヒュルイスラム、イェニチェリ軍司令官、そしてスルタン自身が主役となって展開する党派間の権力闘争の場と化しており、スルタンがスルタンであることだけでその意を通せる状況ではなくなっていた。このため、彼が周囲の反対を押し切って強行した一六二一年のポーランド遠征の完全な失敗は彼の孤立を招いた。

さらに、彼がメッカ巡礼に出発しようとすると、町には彼がイェニチェリ軍の解体やカイロへの遷都をもくろんでいるといった噂が広まり、一六二二年五月、イェニチェリ軍が暴動を起こし、大宰相ら六人の処刑を要求するという事態に発展した。オスマン二世がその要求を拒むと暴動はエスカレートし、やがて彼自身がイェニチェリ軍に捕らえられ殺害される、という事態に至った。

イェニチェリ軍が主人であるスルタンを殺したという前代未聞の事件は世間に衝撃を与

オスマン2世肖像　14歳で即位。イェニチェリの反乱の標的となり、イスタンブルのイェデクレ城塞内で絞殺された。1620年頃、トプカプ宮殿博物館蔵

え、当のイェニチェリたちもこの事態を自らのなかで消化するため、流れた血を、血で償うという伝統的な行動をとらざるをえなかった。すなわち、事件後に自分たちが担いだ大宰相の処刑を求め、自分たちの「罪」を彼の血で相殺したのである。殺されたオスマン二世に代わって再び即位した精神障害のあるムスタファ一世は、その後一年間、スルタン位にあった。

しかし、事態はこれで終わらず、これに反発した有力な軍人政治家によるアナトリアでの反乱の連鎖へとつながった。最大のものは、エルズルム州軍政官アバザ・メフメト・パシャが一六二二年に起こした反乱である。これは、やがてジェラーリー反乱としてアナトリア全土に拡がり、一時は、シヴァスやアンカラ、ブルサまでが反乱軍の手におちた。アバザ・メフメト・パシャの反乱は、首都の党派抗争の延長線上にあるものである。彼は、スルタンの殺害に至ったイェニチェリの横暴を標的にし、その責任者の処刑を求めた。彼への同調者はイスタンブルにも多く、このため、最終的には、アバザ・メフメト・パシャにはボスニアの県軍政官職が与えられ、それにより反乱は収拾された（一六二八年）。

ムラト四世時代

ムスタファ一世が廃せられたあと、一六二三年に一二歳で即位したムラト四世の治世中、東では絶えずサファヴィー朝との抗争が続いていた。サファヴィー朝のアッバース一世が一六二四年にバグダードを奪っていたからである。バグダードをシーア派政権が支配するか、スンナ派政権が支配するかは大きな宣伝効果をもっていたため、オスマン帝国はこの年以来、絶えず東方に軍を送ることを余儀なくされた。バグダードの奪還は一六三八年にムラトの親征の際に実現し、久々の軍事的勝利をあげた。サファヴィー朝との間には、一六三九年にカスレ・シーリーン条約が結ばれ、コーカサスやアゼルバイジャンのサファヴィー朝領有、バグダードを含むイラク地方のオスマン領有が確定した。

しかし、この勝利により政治が安定したとはいいがたい。ムラト四世は、権力を手中に収めるため何人もの側近を処刑し、さらには、地位をおびやかす可能性をもつ兄弟三人を殺害している。それは、さまざまな党派争いと疑心暗鬼の結果であったが、宮廷が血なまぐさい権力抗争の場であったことは疑いない。そこではムラトの母であるキョセム妃も重要な役割を演じていた。

一方で、彼は社会に対して綱紀粛正を求め、コーヒーや酒、タバコの禁止といった政策を打ち出している。ムラト四世の時代は、治安回復、綱紀粛正を目指した、まれに見る恐怖政治の時代だった。こうした強硬策により、国内秩序の回復には一定程度成功したことは事実である。ムラト四世の指向性を感受し、イスタンブルの町では、カドゥザーデ派と呼ばれる集団が台頭した。彼らは、スンナ派イスラムの諸慣習の徹底を主張し、それからの逸脱を糾弾する、一種のイスラム原理主義集団だった。彼らの暴走は多宗教の共存するイスタンブルの町に、はじめてといってよいほどの宗教間の緊張をもたらした。

スルタン・イブラヒムの時代

ムラト四世が二九歳で亡くなったとき、その後継には、その弟で、のちにデリ（トルコ語で「頭のおかしい」の意）と渾名（あだな）されるイブラヒムしかいなかった。ムラト四世の男子は夭折し、イブラヒム以外の兄弟は殺されていたからである。一六四〇年に即位したイブラヒムは、奇行を繰り返す状態にもかかわらず八年間スルタン位にあった。

彼のスルタンとしての使命は、唯一、オスマン家の血筋を絶やさぬために男子をつくることだった。イブラヒムの奇行ぶりは、そうした努力の結果生まれた大事な男子であるメフメトを池に投げ捨てたというエピソードに示されている。彼が精神に異常をきたした理由は、オスマン二世の殺害以来の悲惨な光景をたびたび目にし、死の恐怖に苛（さいな）まれたためといわれる。彼は、即位の日まで、トプカプ宮殿の奥深くから一歩も外に出ることのない人生を送っていたのである。

イブラヒムの宮廷にはいかがわしい祈禱（きとう）師などが出入りし、そうした人物が政府の高官にまでのぼっている。実質的には、母親のキョセム妃が宮廷を仕切っていたといわれる。軍事的にも行政的にも能力のない宮廷取り巻きたちが勢いで始めたクレタ島の包囲はヴェネチアによる報復を招き、ダーダネルス海峡がヴェネチア海軍により閉鎖され、イスタンブルは苦況に陥（おちい）った。

ついに、ウラマーと軍人各層の合意により、一六四八年にイブラヒムは廃位され、彼は直後に殺害された。その後継には、未だ七歳のメフメト四世が即位した。長い内政の混乱の末、一六五六年に老練な軍人政治家キョプリュリュ・メフメト・パシャが大宰相として全権を掌握する。それを委ねたのは、メフメト四世の母トゥルハン妃だったといわれる。トゥルハン妃は、二八年間にわたってハレムの実権を握っていたキョセム妃の殺害を黒人宦官長に指示したといわれ、キョセム妃に代わり、ハレムの主となっていた。

以上の情報は、おおむねキョプリュリュ家に仕えた歴史家たちがのちに記した史書に依拠している。あまりの混乱ぶりに、オスマン帝国が続いているのが不思議に思えるほどだろう。

スルタンたちの墓所　アフメト１世のモスクに隣接する墓所には、アフメト１世とキョセム妃、息子のオスマン２世やムラト４世らが葬られた。手前には、夭折した王子たちの棺も並ぶ。著者撮影

しかし、これには一つの仕掛けがあった。当時の史書の著者たちは、このあとに生まれたキョプリュリュ家の成功を輝かせるために、それに先立つ闇を強調している面もあるのである。これらは「事実」には違いないが、全てを鵜呑みにすることもできない。

国家機構と宮廷が一定の距離を置いて運営され始めた近世の諸国において、宮廷内の権謀術数のエピソードは多くみられる。フランスのブルボン家や日本の徳川家も同様だった。オスマン帝国においても、宮廷内の騒動・混乱の一方で、統治に関わる国家の諸制度が機能し続けて

いたことを忘れてはいけないだろう。

キョプリュリュ・メフメト・パシャによる秩序回復

キョプリュリュ・メフメト・パシャは大宰相就任時、すでに八〇歳前後の高齢だった。アルバニア出身といわれイスタンブルの宮廷で教育を受けているが、その後はアナトリアのキョプリュという町を拠点に活動していた。婚姻によってその地の有力者の縁戚となり、キョプリュに経済的な基盤ももっていた。

彼は、先輩の有力な軍人政治家の家臣となり、政府の県軍政官、州軍政官などを歴任しながら、その長いキャリアを積んでいた。彼には敵も味方も多く、そのポストはめまぐるしく変わっていく。政敵に敗れて職を失い、しかし大きな家臣団を養う必要から借金をし、その借金ゆえに投獄されていた時期もあったようである。縁故と党派に基づく行動はこの時代の軍人政治家の典型だが、その激しい気性と断固たる態度は、結果として政治的混乱の極みにあったオスマン帝国を救うことになった。

彼はまず、市内に跋扈(ばっこ)するカドゥザーデ派原理主義集団や、敵対する軍人集団を徹底的に粛清し、権力を掌握した。その後、エーゲ海でヴェネチアを破り、海峡の封鎖を解除した(一六五七年八月)。イスタンブルにとってはのど元にせまった脅威だっただけに、そこでの勝利は、その後のキョプリュリュ・メフメト・パシャの強硬な政策が支持される基盤となった。特に、トゥルハン妃ら宮廷の彼への支持は厚かった。翌年には続いてトランシルヴァニアに遠征し、ポーランドに侵攻するなどしてオスマン帝国の意に反する行動をとっていたトランシルヴァニア公を処罰した。また、ワラキアの混乱を助長した罪で、ギリシャ正教会総主教も処刑している。

一方、彼によって地位を脅かされた反主流の軍人政治家や地方の軍人たちは、アレッポの州軍政官だったアバザ・ハサン・パシャを中心に、アナトリアで反旗を翻(ひるがえ)した。その勢力はアナトリアにおいて再びジェラーリー反乱となって拡がった。しかし、キョプリュリュ・メフメト・パシャは一六六〇年頃までにはそれを一掃し、一七世紀後半の政治的・社会的な安定を準備した。

対外戦争の再開

一七世紀後半には、こうした秩序回復を受け、再びハプスブルク家オーストリアに向けての対外戦争が始められた。それに先立つ六〇年間、両国は一六〇六年に結ばれたツィトヴァトロクの和議に基づき、一応の和平を保っていた。オーストリアは三〇年戦争(一六一八～四八年)に、オスマン帝国は国内政治の混乱の収拾に、それぞれ力を割かざるをえなかったからである。

キョプリュリュ・メフメト・パシャをついで大宰相となった長子のファズル・アフメトは、一六六三年に対オーストリアの戦いを開始し、ハンガリー西部では大きな敗戦もあったが、翌年結ばれた和平はオスマン側に満足のいくものだった。さらに、地中海では、長い包囲戦の結果、一六六九年にようやくカンディアを落としてクレタ島を征服した。続く一六七二年からは、ウクライナをめぐってポーランドとの戦争を始めた。同じく一六七二年にはドニエプル川とドニエストル川の間のポドリア地方（現ウクライナ）を獲得し、この時、オスマン帝国のヨーロッパ側での領土はその歴史上最大となっている。

しかし、遠い戦場でのこの戦争は、オスマン帝国の軍事活動の限界も示している。軍事力はクリミア・ハン国など属国の軍に頼る部分が大きく、薄氷を踏むような状況だったからだ。このつけは、続くオーストリアとの戦争の失敗となってオスマン帝国に重くのしかかることになった。これは第七章で述べよう。

オスマン官人たちの就職戦線

オスマン官人の世界

ここまで見てきたように、一六世紀後半以後のオスマン帝国後期の歴史には、多くの有力な軍人政治家が登場する。彼らの間の抗争の延長で対外戦争も始まり、アナトリアの反乱にも引火した。実は、彼らは、単に一人の軍人政治家ではなく、その背後に家産的な傭人を含む大きな人間集団を背負っていた。彼らは、依然「スルタンの奴隷」と呼ばれたが、実態は一六世紀前半までと大きく違っていたのである。こうした集団の形成は一六世紀後半に始まり、一七世紀には、有力な党派の長である軍人政治家たちの動向で政治が決まるまでになった。

有力な軍人政治家の背後にある集団は、その一族やそこに仕えて俸給をもらう文武の傭人を核にし、さらにさまざまな方法で結びついた人々を含む。臨時の職に雇う、詩や作品に褒賞を与える、官職を斡旋（あっせん）する、といった行為は党派形成の手段となった。官職への任官は、多くの場合、有力者による推薦や党派政治の力関係で決まったので、職につこうとするものにはこうした党派への参加が不可欠だった。有力な軍人政治家は、自ら大宰相などの要職を競い、また政府のさまざまな官職に自分の党派の人間を送り込むことで、党派の勢力を維持していた。

社会全体に拡がったこうした動きは、どこまでも不透明でわかりにくい。結びつきが制度化されたものではなかったためである。オスマン帝国では、ウラマーの場合を除けば、任官にあたっての試験制度や官職内の昇進に固有の制度がなく、そのことがこうした不透明な事態を生んでいた。

その一方で、任官された人々がつくり出す官職者の世界は、明確な職権と驚くほどすっきりとした階層構造をもっている。たとえば、大宰相は名誉職ではなかった。失政は、即、失脚、場合によっては処刑につながった。また、宮廷や軍人の諸職、行政・財務の官僚機構も、権限と命令系統のはっきりしたものだった。しかし、そこへの任官を決めるのは、コネと、場合によっては財力だった。この二面性、すなわち、任官における不透明さと、任官後の職権の明確さの双方がオスマン官人の世界を規定していた。

以上を、賄賂（わいろ）を許す腐敗した仕組みとみるか、実力本位の世界とみるかで、オスマン帝国後期の社会の見え方は変わってくる。この時代に史書や論説を残した知識人たちは、おおむねオスマン官人社会の二面性のなかで苦労し、著作に不満を書き残した。不正が横行し、帝国の栄光はすでに過去のものになったと。しかし、一方で、官職者たちの連携によりオスマン帝国は内外の危機を乗り切ってもいる。その両面が現実だった。このような全体的な構造のなかでオスマン官人たちは生きていたといえるだろう。

軍人政治家への道

党派の首領は有力な軍人政治家である。軍人政治家となるためには、まずスルタンの宮廷出身でなくてはならなかった。これは、一五世紀以来変わっていない。宮廷出身者は、今も「スルタンの奴隷」だった。

しかし、これまで「スルタンの奴隷」のリクルート方法の主流だったデヴシルメの回数は一六世紀以後減少し、一七世紀には、ごくまれにしか実施されなくなった。しかしそれによって、宮廷出身の「スルタンの奴隷」の数が減ることはなかった。一七世紀以後、有力者の子弟や縁者が推挙によって宮廷に送り込まれたためである。著名な家系出身の自由身分の少年たちも宮廷に入っている。捕虜や購入、献上によるイスラム法上の「正真正銘」の奴隷も、そうでない自由身分のものも、宮廷に入ると、「スルタンの奴隷」と称された。

彼らは、特権と制限の両方をもった。特権は、支配階層の一員となり、やがてさまざまな官職に任じられていくことである。そのなかから出世したものが、州軍政官職や大宰相の座を射止めた。その一方で、彼らは、スルタンの「もの」という論理から、スルタンの命のみで処罰・処刑され、死後に財産を没収されることも多かった。政府の財政が逼迫すると財産没収の頻度は高まり、有力者の大半は財産のほとんどを国家に収用された。

軍人政治家たちは、任にあるときに蓄財をし大きな家臣団を養ったが、彼らの権威と富は官職に基づいていたため、長い期間職を失えば家臣団は散逸した。また、財産没収の効果もあり、何代にもわたって権勢を維持した家系はごくまれだった。

大宰相

軍人政治家が目指す最高職は大宰相だった。オスマン帝国における大宰相職は一四世紀の後半に始まり、中央集権体制の整備とともに、その重要性を増していったポストである。スルタンの「絶対的代理人」と呼ばれ、御前会議と呼ばれるオスマン帝国の諸職のトップが集まる会議を主宰した。その会議での決定は、大宰相を通じてスルタンに伝達され、やがて勅令として関係者に文書で送付された。御前会議には、宰相たち、ウラマーの長である二人の軍法官、財務長官、文書行政の長ニシャンジュなどが参加するのが恒例だった。

一方で大宰相は、戦時にスルタンに代わって指揮をとることも多かった。ただし、個々の遠征には別途総司令官が任じられることもあり、次第にそれが一般的になっていった。

スルタンの実質的な政治担当能力が失われた一六世紀後半以後、大宰相の責務は重くなる

御前会議　17世紀中葉まで大宰相の主催により、トプカプ宮殿外廷の「ドームの間」で週に4回開催された。1587年頃、トプカプ宮殿博物館蔵

と同時に、ポストの争奪戦は熾烈になった。大宰相はスルタンが任命する。それだけがルールで、他には任官を規定する条件はなかった。そのスルタンに判断力のない場合が多くなると、大宰相への任官は、候補者の間の自由な競争と、日常的にスルタンに影響力をもつハレムの介入に委ねられた。

このため、大宰相の職はきわめて危ういものだった。失政の責任は、すべて彼に帰せられたからである。先にみたように、スレイマン一世ですら、批判の矛先を大宰相の罷免によって覆い隠している。ましてやその後の弱体なスルタンたちのもとでは、ライバルは常にスルタンを取り込み、現職の大宰相の失脚を狙っていた。大宰相職は、最高の権限と突然の失脚の危険をあわせもつ職だった。
そうした状況下、当時の人々がオスマン帝国の現状を語る時、決まって批判されたのは大宰相である。すなわち、今がうまくいっていないのは大宰相が悪いからだ、という論理である。一七世紀初頭に著された政治論『キターブ・ミュステタープ』（著者不詳）は、次のように述べる。

先祖の代から言われてきた言葉に、「魚は頭から腐る」というのがある。まさに答えはそこにある。この世における反乱と秩序の喪失は、我々の王が、大宰相によき人を得ることができず、実際に大宰相になった人物が、悪事を働き、賄賂をとって、この世のすべての悪しき行いと前例の改悪、違法行為の表れに、直接の原因となっていることからもたらされた。

『キターブ・ミュステタープ』は、「忠告の書」と呼ばれるジャンルに属する作品である。「忠告の書」は、歴史に範をとって為政者に正しい政治のあり方を説く政治論の一種で、オスマン帝国では、一六世紀以後多数著された。あとでみるように、オスマン官人たちの置かれた状況が、こうした書物の執筆を促していたからである。
「忠告の書」が大宰相を問題にするのはパターン化された言説で、実は『キターブ・ミュステタープ』に限ったことではない。しかし、「魚は頭から腐る」という歯切れのよい批判は、当時のオスマン帝国の人々の問題関心を反映するものであったろう。

しかし、よく考えれば、大宰相はスルタンが任じるのであるから、その任命に問題があるとすれば、その批判はスルタンにも向く。その批判を意識したのか、ムラト三世は、その詩で、次のように反論している。

私が心から望む人材が、私のもとにあったなら
それが、神への畏れからその双眼に涙をためる人であったなら
そのひとつの言葉が、何千もの傷に、薬となる人があったなら
外見も内面も磨かれ、その顔は光にかがやき、
はるか先まで見渡す者たちが、満足するような人があったなら
神への知識をもち、叡智の秘密を見出す人
ああ、ムラトよ、私たちにそんな人がいたならば

適任者がいないのだ、という嘆きである。大宰相に人を得るかどうかは、たしかにオスマン帝国の命運を左右した。オスマン帝国の体制の実質的な責任者が、世襲のスルタンから任命制の大宰相に代わったことにより、オスマン政治に競争原理が持ち込まれたことは確かである。

州軍政官職

軍人政治家の職のうち、大宰相に次ぐ要職は、各地の州軍政官職だった。イスタンブルに近く、オスマン帝国の本土ともいえるバルカンのルメリ州と西アナトリアの諸州は、中央政府と直結する重要州であり、その軍政官は特に位階が高かった。しかし、周辺部の諸州に任命される州軍政官の役割も、この時期、ますます重要になっていった。

オスマン帝国では、中央から遠い地方州に関しては、州単位（またはいくつかの州をまとめたブロック単位）に独立運営方法を採り、イスタンブルの中央政府を経ることなく、そこで行政手続きを完結させていた。一六世紀初頭に形成されたエジプト州やバグダード州はその典型だった。このやり方の場合、州軍政官の権限と責任は非常に大きい。

一六世紀後半になるとその方式を採る州が増えた。遠方の戦争に必要な兵力や物資を当該地域の各州から調達させ、その統括を州軍政官に任せたためである。さらに、州域内の徴税をとりまとめる最終的な権限も地方州の州軍政官に委ねられた。その結果、地方の州軍政官の行政的権限は非常に大きくなった。

一七世紀、州軍政官就任者が宮廷出身者によって占められるようになるのは、こうした州軍政官の役割の変化に対応したものである。軍隊の単なる指揮官ではなくなった州軍政官職は、中央との太いパイプ、多数の傭人・私兵を養える財力と行政手腕をもつ人材でなくてはつとまらない時代になったのである。

任地に向かう軍政官たちは、その官位や収入に応じて家臣団を養い、その機構はオスマン宮廷に擬せられた。彼らは、その収入で数百人、時には数千人規模の私兵も養わなければならなかった。このため、軍政官らは官職により得られる俸給分の収入だけでなく、その権益を背景に、さまざまな経済活動に手を染め、収入の確保に努めている。

たとえば、一六三八年の再征服ののちバグダードの州軍政官となったデルヴィーシュ・メフメト・パシャは、農地開墾、インドやイランとの遠距離交易、金融、都市の手工業にまで進出してその財を成し、家臣団を養ったことで知られている。彼が死んだ時に国家に収納されたその財産は、莫大な額にのぼっていた。

こうした有力軍人政治家の州軍政官のもとには、軍人、書記、ウラマーなど諸職の傭人がそろい、彼らは、中央から派遣される財務長官とともに、地方政庁での任務を果たした。たとえば、一七世紀に『旅行記』を残したことで知られるエヴリヤ・チェレビーは、大宰相も務めたメレク・アフメト・パシャの傭人だった。その命を帯びていたと思われる彼の足跡は、帝国全域に及んでいる。

有力軍人政治家のもとで養成された人材が、中央や地方における政府の官職に任命されることも多かった。有力な軍人政治家の家臣団は、オスマン官人の養成機能を担っていた。

有力者による官職への斡旋

有力な軍人政治家の周辺には書記やウラマーの官職候補者が集まっていた。彼らからみると、政府の職か、有力軍人政治家の傭人職のいずれかが就職先だったからである。政府の職につくにも、有力軍人政治家の推薦がものをいう。書記やウラマーにとっては、それぞれの職種のなかでの教育やキャリアアップと同時に、就職のために有力者の党派へ参加することは、生きていくために不可欠なこととなっていた。任官資格制度の整ったウラマー官僚の場合でも、望む職を得るには有力者の推薦が不可欠だった。

このような、コネとキャリアアップの世界で苦労した一人の書記官僚の例を紹介しよう。のちにオスマン帝国の年代記を残したことで知られる、前出のムスタファ・セラーニキーである。優れた筆力をもつ文人だったが、その年代記をみるかぎり、彼は任官をめぐる不安定な状況のなかで悪戦苦闘の生涯を送っている。

彼は、若い時にウラマーとしての教育を受け、最初の重要な仕事は、スレイマン一世の最後の遠征に、ソコッル・メフメト・パシャ配下のスタッフとして参加したことだった。ベオグラードにおいてスレイマン一世の棺の傍でコーランを詠むという栄誉に与(あずか)っている。

その後は、長く中央政府で財務官僚を務めるが、その就職状況はきわめて不安定だった。たとえば、彼は、一五八七年頃には常備軍騎馬兵団付の書記長に任用されており、イラン遠征時の俸給支払いの責任者だった。しかし、ある日突然、その職を他の有力者の推薦する人物に奪われ、失業する。また、大宰相フェルハト・パシャの推薦で九一年に得たアナトリア財務長官職は、大宰相の失脚によって九二年に失った。一五九四年には軍法官の推薦状を得て宮廷厨房管理職を希望するも果たせなかった。宰相や書記官僚のトップであるニシャンジュなどの家に出仕している期間もある。こうして就職と失業を繰り返しながら、彼は、財務系のトップに近いアナトリア主計局長職などの要職に達しているのである。

以上は彼の経た職の一部にすぎない。彼は一生を通じ、有力者からの推薦を得るなどの就職活動を続け、その成果として時に官職に就いている。上級職は特にその任期が短い。彼のような優秀な人物でも、長くはそこにとどまっていられなかったからである。

「衰退」言説の源泉

彼の年代記には、「忠告の書」同様、この時代のオスマン帝国の混乱への批判が、辛辣な筆致でつづられている。

たとえば、「宰相の位にある者たちはといえば、『自分だけで十分だ』といって、互いの意見や手法を認めあわず、理由をつけてはなすべきことから逃れたがる。また、ウラマーたちは、宗教と国家の諸事に努力すべきところを怠慢に逃げ込んでいる。このため、イスラムの宗教と慣習に反する状態や言説が彼らの間にも現れ、聖法の遵守や不正の防止ができなくなっている」という調子である。

これが、就職活動で苦労をしたムスタファ・セラーニキーの義憤であることは、いうまでもないだろう。彼は、当時のオスマン帝国で賄賂や売官が横行し、適材適所の人事が行われていないことを嘆き、それをかつての正しき道から外れた証だと繰り返し指摘している。

こうした衰退の証に、事実が含まれていることは疑いない。その一方で、は、政治のなかに身を置き、その目で見聞きしたことを書いているからである。その一方で、彼彼の年代記に現れる現状への評価をそのまま額面どおりには受け取れないことも確かである。正しい任官が行われていないという一方で、有能な彼は、正しく要職にもついているからである。

同じことは一六世紀後半以後に書かれた「忠告の書」やその他の政治の書に共通する。これらの著作類では、多かれ少なかれ、オスマン帝国の世の乱れ、人事の乱れが衰退の証として説かれるが、その背景には就職戦線に身を置いた著者たちの不満と義憤があったからである。

このように、「忠告の書」や歴史書が、世の中の乱れを憂えるのは、すでに定型化していた。それは、こうした批判的な指摘が、書物の献上先である軍人政治家に指針を与えるものとして喜ばれたからでもあっただろう。前述したように献上先の有力者たちを、「暗く乱れた世界を照らす光」として輝かせるために「闇」が強調されたという側面も見逃せない。これらの書が示す改革のための処方箋は、多くの場合、「正しき任官」に帰結する。そこに、著者たちが自らの任官を重ねていることはいうまでもない。

スレイマン一世の「伝説化」

現状に比してあるべき姿は、過去の歴史のなかに求められた。スレイマン一世の治世期に書かれた「忠告の書」では父セリムや祖父バヤズィトの時代が、スレイマン一世以後の時代になると、スレイマン一世の治世全体が理想化されていく。こうしたスレイマンの持ち上げ方の例を一つ紹介しよう。再び『キターブ・ミュステターブ』からである。

同書は、世が乱れ、軍人たちが民を圧迫するために、苦しんだ民が、「暴徒やジェラーリーたちに祈る」までになっていると現状を批判する。そして、それにひきかえ、スルタン・スレイマンの時代は、スルタンの薫陶のもと、いかに軍人たちの秩序が保たれていたかを述べる。

それによると、ある日、遠征のためにバルカンを進んでいたスレイマンは、途中で、民家の壁から外へ垂れ下がった枝に実る果実を目にする。この光景は、スルタンの先に進んでいた軍勢のうち誰一人、民のものであるその実を奪っていなかったことを意味している。スレイマンは、次の宿営地に泊まった時、信頼できる使者に来た道を戻らせ、そのあとはどうであったかを調べさせる。すると、その果実は、今もそのまま残っており、スルタンの後ろを行軍した軍勢も、誰一人それを奪ってはいなかったことがわかる。それを聞きスルタンは安心し、神に感謝した、という逸話である。そして、こうした偉大な王の前例は、さらに、ササン朝の古(いにしえ)の王に求められる。ササン朝の古の王は、狩場での食事の際に塩がなくとも、民から塩を奪わなかったからである。ああ、偉大な王のもと、かつてはなんと秩序が守られていたことか。それにひきかえ今は……、という物語である。

このように、「忠告の書」で描かれたスレイマンは、その物語性において、伝説的なササン朝の王と変わるところがない。彼の長い治世は、そうした題材にも満ちていただろう。そして、こうした逸話や前例の提示の積み重ねで、スレイマンは、オスマン帝国のもっとも正しき王だった、という伝説ができあがっていった。

それは、現実世界での不満を反映した「忠告の書」類の言説とともに、オスマン帝国はスレイマンの時代にもっとも栄え、その後は衰退したというオスマン帝国の人々自身の過去への評価につながった。

詩という武器を使って——バーキー

さて、「忠告の書」のような散文作品同様、その庇護を得るために有力な政治家たちに献上されたのは詩だった。ここでは、ウラマーとしての経歴を歩み、ウラマーの上級職を得るために詩で勝負した、詩人バーキー（一六〇〇年没）の例を紹介しよう。

オスマン詩の完成者ともいわれるバーキーは一五二六年にイスタンブルのウラマーの家に生まれ、スレイマニエ・モスクに付属する新設のマドラサなどで教育を受けた。彼は、若い頃から才覚を認められ、時の人気詩人ザーティーらの庇護を受けたことで知られる。その後、スレイマン一世にも詩を献上するチャンスを得、スルタンの推薦を得てマドラサの教授職などについている。その実、彼のウラマーとしての見識には疑問符のつく面が多かったらしく、彼の任官には反対者が多かったことが知られている。

そのバーキーの詩のうちで、もっとも有名なのは、彼がスレイマン一世の死去にあたって詠んだ哀悼詩である。一一二行からなる詩はこう始まる。

ああ、この世の名誉と誇りの企みに足をとられし人よ

文人3人　シェイヒュルイスラムのエブースードと2人の詩人、バーキーとネヴィーを描く。イスタンブル国民図書館蔵

この終わりなきこの世の苦しみに、いつまでとどまろう
人生の春が終わり、チューリップの色に輝いたその顔が秋の枯葉となる、その日を思え
いつかは、酒盃の澱（おり）のように捨てられ土に戻るのだ
運命の天使の手から石が落ち、それは酒盃をうちくだく

人生の儚（はかな）さを嘆く言葉で始まるこの詩は人々に大きな感銘を与えたといわれるが、この詩の末尾には、実は、次のような後継者のセリム二世へ宛てた節が続いている。

ついに陽はのぼり、朝の輝きのなか、その光に輝く、その王の美しき姿を見よ
時はスレイマンの玉座を消しさった
いま、アレキサンダー大王の玉座に座る王、スルタン・セリムを見よ
戦いという山に住む虎は、休息の眠りについた
今、偉大なる山に立つ、獅子を見よ

バーキーがこの詩で目指したことは、世話になったスレイマンへの哀悼とともに、次代のスルタン、セリム二世からの庇護であったことは明白だろう。この詩は人々に高く評価されたが、残念ながらバーキーが望んだセリム二世からの庇護は得られなかった。

パトロンだったスレイマンを失い、バーキーはいくつかの職を失っている。しかし、その後の彼は、多少の浮き沈みがあるものの、詩作を通じて得たパトロンの力もありスレイマニエ・モスク付属マドラサの教授職や、メッカやイスタンブルの上級法官職、さらに軍法官職というウラマーの上級職にも三度ついている。晩年は、ひたすらウラマーの最高職であるシェイヒュルイスラムへの任官を希望し、それはかなわず一六〇〇年に失意のなかで没する。しかし、死後に残された財産は相当なものだった。

彼の人生からわかることは、詩人が職業ではなかったこの時代、彼が詩の創作・献上を通じて、就職活動をしていたということである。彼の詩は、多くの軍人政治家に好まれ、詩人としての名声を維持し続けた。

ただし、ウラマーの位階のトップが、ウラマーとしての研鑽よりも詩の技でそれを得た人物に奪われては、他のウラマーも黙ってはいないだろう。ある有力なウラマーが「このような人物がシェイヒュルイスラムになるなら、この国を捨てる」と言ったという逸話も伝わる。詩人として後世に記憶されるバーキーであるが、彼の人生のなかでは、詩は就職のための道具でもあった。

財政再建と軍人たちの変容

財政赤字

一五八〇年代に入ると、オスマン帝国は深刻な財政危機に陥った。はじめて年間の収支が赤字になったのは一五八一年のことである。その後、ハプスブルク家との「長期戦争」が続いた一五九〇年代には膨大な赤字を記録している。この事態に直面し、政府、特に財務系の書記たちは、財政立て直しのための諸策を立てその実施に奔走した。

赤字の原因は二つあった。一つは、戦費を中心とした支出の増大である。前述のように、「長期戦争」は、オスマン帝国に戦術と軍の編制の変更を迫った。歩兵を中心とし、大砲、鉄砲の火器を大量に投入する戦争に変わったのである。戦闘も短時間の会戦ではなく長期にわたる攻城戦が中心になった。イェニチェリは増員され、農民出身の非正規兵から成る歩兵軍も編制された。財政を圧迫した第一の要因は、こうした変化に伴う戦費の増大だった。

第二の原因は、インフレが進行し、物価が上昇したためだった。その原因やメカニズムには、不明な点も多いものの、ペルーやメキシコなど新大陸からヨーロッパにもたらされた銀が物価の変動を引き起こしたことは、広く認められている。ただし、その影響の範囲や程度については議論があり、ヨーロッパ全体が同じプロセスを経験したといえるほど単純ではなかったようだ。ボスフォラス海峡が凍結するほどに寒冷化した一六世紀後半以後の気候変動も、オスマン帝国の農業と経済に影響を与えたと思われる。

こうした複合的な要因から、オスマン帝国は赤字に転落した。はじめての事態に当初は有効な手が打てず、一五八九年、政府は当面の方策として、銀の含有量を減らした銀貨を市場に出した。軍隊に俸給を払うためである。しかし、この新銀貨で俸給を支払われた常備軍騎馬兵団の間で不満が高まり、イスタンブルで大規模な暴動が発生した。この暴動では、ルメリ州の州軍政官と財務長官の首が求められ、スルタンはやむをえずそれに応じた。

一六世紀末から一七世紀前半にかけて進んだ税制と徴税方法の変更は、こうした事態に対応するためにとられた方策だった。

貨幣納諸税の改革

その一つとして着手されたのは、貨幣納の諸税の改革である。インフレにあわせて税額を増やし、着実に徴収することが目的だった。まず、一五九〇年代中頃から非イスラム教徒が支払う人頭税の徴収方法の改革が始まった。イスタンブルの財務庁のなかに人頭税を扱う部局が創設され、全土の人頭税台帳を整備のうえ、新規に任命した人頭税徴税官が徴税にあたった。人頭税は、富裕度に応じて三段階の税額が設定されるが、その基準額は大幅に増額された。

さらに、それまで戦時などの臨時税だったアヴァールズ税が恒常化された。この税の徴収の仕方は少し変わっている。一定額の支払いが可能になるよう複数戸をまとめた「アヴァールズ戸」という架空の「家」を設定し、そこから現金納の税として徴収するものである。貧しい地域では一アヴァールズ戸に含まれる実戸数は多く、富裕な地域では少なくなる仕組みである。この実施のため、全国のアヴァールズ台帳が新たに作成された。

こうした新租税台帳の基礎データを得るため、一五九〇年代に、これが全国規模では最後となる徴税調査が行われている。その後は、このときのデータを基礎に、地方ごとの更新を繰り返し、実情にあった徴税の実施が目指されたとみられる。

中央から派遣され、人頭税とアヴァールズ税の徴税にあたる徴税官には、中央政府の周辺にいた常備軍騎馬兵団のメンバーが任命されることが多かった。一五八九年に彼らが俸給の不足への不満から反乱を起こしたことは前述のとおりである。彼らを徴税官として使うことで、国庫に入る税収の確保と、彼らへの収入の補塡（ほてん）の二つが同時に実現された。

徴税請負制の拡大

国庫収入を増やすためのもう一つの方策は、徴税請負制の導入・拡大だった。徴税請負制はこれまで在郷騎士に授与していたティマール地を没収し、その税収を郡などの単位でとりまとめ（この一まとまりの税源をムカーターという）、特定の徴税請負人に期間を区切って買いとらせるという手法である。従来、在郷騎士が徴税するティマール地からは、国庫に一銭も入ってきていなかったことを考えれば、これは大増収となった。

徴税請負人は中央政府の権限で決定され、高い価格を提示し、信頼できる保証人を確保したものに与えられた。請負期間は、三〜九年、最長一二年といわれるが、より高い請負価格を提示するものが現れた場合には、途中で政府の側が打ち切ることが可能だった。物価の変動で貨幣での徴税額が激変していたこの時期、実際には一年単位程度で請負者が交代している。

ムカーターを買いとった徴税請負人は、前払いで納税額の一部（五〜五〇パーセント）を国庫に納め、その後、村などから請負額以上の徴税を行い、政府に残額を払うとともに自らの利益を確保した。こうした徴税請負制は以前から関税・鉱山収入などの徴収のためには使われていた方法だったが、一六世紀末にその適用範囲が大幅に拡大された。

このとき徴税請負権を買い取ったものの多くは、先の新税と同じく常備軍所属の軍人たちだった。オスマン帝国の常備軍には、イェニチェリ軍のほか、常備軍騎馬兵団や軍人の二世たちからなるミュテフェッリカ軍、宮殿の外廷守備軍などがあったが、新しい徴税請負権の購入者となった者の多くは、これら常備軍に属す軍人たちだった。また、その他の宮廷勤めの諸職の者も参加している。これは、従来、国庫から俸給をもらっていた人々が、目減りした俸給の補塡措置として、徴税人職や、徴税請負契約を得たことを意味する。政府としては、いわば、「副業」として徴税業務を担わせることで、賃上げ圧力をかわすことが狙いだった。

一七世紀後半に至ると、俸給を返上することと引き換えに、徴税官職を割り当てる制度も定着した。こうして常備軍軍人は在郷騎士に代わる地方の徴税の実質担当者として、重要な存在となっていった。

以上の変化は、オスマン帝国の主たる徴税体制がティマール制から徴税請負制へと移行したことを意味した。この移行は、一六世紀末から一七世紀中葉までの間に進んだとみられている。これが同時に、在郷騎士軍を構成する騎士たちの長期的な没落を引き起こしたことはいうまでもない。

在郷騎士たちはどこに行ったのか

ティマール制から徴税請負制への移行は、在郷騎士たちの犠牲のもとに進んだ。ただし、それは、一六世紀末の戦争の変化が引き起こした必然的な結果でもあった。先の「長期戦争」を境に、戦場における在郷騎士軍の重要性が、急速に低下していたからである。

火器の導入にともない、そもそも騎兵の役割は大きく後退した。彼らは後方の支援などに回り、戦争の主役ではなくなった。また、戦争の期間が長くなったため、実際には参戦できない騎士も増えた。彼らは、村での徴税のかたわら、夏の間だけ遠征に出向くというスタイルだったからである。

この事態に対応し、政府は戦場での点呼（ヨクラマ）を徹底し、規程どおりに参戦しない在郷騎士のティマールの没収を進めた。社会層としての在郷騎士の没落はこうして次第に進んでいった。没収されたティマールは国庫に戻り、徴税請負の対象になった。またティマール地の一部はイェニチェリなど現職の軍人に、俸給を補塡するものとして与えられた。

ただし、すべての在郷騎士が一度に没落したわけではない。変化は一〇〇年以上の時間をかけて進行した。主要地域の徴税請負制への移行は急速に進んだが、周縁部や前線に近い地域には、騎士たちのティマール地も残存していたからである。実はティマール保有者の名目上の数は一五二七年の二万八〇〇〇騎から、一六三一年には三万七〇〇〇騎にむしろ増えている。前述のようにイェニチェリなどが入りこんでいたからである。しかし、戦争に参加できる在郷騎士の数は次第に減っていった。一六世紀には騎士、従者などを合わせ五万～八万の軍が編制されたのに対し、一七世紀はじめに半減し、一八世紀になると戦場から完全に消える。

では、その後、在郷騎士たちはどこに行ったのだろうか。彼らの多くも、徴税請負制のなかに吸収されたと思われる。なぜなら徴税請負権を購入した常備軍の軍人の多くは首都に駐屯し、彼ら自身が直接徴税を実施できたわけではなかったからである。彼らは、自らの代理人を派遣して実際の徴税を実施するか、あるいは下請負契約を結び在地の人材を利用した。

こうしたプロセスのなかには、おそらく、旧在郷騎士が加わる余地もあったものと思われる。彼ら自身が徴税請負権を買うことは少なくとも、在地の下請負人になるという選択肢は、十分想定できる。ただし、無視できない数の在郷騎士が農民化したともいわれている。農民から軍人になる流れとともに、軍人が農民になるという潮流もまた、この時代存在していた。

徴税請負の裏方たち

それでは、実際の徴税、特に徴税請負制は、どのように行われたのだろうか。徴税請負という言葉は、ともすれば徴税の丸投げ、政府の統制からの離反をイメージさせるが、現実は違っていた。

左頁の図は、清水保尚氏が紹介する一つの事例を見てみよう。

シリア地方のアレッポ州で請負業務がいかに実施されたかを示している。請負人の決定はイスタンブルに近い州では中央が、それ以外の州では地方財務官僚組織が行った(①)。後者の場合も候補者はイスタンブルに報告され(②)、最終的には、スルタンの勅許状が下賜(かし)され(③)、請負人が確定した。アレッポの財務長官は、イスタンブルから届いた契約書の写しをアレッポの地方法官に送り(④)、地方法官はその台帳に登録し、これまでの徴税状況に照らし、法的に問題がないことをチェックした上で、その結果をアレッポ財務局に返答した(⑤)。また税源のある郡を管轄する地方法官は、徴税請負人たちによる徴税を監査する責任を負い、また紛争がおきた場合には調停を行っている(⑤)。

徴税請負人からアレッポの地方財務長官に納められた税は、アレッポ州の統治に使われる

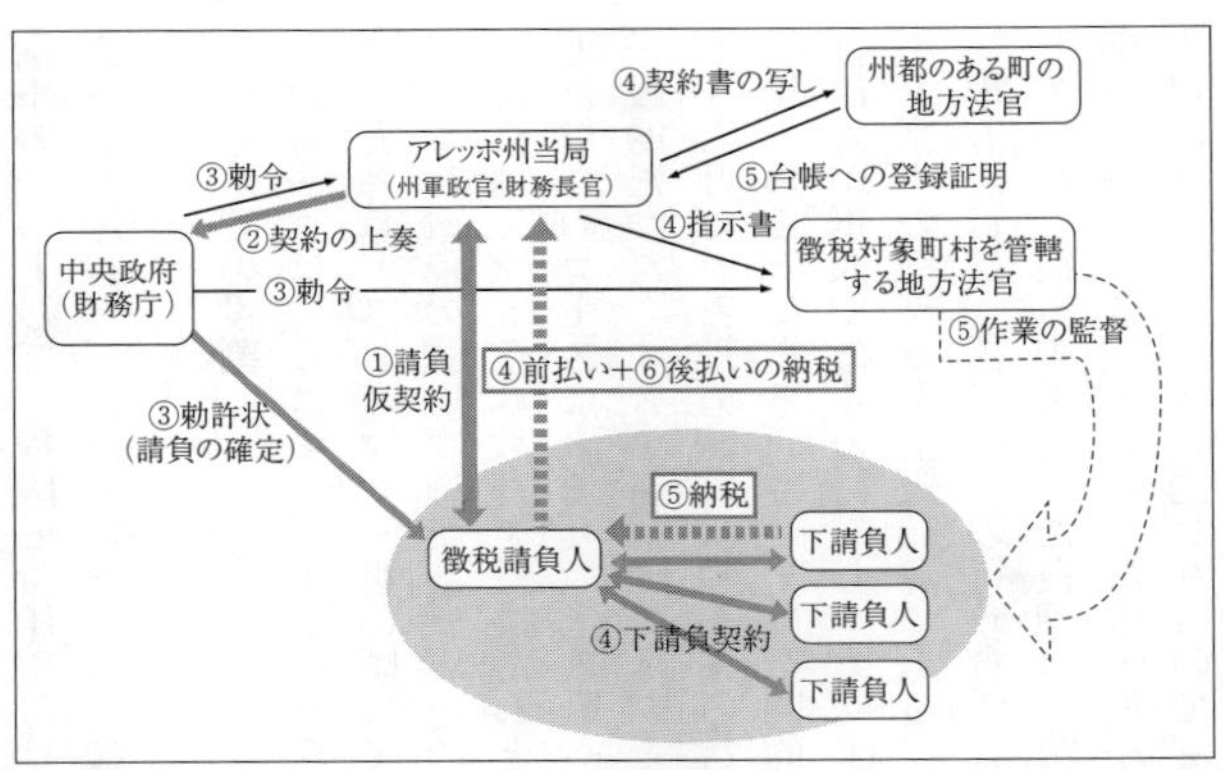

徴税請負制度の流れ　これは、16世紀末のアレッポ州の例。清水保尚［1999］より作成

分をさし引いたのち、イスタンブルからの指示に従い、必要な場所に送られた。特定の目的（たとえば、東方戦線のための物資購入や特定の城塞の守備兵の給与など）にあてられることもあるし、イスタンブルに送られることもあった。

現在なお不明な点の多い徴税請負制であるが、財務系の書記とウラマー層に属す地方法官がその流れを統括、管理していたことはここからみてとれるだろう。官僚各職の役割分担は非常に厳密に規定され、役所と役所の間の交信は書式の定まった文書によりやりとりされた。中央と地方を行き来する書類はかならず台帳へ記載され、のちのち参照できるようになっていた。

こうした作業の結果、オスマン帝国は膨大な文書群を後世に残すことになった。それは、各分野の官僚たちがオスマン支配機構の歯車の一つとして、権限と責任を分け合って働いた結果だった。ここでは、陰の主役ともいえる地方法官と、書記という二つの職種の発展について、少し詳しくみておこう。

地方法官の役割

地方法官は、オスマン帝国下のウラマーが就く職のなかで、もっとも重要な職といってもよいだろう。スレイマン一世の頃にできあがったウラマー官僚機構のなかで、地方法官はもっとも行政色の強い職種であり、そのぶん、国家にとっては重要だったからである。

彼らは、マドラサ教育を受けたあと、任官資格を得ている人々のなかから任官された。ひとたびこのコースに入ると、上級職への昇進はなく、生涯、地方法官として任地を回るのが一般的だった。オスマン帝国では、その初期から、各地に地方法官が任じられてきたが、カザーと呼ばれる地方法官の担当する行政区が全土をくまなく覆うようになったのは、一六世紀後半のことである。カザーは空間的には州・県の下の区分なので郡にあたるが、州・県の責任者が軍人であるのに対し、カザーは地方法官が統括している。地方法官の上司は、イスタンブルのウラマー上級職者である。

地方法官は、郡レベルの行政責任者として地方に密着し、政府の出先機関的な役割を果たしていた。彼らの果たした役割は、第一には、地方法廷の主宰にあったが、法廷は、裁判に限らず各種の登記・行政・徴税・秩序維持などの責任を負っていた。地方法官が法廷で下す決定はほぼルーティン化したもので、特別な事件の場合はイスタンブルに上申され、中央政府の判断が仰がれている。地方法官自身の判断で物事を決定する機会は多くはなかったとみられている。

その地方法官は、前述のように、地方における徴税にも深く関わっていた。従来から行っていた地方から中央への税の送金業務に加えて、一六世紀後半になると、徴税請負の執行面での責務が広がり、徴税請負人の選抜、保証人の確認、徴税額引き渡しの確認などを監督する立場になった。一連の作業は、地方法官たちにその俸給の一部となる手数料収入をもたらしたので、地方法官にとっても、重要な本務といえるものだった。

書記（カーティブ）　書記は裏方としてオスマン帝国を支えた。独立した養成制度はなく、幼少時に師に弟子入りして書記への道を歩んだ。ワルシャワ大学図書館蔵

書記官僚

一六世紀末の転換を演出し、その立案、実施、調整にあたったのは、政府の財務官僚であったことは間違いない。彼らは、自分たちが支払わなければならない支出の増大に対応するため、いかに収入を増やすかに頭を悩ませ、やがて、徴税システムの請負制への移行などの事業を短期間になしとげたとみられている。先にあげたように、経済混乱の元凶として財務長官が軍人に殺されているほどである。彼らにとっても事態へ

の対応はさし迫ったものだったろう。

しかし彼ら自身が裏方の存在であったため、その「偉業」は、当時の会計簿諸種の数字にその成果をとどめるだけである。先に紹介した財務官僚ムスタファ・セラーニキーも、おそらくはこの変化に直接かかわったはずだが、自身の年代記に税制の変化の詳細は記していない。彼が年代記に残した情報は、無駄な任用によりいかに支出が増大し、武器をもった軍人たちの脅迫の前で、自分たち財務官僚がその支払いにいかに苦労しているかという不満だった。しかし、不満は解決策の模索につながり、オスマン帝国は財政破綻からの軍事力崩壊という危機を迎えることなく、「大きな政府、大きな常備軍」という新体制への移行を実現したのである。

ところで、彼らについての情報が少ない理由の一つは、実は彼らの数が少数であったせいでもある。中央政府で給与をもらっていることがわかる書記の数は驚くほど少なく、財務系の書記は一五世紀には、わずか二〇人程度とみられている。一六世紀には五五～六五、一七世紀には一四〇～一七〇人と増えているものの、予想される数をはるかに下回る。ただし、ここにあげられた書記が、いわば、「親方」書記であり、その配下には多数の弟子や見習いがいたであろうこと、また、ルーティン以外の書記業務には待職中のウラマーなどが任用されたであろうことを考えれば、この数字も理解できないことではない。またこの数字は中央機構内の官僚の数であり、地方の徴税現場に派遣される財務官僚はこの数に含まれない。とはいえ、中央政府の財務官僚数は、さまざまな財務行政の増加に伴い増員を重ね、一八世紀には七〇〇人と増えている。

もう一つ、書記層がわかりにくい理由としては、彼らが元来、オスマン宮廷や軍人の家の個人的な使用人という位置づけから発展したため、明確な官職体系をもつまでに時間がかかったことがあげられる。一五世紀以来、御前会議に出席する文書行政責任者のニシャンジュ(スルタンの花押(かおう)を書く職)と財務長官という二つの最高職はよく知られているが、その他の書記群については、宮廷や大宰相の室や局に直結し、位階や組織がはっきりしていなかった。それが、全国的なネットワークをもつ官僚組織へと発展するのは一六世紀中期以後のことである。

徴税請負制がひろがり、また、帝国の全土からの、アヴァールズ税と人頭税の直接徴収が一般化する一七世紀、中央政府の財務長官職と地方財務長官職は、実入りも多い重要な職となった。先にあげたムスタファ・セラーニキーも、こうした職を求めてさかんに就職活動をしていたのである。

イェニチェリ軍の変化

以上、徴税制度の変更が、オスマン帝国の軍人やウラマー、書記官僚すべてを巻き込みながら、一六世紀末から一七世紀中葉にかけて進行したことを確認した。この変更の結果、一七世紀のオスマン帝国は、軍人や官僚が中央政府に連なる官職者たちの国に生まれ変わった。在郷騎士の多くは没落し、常備軍は増員され、常備軍騎馬兵などは、俸給として徴税権をえた。徴税制度の変化とオスマン帝国前半を支えてきた軍人たちの「変質」は、一つの変化の表と裏の顔である。

こうした変化のなかで、常備軍の中核、イェニチェリ軍はどうなっていったのだろうか。実は、彼らもまた、この時期、急速に変化していた。

イェニチェリ軍は一四世紀以来、スルタンの周囲を守る直属の精鋭常備軍として、華々しい活躍をし、同時にその規律と団結を誇ってきた。スルタンを囲み美しく着飾ったイェニチェリが行進するさまは、彼らがまさにオスマン帝国の中心であることを示していた。イェニチェリ軍の司令官はスルタンと直接面会する権利をもっていたが、これは、彼らがスルタンの「私兵軍」として出発したことを示している。一六世紀初頭の数は約八〇〇〇人、スレイマン一世の時代には一万二〇〇〇～一万三〇〇〇人だった。しかし、それが、一六〇九年には四万七〇〇〇人に増加している。このことは、イェニチェリ軍、および個々のイェニチェリの性格を大きく変えた。

新しく増員されてイェニチェリになったのは、第一にはイェニチェリの子や縁戚者だった。その結果、イェニチェリの世襲化が始まった。加えて、非正規兵として加わっていた農民出身者を含め、雑多な人々が新たにイェニチェリになったとみられている。その多くがイスラム教徒だった。当時の「忠告の書」の著者たちはこの点をこぞって非難している。イェニチェリは「スルタンの奴隷」でなくてはならず、イスラム教徒のトルコ人は「奴隷」ではなかったからである。しかし、変化は知識人の忠告とは逆の方向へ進んだ。

たとえば、一六六六年には、バルカンの諸県に、キリスト教徒農民の子のみならず、イスラム教徒からのイェニチェリ志願兵を首都へ送ることが命じられている。少年を対象とした伝統的なデヴシルメは一七世紀にはほとんど行われていない。

イェニチェリの副業——町方への進出

この結果、イェニチェリの平時の生活スタイルも大きく変わることになった。彼らの多くは、兵舎に住むか、イスタンブル市内の複数の宮殿に駐屯したが、兵舎を出て市中に暮らすものも多くなった。政府はまた、彼らがさまざまな副業につくことを認めていった。以前より軍隊のなかでの必要から馬具作りなどにイェニチェリが従事する例はあったが、その人数が増えたことで、彼らが進出する業種も増えていった。

彼らは、原則的に、町の商工業者が組織するギルドのメンバーにはなれなかったため、さらに下層の臨時職に入り込むことが多かったとみられる。行商人や浴場の仕事、あるいは用心棒のような職が多かった。武力をもつ彼らは、大都市の任俠無頼の徒に相当する存在になっていった。また、彼らは前述のように、俸給の補塡にティマールの配分も要求している。実際、在郷騎士に代わり、農村の徴税権をえたイェニチェリの数は多かったとみられる。

もちろん、イェニチェリには、部隊ごとに兵舎に集まり、さまざまな訓練と儀式を行い、政府から配給される材料で食事をともにするという日常もあった。都市の治安維持のための警察業務と、火事の消火も彼らの任務だった。そして、実際、召集がかかれば部隊単位に戦場に出発した。その代償に三ヵ月に一度の俸給が支払われていたのである。

一方、イェニチェリ軍は、イスタンブルを離れ、地方都市にも駐屯するようになった。一六七〇年代のデータによると、イェニチェリ全体の三割から四割が地方の都市や城塞に配置されている。在郷騎士層の没落が進む中、地方の治安維持の役割が期待されたためである。

彼らの存在は、地方の人々と軋轢（あつれき）を生むこともあったが、地方都市での軍に関係する手工業（馬具や武器、服飾などの製造）の発展を促すなど、プラスの影響も多かった。地方に在住したイェニチェリの多くは、駐屯した任地に定着していった。彼らの一部も、中央政府からティマールを授与され、また、徴税請負契約者の下請負等の副業をえている。この結果、一八世紀になるころには、イェニチェリ出身者のなかから、地方の有力者に成長するものも現れてくるのである。

このように、イェニチェリは、イェニチェリ軍兵士の肩書と実態をもったまま、社会のさまざまな分野に進出していった。しかしこれは、政府が軍団としてのイェニチェリ軍の改革を進めることができない原因となった。社会に深く根をはったイェニチェリたちを、そこから引き抜くことが難しかったからである。

第六章　近世オスマン社会を生きる

生産者の世界

国家にとっての「普通の人たち」

本章ではすこし立ち止まって、オスマン帝国下の社会がどのような人々から成っていたのかを見ていこう。本章の前半では職業と宗教の別に基づいて俯瞰（ふかん）する。後半では女性や詩人たちのような特徴あるグループをとりあげる。その前提として、職業と宗教の別がオスマン帝国の社会でどうして重要だったかを説明しておこう。

オスマン帝国の考え方では、社会は、支配する者とされる者から成っていた。後者が税を払い、前者が統治をするという二分法である。被支配民はレアーヤーと呼ばれ、それが羊の群れを意味することから、その思想は理解されよう。ただし、この両者は、士農工商のような身分として固定されたものではなかった。基本的には、区別は個人の職業によるもので、生まれによって決まるものではない。しかし、国家の側が両者の別をなるべく固定化し、社会の安定を図ろうとしていたことはいうまでもない。

女性は家族の男性（父親や夫）が二分法のどちらに属するかによって、付随的に扱われた。そもそも女性が独立して生産活動に加わることは想定されていないため、寡婦戸（男性のいない農家）を除けば課税の対象とはならず、そのため国家の視野に十分に入っていない。

国家はこの二分法にしたがって徴税の体系を整えた。今日に伝わる被支配民についての情報の大半は、支配者からみた被支配民、すなわち納税者としてのものである。徴税体系には、職業ごとの体系と、宗教による体系があった。

徴税体系は社会の実態を反映すると同時に、その適用の仕方で、実態を変えたり固定化する力ともなる。たとえば、オスマン帝国は、遊牧民の定住化政策を継続的に進めていたが、定住まもない遊牧民に農民としての税を課すことは、彼らの職業を完全に遊牧から農業に移行させる効果をもっていた。オスマン帝国の納税者には、農民、遊牧民、都市の商人・手工業者の三つの区別があった。

同じく宗教の別もそれが納税に直結するために、けっして無視されることのない区別だった。基本はイスラム教徒か否かである。ただし、徴税実務上の必要から、非イスラム教徒は宗派別に色分けされていた。

納税者としての農民

オスマン帝国における被支配民の大半は農民である。農民の多くは、前述のように、長らくティマール制のもとに置かれ、在郷騎士により徴税された。農民が支払う税の種類や税率は、オスマン以前の慣習をもとに、徐々にオスマン帝国の原則に沿って整理されていった。

このため、オスマン化はゆっくりしたスピードで進み、農民の立場からすると急激な変化は起きなかった。また、オスマン帝国は、徴税する在郷騎士を厳しく監督したので、多くの地方で安定した農村支配が実現したとみられている。

特にバルカンでは、その点が顕著だった。在郷騎士が持つ権利とその制限は、地方法令集に明文化され、キリスト教徒騎士の多くも、時とともにオスマン化された。もちろん、税の徴収をめぐっては、農民と騎士との間にしばしば係争が発生している。軍人である騎士と農民という対比で考えると、日常的な係争において後者が不利であったことはいうまでもないが、農民はしばしば町の地方法廷に訴え出て、自らの権利の確保に成功している。

在郷騎士に徴税権が一本化していたバルカンに比べ、アナトリアの中部・東部では、オスマン以前の旧領主（特に、部族支配層や神秘主義教団）が一定の権利を残していることが多かった。その場合は、農民から徴収する税を、新たに任命された在郷騎士や国からの徴税官と旧領主が分割している。この場合も農民にとっては、税の行き先が変わるにすぎず、課される義務や権利には変わるところはない。

スルタンの法の定めるところに従い、農民は宅地とその周囲の野菜畑を所有し、耕作地についてては保有権のみを有した。耕作地の究極的な所有権（ラカベ）はスルタンに属するとされていたからである。保有権は父から子へ世襲された。農民は、土地の保有に対し土地税（レスミ・チフト）を払い、さらに生産物に対して十分の一税を支払った。十分の一税の税率は各地で異なるが二〇パーセント程度が多い。さらに結婚税、賦役税などの雑税が課せられた。第五章でみたように、アヴァールズ税という臨時税は一七世紀以後、恒常化する。

耕作地の保有権は、慣習的には息子にしか引き継がれなかった。しかし一六世紀末以後は、男子がいない場合に限り、娘にも相続されるようになった。

農業生産

オスマン帝国の「本土」といえるバルカンやアナトリアの主要な作物は、秋蒔(ま)きの小麦と大麦である。その他の雑穀も生産されるが、主流ではなかった。バルカン中央部の低地やアナトリア北部などでは米の生産地帯もある。共通する特徴として、農業のかたわら、広く家畜の飼育が行われたことが挙げられる。羊が主であるが、ドナウ川流域では豚も重要だった。ワインのような酒類の生産も多くの地域で行われ、重要な税源となっていた。

牛二頭の労力で耕作可能な範囲を、核家族からなる農家が牛の引く犂(すき)をつかって耕作するというのが農業の基本だった。この範囲はトルコ語ではチフトリキと呼ばれる。これがティマール制下での徴税の単位となった。水車による小規模な灌漑(かんがい)も行われたが、基本は天水農業である。

こうした農業の形態は、徴税制度がティマール制から徴税請負制に移行しても大きく変わることはなかった。ただし、一七世紀初頭、アナトリアやシリアでジェラーリー反乱が繰り返し起こった際には、農民が逃散(ちょうさん)し村ごと消えるといった事態も各地で頻発した。依然として人口密度の低いアナトリアでは、他の地方に集団で移住したり、山に入って遊牧生活をするという選択肢があったためである。こうした一七世紀初頭の混乱は、その中期には回復している。農民に逃げられた在郷騎士は、地方法廷に行って登録し、規則の上では一〇〜二〇年間にわたり農民を村に連れ戻す権利をもっていた。ただし、離農税を払った農民は合法的に村を離れることができた。

生産力の回復した一七世紀には、マラティヤの果実、シリア地方やアダナの綿花、マケドニアのタバコなど、各地で特産物が生まれている。これらの売買のため、地方間を結ぶ交易も成長した。

農民は、穀物やこうした商品作物を近隣の地方都市で売ることで現金収入を得ていた。農民が貨幣納の納税義務をもつオスマン帝国下の農村は常に貨幣経済のもとにあった。借金のために農民が土地の保有権を失ったケースも少なくない。この現象は一八世紀に顕著になり、一部地域では、第七章でみるように事実上の大土地所有者も生まれてくる。

農民　アナトリアやバルカンの農業では牛が重要な労力だった。耕作の他、農作物の市場への運搬に利用された。17世紀後半、トプカプ宮殿博物館蔵

遊牧民

オスマン帝国には「トルコ系遊牧民の国」とい

う誤ったイメージがあるが、実際の政府の遊牧民政策の基本は、可能な限り彼らを定住化させることだった。大きな遊牧民人口がオスマン支配下に入ったのは、東アナトリアの征服が進んだ一六世紀初頭だった。政府は、農民に対するのと同様に、遊牧民に対しても冬営地において徴税調査を行い、遊牧民一人一人の名前と羊の数を記録している。これは、部族単位に構成されていた遊牧民を「個」に解体し、掌握していこうという方針の表れだった。

そうした一六世紀の調査からみると、もっとも遊牧民人口が多いとみられる中央アナトリアやシリアでも、人口の二五パーセントを超えることはなかったようである。遊牧民は、冬営地では農業を営むことが多かったので、多くの集団は、次第に定住へと進んだとみられている。

しかし、一方で、遊牧民が供給する食用の羊や運搬用のラクダ、さらに絨毯(じゅうたん)などの手工芸品は、重要な産品だった。オスマン帝国の経済活動のなかで、遊牧民の生産者としての重要性は一九世紀に至るまで失われることはなかった。アナトリアでは、八〇〇〇程度の遊牧集団の名前が知られている。

バルカンでも、アナトリア側から移住した相当数のトルコ系遊牧民が分布し、彼らは対ハプスブルク戦などで補助兵として利用され、その代償に免税特権を与えられていた。またバルカンの山地に展開したキリスト教徒の牧畜民（ヴラフ）も、免税特権を得て、治安維持などにあたった。東アナトリア山岳部のクルド系遊牧民部族も、族長に対する世襲的支配権の授与と引きかえに、境域の防衛や遠征への参加を義務づけられることが多かった。部族組織を維持している遊牧民に対しては、彼らを特権により懐柔しつつ戦時には軍事目的に使う、というのがオスマン帝国の方針だったといえるだろう。

商人・手工業者

一方、都市は商人・手工業者の世界である。商人・手工業者の活動は、エスナフと呼ばれるギルド組織によって統括されていた。オスマン帝国下のギルドの起源は、オスマン帝国以前から各地にあったゆるやかな商工業者の組織だったと思われる。その組織をギルドに再編成して政府が徴税を行ったため、それら商工業者のギルドは、政府の文書のなかには、固定的な納税単位として現れる。ただし、もとになった商工業者の組織の性格が都市や業種によ

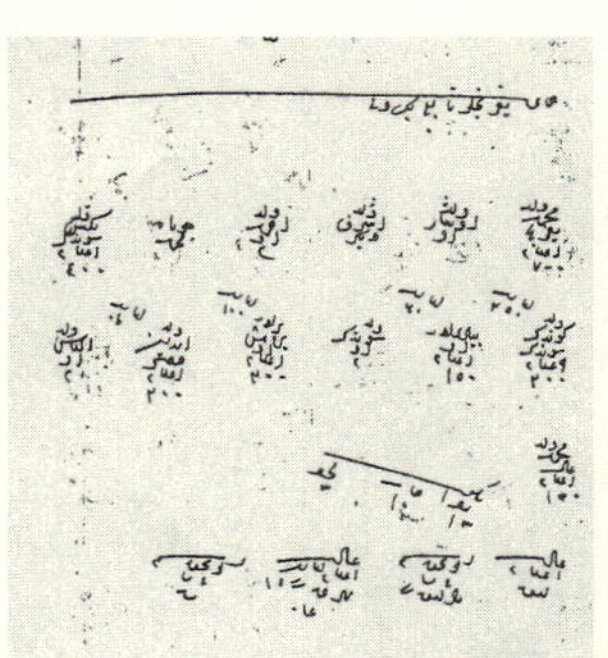

16世紀初頭の遊牧民徴税調査台帳の例　アナトリア中部に夏営地、アレッポに冬営地をもつアレッポ遊牧民のうち、ベイディリ部族に関する台帳の一部。このサンプルでは最上部に集団名が、２～４段目には13戸の遊牧戸の家長の名と羊の数が記され、最後に合計戸数と集団としての納税額が記されている。通常、一集団は100戸以上が多い。こうした調査をもとに、それぞれの集団の構成と納税額が政府により掌握された

イスタンブルにたつ市の光景　ビザンツ時代の記念柱の残る広場で野菜や花が売られている。買い物客には女性の姿も見える。17世紀、コッレール博物館(ヴェネチア)蔵

りさまざまであったため、ギルドの実態には、その多様性が保持された。

唯一共通するのは、政府がギルドの責任者を任命し、その職にある者に徴税と生産活動の統括を任せた点である。ギルド長は、アナトリアやバルカンではケトヒュダー、アラブ世界ではシェイフと呼ばれている。ただし、徴税機能にだけ注目すれば、その長の役割は徴税請負人と変わらなかったので、一七世紀以後のイスタンブルの主要産業のギルドなどでは、ギルド長に常備軍騎馬兵団の軍人らが任命されるケースもみられる。この場合は、イイトバシュと呼ばれるギルドメンバーが、実質的には代表となったのだろう。しかし、ギルド長の職を非ギルドメンバーが獲得するという現象がどの程度広まっていたのかは不明である。

ギルドの機能は、仲間に平等に原料や商品を分配し、品質や規格、価格を管理することだった。ただし、それがどれくらい平等に寄与していたかには不明な点も多い。商工業者の間の貧富の差は、明らかに観察されるからである。店舗や親方職人の数を制限し既得権を守ることもギルドの重要な役割であったが、これも、完全に実現していたわけではない。

ギルドと宗教の関係についても議論がある。実態は多様で、職種による差が大きいように思われる。たとえば、各地の皮なめしのギルドなどは、第一章で述べたアヒー集団の流れを汲む神秘主義教団とつながりがあり、非常にイスラム的な儀式の伝統をもっていた。その一方で、町には、イスラム教徒、キリスト教徒、ユダヤ教徒の商人・職人が混ざった純粋な職業集団にみえるギルドも多い。ギルドを徴税のために把握する政府にとっては、その内部の差異は関係なかったのだろう。ギルドが祀る守護聖者の習慣も、ギルドが在地社会のさまざまな伝統を継承していることを示唆している。

町で売られるものの価格が町の地方法官によって季節ごとに公布される慣習も、オスマン帝国下の都市の特徴である。地方法官はギルド長らと相談のうえ、それを決めて公布し、また、配下の市場監督官を使って商取引や町の風紀を見張らせていた。地方法官はこうした業務を、政府の末端の行政機関の仕事として行っていた。

地方法官は公正な価格で物が売られているかどうかを監督していたが、これはオスマン帝国の、産業育成よりも消費者保護という原則に沿ったものだった。政府は、より安くより品質のよい品であれば、町の外からでも、また外国からでも、それを市場に入れることに抵抗を示さなかった。重商主義の逆の政策である。中央政府と宮廷が最大の消費者であったせいもあるだろう。このためギルドの商工業者は、常に他の都市からの産品や外国商品との競争に晒されていた。こうしたなか、一七世紀には各地に競争力のある特産の手工業製品が現れてきていることは注目される。

都市の発展

アナトリアなどでは、一六世紀、農民や遊牧民が農産物や牧畜産品を売却するための市がたつ町の数が著しく増えたとみられている。市のたつ町にはモスクが建ち、司法業務や徴税のために地方法官が派遣され、ひとつの行政単位（カザー）として整備された。地方の町では、一六世紀を通じて農産物や牧畜産品を使った手工業も盛んになった。農産物や手工業製品の交換のために、地方の町と町はネットワーク化され、その結果、さらに各地に地方経済の中核となる都市も成長した。こうして一七世紀には都市の数が急速に増えている。競争力のある特産の手工業製品は、こうした地方経済の発展のなかで生まれてきた。

アナトリア側の変化に比べ、バルカン諸地域については不明な点が多いが、同様の変化をたどった可能性は高い。ジェラーリー反乱の影響で一七世紀前半に混乱したアナトリアやシリアに比べ、バルカンは社会的にはより安定していたからである。実際、一七世紀には、ブルガリアのフィリベの毛織物（アバ）のように、帝国全体をマーケットにする手工業製品も現れてきている。これまで、一七世紀にキリスト教徒の人口が激減したことを示すデータをもとにバルカンの衰退説が説かれてきたが、近年は同じデータに異なる解釈を付す研究が多く現れている。少なくとも極端な衰退がなかったことは明らかである。

実際、オスマン治下でバルカン諸都市の発展は目立っている。アテネが成長するのもこの時期である。イスタンブルからアドリア海のドゥブロヴニクに至るルート上にあったサラエヴォは、経済活動だけでなく、バルカンのイスラム文化の中心都市としても繁栄した。

アラブ世界でも一六世紀から一八世紀にかけて、都市の拡大は顕著だった。アナトリアやバルカンに比べ、もともと中核都市の多い地方なので、そこでは発展は既存の都市が拡大するという形で進んだ。ある試算によるとオスマン治下の三〇〇年の間に、平均四割程度の都市の人口増がみられたという。その背景に、オスマン帝国下での全般的な安定があることはいうまでもない。

大商人がつなぐオスマン帝国諸地域

ところで、オスマン帝国には、ギルドに加わり販売・交易を行った一般の商人の他に、スルタンからの特許を得て長距離交易にあたる大商人たちがいた。ギルド商人同様、彼らも、イスラム教徒、キリスト教徒、ユダヤ教徒からなり、協業や為替取引など、さまざまな手法を用いて大きな商売をしていた。

特許を受けた大商人はイスタンブルへの食糧供給も担（にな）った。黒海西岸からは穀物、西アナトリアとトラキアからは果実や野菜、バルカンからは羊、アナトリア黒海沿岸からは木材などが運ばれた。エジプトの米もイスタンブル宮廷御用達だった。こうしたイスタンブル行きの縦の流通は、各地の特産品を帝国各地に流通させる横の流れと競合しつつ発展した。

オスマン帝国内の大規模な流通を担う特許商人たちは、一七世紀以後、ヨーロッパ諸国の商人が所有する船を頻繁に利用している。それを借り上げて、バルカン、アナトリア、シリア、エジプトなどをつなぐ帝国内交易を行っていたのである。一七世紀の東地中海世界の交易は、必ずしも国家に縛られていない。ヨーロッパ産の織物もこのルートに乗り、帝国の各地に運ばれた。ただし、ヨーロッパ産の商品がこの地で競争力を持つようになるのは、後述するように一九世紀以後のことである。

しかし、一七世紀以後、ヨーロッパ商人やその産品が増えていったことは確かである。そして、そのパートナーとなったキリスト教徒、特にギリシャ正教徒の大商人の台頭がめだつようになる。彼らは、それまで優勢だったイスラム教徒とユダヤ教徒の大商人を逆転し、遠隔地交易の主たる担い手となった。彼らの活動の場は、オスマン帝国の領域を越えてハプスブルク家の中欧やロシアにおよび、一八世紀になると、政治的な力も持つようになっていった。これについては第八章で続けよう。

宗教共同体の世界

非イスラム教徒とイスラム教徒の別

次に、オスマン帝国の人々が宗教別に一定のまとまりをもって暮らしていた様子をみてみよう。イスラム教徒かそうでないかで納税義務に違いがあることから、国家にとってその別は重要だった。

イスラム教徒以外の人々の処遇は、イスラム法のなかで細かく決まっている。それはオスマン帝国以前にすでに成熟した体系となっていたので、オスマン帝国は、その諸ルールに従って統治したにすぎない。原則は、人頭税を払いイスラムの支配を受け入れる啓典の民は生命、財産、信仰の自由を保障される、というものである。オスマン帝国下の非イスラム教徒は、例外なく啓典の民だったので、この点は問題なく適用された。

この原則は、非イスラム教徒をイスラム法に基づき正しく「不平等に扱う」ことを国家に求めるものでもあった。キリスト教徒の人口が多かったオスマン帝国では、その実現に苦労したあとがうかがえる。その例として、イスペンチという税を紹介しよう。

イスペンチは、『イスラム百科事典』(新版、E・J・ブリル社)の説明では、非イスラム教徒が払う土地税または人頭税と説明され、いかにもわかりにくい。実は、イスペンチはバルカンのキリスト教徒がそれまで封建領主に払っていた賦役税または人頭税を置き換えたものである。オスマン帝国はオスマン税制のなかに定着したその税を使って、前記原則との折り合いをつけている。

たとえば、東アナトリアやコーカサス、北イラクでは、イスペンチは非イスラム教徒の払う定額(二五銀貨)の税とされ、これをイスラム法の求める人頭税とあわせると、これらの地方のイスラム教徒の払う土地税(五〇銀貨)を多少上回るように設定された。ここでは、イスペンチは低額の土地税と解釈される。イスラム法上、非イスラム教徒から人頭税を取らざるをえなかった政府は、このイスペンチを使ってイスラム教徒と非イスラム教徒の税の額を調整しているのである。オスマン帝国各地の税制は多様だが、こうした事例からは、イスラム法の原則を守りつつ、実効性のある支配を指向するオスマン帝国の性格がみてとれる。

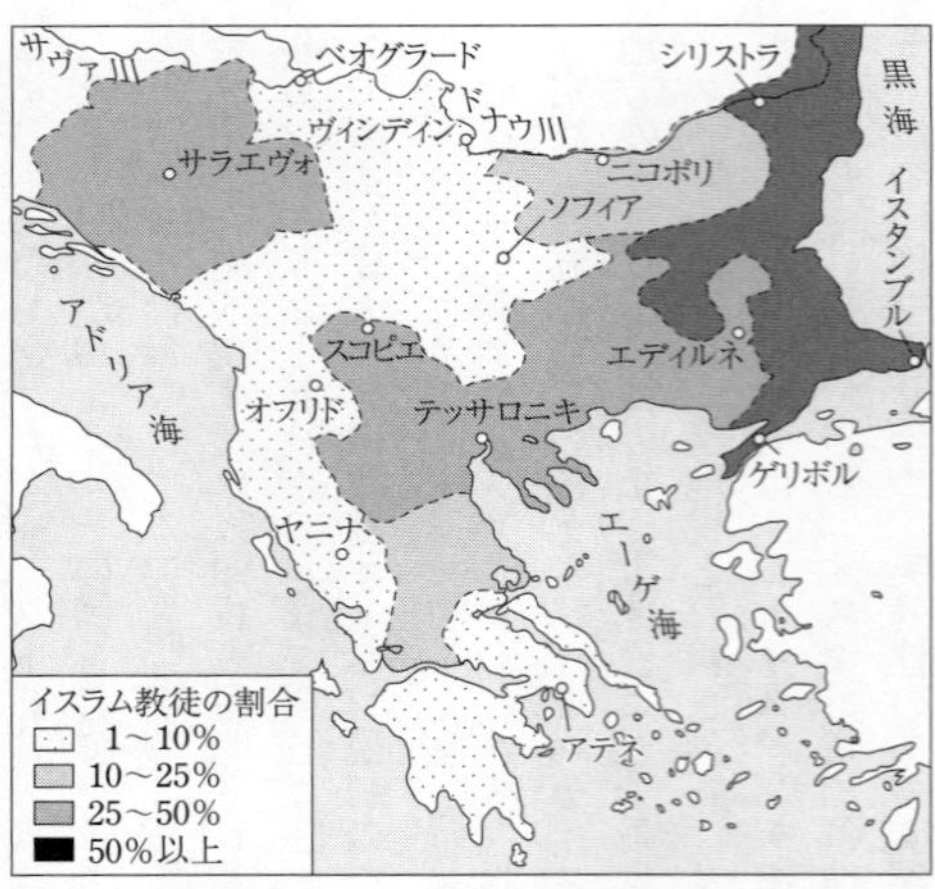

バルカン地域のイスラム化　本図は1525年段階の推定。アルバニアでの改宗は、17～18世紀に進行した。Minkov[2004]より

一六世紀中葉以後、エブースードらの努力により慣習的な収税ルールのイスラム化（イスラム法による解釈）が進むと、多くのケースでイスラム教徒に若干有利な税の体系が明文化された。非イスラム教徒は、正しく「不平等に」扱われたのである。

税以外の差異としては、非イスラム教徒は免税特権を持つ支配層になれないという制限があった。一四～一六世紀においてはデヴシルメで徴用されるという出世の方法があったが、このやり方は一般にはキリスト教徒の農民に歓迎されるものではなかった。しかし支配層に加わり免税特権を手にすることは多くの人の望みであったから、それがバルカンにおけるイスラムの拡大に影響を与えたことは夙に指摘されている。自発的改宗をイスタンブルに上奏すると、上衣（キスヴェ）料と呼ばれる改宗褒賞金も下賜された。

さまざまな理由によるとみられるバルカンでのイスラム教への自発的改宗は、一四世紀以

来一八世紀まで継続的に続いた。その結果、斑模様（まだら）であるものの、全体の人口の二〇パーセント程度をイスラム教徒が占めるに至っている。改宗が多かったのはボスニアや、マケドニア、セルビア、ブルガリアなどに含まれる諸地方である。アルバニアのように人口の大半がイスラム教徒となった地域もある。バルカンでイスラム教への改宗の動きが止まるのは、オスマン帝国が転機を迎える一八世紀中葉のことである。

キリスト教徒と教会

オスマン帝国の非イスラム教徒は、キリスト教徒とユダヤ教徒から成る。政府が彼らを掌握する手法は、前節でみたギルド組織の場合と同じである。すなわち既存の集団のリーダーをオスマン帝国が正式にその長に任命し、都市部での人頭税徴収の任務を負わせ、それと引き換えに内部自治を保証するというものである。この際に使われた既存の組織は、キリスト教徒の場合には教会組織だった。ただし、ギリシャ正教の場合も、アルメニア教会の場合も、その教会組織がオスマン帝国全体を覆う一つの「教会」となるのは一八世紀のことである。それについては第八章で触れよう。

一五世紀以来、オスマン帝国がとってきた手法は、現実に徴税できる範囲を各責任者に任せるというやり方だった。一五世紀中葉にイスタンブルを征服したメフメト二世が、イスタンブルにおいてギリシャ正教会総主教やアルメニア総主教を信徒の長に任じたのも、そのような意味においてだった。イスタンブルの総主教が税をまとめられる範囲に関して彼らに任せ、その外にあるものについては、政府は別途任命を行った。一五世紀来、帝国全土のギリシャ正教徒の長はイスタンブル総主教であるという主張は、後世のフィクションとみられている。実際、オスマン帝国は一六世紀にペーチのセルビア正教会を独立させるなどし、のちの総主教座の主張と矛盾する政策をとっている。

オスマン帝国のもとで暮らしたキリスト教徒の人々は、こうした教会組織の事情はともかく、身近な教会を生活の中心に据えた暮らしを築いていた。農村の場合は複数宗教の混住は少ないが、都市では、教会を中心にしたまとまりは、特に意味をもっていた。教会の機能は、信仰や儀礼をとりしきり、また共同体内部の問題については自分たちの法を適用し、裁判その他を実施することだった。あわせて、税をとりまとめ、政府に支払った。こうして教会組織に重なる宗教共同体は、大きな自治機能をもつものとなった。

キリスト教徒は教会の法に従ったとはいえ、為政者の側はそれが、大きなイスラム法の庇護のもとにあるという認識をもっていただろう。このため、キリスト教徒とイスラム教徒に関わる問題はイスラム法の地方法廷で扱われた。また、事案によってはキリスト教徒やユダヤ教徒も、イスラム法の地方法廷を利用することができた。特に契約や売買では、関連の法の整ったイスラム法廷が利用されることが多かったようである。

ユダヤ教徒

一五世紀末から一六世紀にかけては、オスマン帝国のユダヤ教徒がもっとも注目される

「華やかな」時代だった。それは、ヨーロッパ方面から移住したユダヤ教徒が、それまで培(つちか)ってきた金融ネットワークを使ってオスマン帝国下で活躍したからである。

大規模な移住は一五世紀末のイベリア半島におけるレコンキスタによってもたらされた。オスマン帝国は、一四九二年にスペイン、一四九七年にポルトガルを追放されたユダヤ教徒、さらに一六世紀中葉には一旦キリスト教に改宗していたユダヤ教徒(マラーノ)を組織的に受け入れ、テッサロニキをはじめとするオスマン帝国下の諸都市に定住させた。彼らの多くは商人か技術を持つ職人だったので、その到来は歓迎された。彼らはセファルディムと呼ばれ、独特のスペイン語(ラディーノ)を用いていた。

また、同じ頃、迫害の強まったドイツやハンガリーからも多くのユダヤ教徒がオスマン帝国に移住した。彼らはアシュケナジムと呼ばれた。加えて、オスマン帝国内にはもともと在地のユダヤ教徒(ロマニオット)もいたので、ユダヤ教徒の構成は非常に複雑なものとなった。

オスマン帝国は、キリスト教徒に対するのと同じく、ユダヤ教徒に対しても、その首長を任命し、人頭税の支払いを条件に、共同体内自治を認めている。ただし、ユダヤ教会はキリスト教の教会と異なり位階的な構造をもたなかったし、そもそも、前記の事情から、彼らの内部はその出身地や現在の居住地により小さな共同体に分かれていた。このため政府の側もそれに対応した徴税担当者の任命を行っている。ユダヤ教徒が人口の過半数を占めたテッサロニキでは、そのコミュニティは二七に分かれていたという。

移住者の第一世代のなかには、スルタンの信頼を得て、大きな活躍をした者もあった。なかでもポルトガル、ベルギーを経て一五五三年頃にイスタンブルに移住したヨセフ・ナスィは、その経済力を背景に政治や外交にも関与、またボスフォラス海峡を通るワインの関税請負収入などからさらに富を築いたことで知られる。オスマン宮廷や政府との深いつながりは、その後のユダヤ教徒大商人にも受け継がれていく。

しかし、世代が替わり、ヨーロッパの金融市場などとの直接的な関係が失われると、ユダヤ教徒大商人の活力は失われ、一七世紀以後は、ライバルであるギリシャ正教徒商人やアルメニア商人に主役の座を奪われた。ただし、後述するように、徴税請負に関わる金融部門ではユダヤ教徒両替商の存在は大きかった。とはいえ、両替商や大商人は、ユダヤ教徒全体のほんの一部にすぎない。多くのユダヤ教徒は、都市の一般のギルドに加わった商工業者であり、また、日雇いなど都市の下層労働者の間にもユダヤ教徒は多かった。

こうした日常のなかで、ユダヤ教徒は在地社会、すなわちイスラム教徒の社会から強い影響を受け、生活文化の面では、基本的には同化の道を歩んでいたといわれる。一方、彼らを含む都市社会も、ユダヤ教徒の文化の一部を自分たちの都市文化として受け入れている。たとえば、カラギョズと呼ばれる影絵芝居やオルタ・オユンと呼ばれる演劇の担い手は、主にユダヤ教徒だったといわれている。

オスマン帝国全体の政情が混乱していた一七世紀の中葉に西アナトリアのイズミルから広がったサヴァタイ・ツビのメシア運動も、ユダヤ教徒の動向が帝国に影響を与えた例である。この運動は、彼がメシア（救済主）を自称し終末と救済を説いたもので、またたくまにオスマン帝国を越え、東欧やドイツのユダヤ教徒にまで広まった。運動は、彼が一六六六年にイスラム教へ改宗したことで幕を閉じたが、その一派は一種の秘密結社として存続したともいわれている。

イスラム教徒

オスマン帝国の社会で優位な立場にあったのはイスラム教徒である。オスマン社会はイスラムの表象に満ちていたからである。イスラム法、その原則に基づく統治、宗教からくるタブーや慣習、イスラム暦での日常などである。町にはモスクが多数建築され、ウラマー層に属す地方法官らが日常の暮らしにかかわったことは前述のとおりである。メッカ、メディナ、エルサレム、バグダードなどではオスマン帝国によりイスラム聖地の修復や拡充が行われ、特にメッカ、メディナの両聖地や巡礼路は大規模な宗教寄進の富で保護された。

そのような環境に囲まれたイスラム教徒の庶民は、個人のレベルでは、イスラムといかにかかわって暮らしていたのだろうか。

イスラム教徒は、多くの場合、中心にモスクがある街区に暮らしていた。モスクが日常生活の中心の一つだったからである。モスクのイマーム（導師）は、地方法官が統括する都市行政の末端に位置する下級のウラマーとして、日常の礼拝の指導の他、冠婚葬祭の儀礼を執り行った。街区の住民は、しばしばそのモスクに小規模な宗教寄進をし、その運営を支えている。たとえば、蠟燭（ろうそく）代を出す、イマームに報酬を払い自身のためにコーランを詠（よ）んでもら

ガーズィー・ヒュスレヴ・パシャ・モスクでの礼拝風景　サラエヴォの征服に功績のあったヒュスレヴ・パシャは、市内に大きなモスクを建てた。同モスクは、今日でもボスニアのイスラム信仰に重要な位置をしめている。著者撮影

う、といった形である。街区の規模や密集度は地域や都市によって大きく異なるが、イスラム教徒の日常にモスクがあったことは共通している。

モスクに限らず一つの宗教施設を中心に一つの街区が作られ、それが都市の一つの細胞として機能したことは、オスマン帝国治下にあったバルカン、アナトリア、アラブ世界におおむね共通する。宗教施設を中心にしているので一つの街区には一つの宗教の信徒がまとまる傾向が強いが、その住み分けは生活の利便性からのことなので、厳密なものではなかった。実際、モスクのある街区にキリスト教徒やユダヤ教徒が住んでいる例は少なくない。

一方、町全体で見ると、その暮らしは、富裕な人々が行う大規模な宗教寄進によって支えられていた。例としてサラエヴォの町をみてみよう。一七世紀後半にサラエヴォを訪れた旅行記作者のエヴリヤ・チェレビーは、町には次のものがあったという。すなわち、町は一〇のキリスト教徒の街区と二つのユダヤ教徒の街区を含む一〇四の街区からなり、そこには七七の大モスク☆、一〇〇の小モスク☆、たくさんのマドラサ☆、一八〇の学校☆、四七の神

秘主義教団修道場☆、七つの給食所☆、四〇〇以上の給水施設☆、七〇〇の井戸、一七六の水車◎、五つのトルコ風呂◎、三つのキャラバンサライ◎、二三のハーン（市内にあるキャラバンサライ）◎、一〇八〇軒の店舗◎、一つのベデスタン（高級品を扱う市場）◎、七つの橋、そして、セルビルの正教会とカトリックの教会がそれぞれ一つ、シナゴーグが一つあったとする。

エヴリヤ・チェレビーが旅行記で挙げる個々の数字は、実は語呂あわせや誇張が多くあまり信頼できないが、それでも、彼が、町には何があるべきだと思っていたかは、ここからうかがうことができるだろう。このうち、◎をつけたものは、通常、宗教寄進財として収入をもたらすもの、☆は宗教寄進財によって運営される宗教・慈善施設である。都市は、宗教寄進にかかわる施設で埋め尽くされていたのである。

モスクでの礼拝　モスクは、礼拝スペース、礼拝の呼びかけを行うための塔(ミナレ)、礼拝前の清めのための水場からなる。17世紀、*Alt-stambuler Hof- und Volks leben*, 1925より

サラエヴォの場合、寄進をしているのは、この地に赴任したオスマン帝国の州軍政官が多いが、在地のウラマーなどもモスクを建てている。イスラム的宗教寄進制度により、イスラム教徒と非イスラム教徒がともに暮らすサラエヴォ

のインフラ整備が行われていたことが確認できるだろう。これは、オスマン帝国の諸都市で広く見られたことである。

女性はどこにいたのか

女性と法廷

オスマン帝国に限ったことではないが、前近代の社会において女性がどのような位置にいたのかを知ることは非常に難しい。特に、オスマン帝国の女性の場合、彼女ら自身の書き残したものが極端に少なく、プライベートな世界についての手がかりが非常に限られている。ただし、女性に与えられた法的な権利と、彼女らが、その法の運用のなかでどう行動していたかは、女性に関することがらのうちで、比較的詳しくわかっている分野である。オスマン治下の各地方法廷は多くの女性たちによって利用されていたからである。法廷は、一種の「登記所」としての機能ももっていたので、結婚、離婚、売買、寄進、そして争いごとの解決というさまざまなシーンで、女性は法廷を利用していた。

オスマン帝国ではイスラム法が施行された。イスラム法には、女性の行動規範とその義務・権利について詳細な規定があり、一定の制限内で女性に明確な権利を保障している。男性に比べて明らかに制限されていることから、ここから女性の弱い立場をみてとることもできるし、「明確な権利」を根拠に、彼女らが享受していた法的な保護（そしてその実態）を主張することもできる。法廷記録などにあらわれるのは、イスラム教徒の女性たちが、この両面に影響されながらも、したたかに生きている姿である。

女性への制限と権利

まず制限面をみておこう。イスラム社会一般の特徴として、ここでも、社会生活上の男女の住み分けは明確だった。これは公からの女性の排除とみることもできるし、彼女らが男性中心の社会とは異なる「別の世界」に住んでいたともいえる。オスマン史上、表の政治に登場する女性としては、わずかにスルタンのハレムの女性群が挙げられるのみである。政治の場に宮廷関係者以外の女性の名が登場することは、一九世紀後半に至るまでほとんどなかった。

法的な制限は、父親等からの遺産の相続権が男性兄弟の半分であること、各種の契約や裁判において男性の後見人を必要としたこと、伴侶となる男性が複数の妻や奴隷女性を所有する権利を持ち、妻・母としての権利が男性に対し一対一には保障されていなかったことなどが挙げられる。結婚における女性の不利な状況は、男性に対し、先払い婚資金（結納金にあたる）と、後払い婚資金（離婚慰謝料にあたる）が義務づけられていることによって一定程度補われたが、今日の感覚でいえば、不公平な条件下に置かれていたことには疑いがない。離婚も男性のイニシアチブで行われ、女性から要求することは難しかった。

ただし、前近代の社会のなかで、この状況をどう判定するかは議論のあるところである。結婚は、非常にお金のかかることだったため、複数の妻をもつ男性は全体の五パーセント程度と少数だった。むしろ、妻にとっての脅威は夫が所有する奴隷身分の女性の存在であったといわれるが、女性の奴隷は、富裕層のステイタス・シンボルとなるほど「高価」な存在であることから、それをもつ者も富裕層に限られた。なお、奴隷女性から生まれた子供と、妻から生まれた子供は法的にまったく区別されなかった。これは、妻の立場からは不利なことだったといえよう。

このように、複数婚や奴隷女性の所有は、「庶民」には縁のない話だったと思われるが、富裕なエリート層では日常の物語だった。これがもたらした感情面での複雑さは想像に難くないが、その内情を知る材料は多くはない。一人の男性のもとにある、妻（一人ないし、複数）、母、奴隷の女性、女性使用人、ごくまれに宦官、そして子供たちからなる「家」は、ハレムと呼ばれる。スルタンのハレムは、その最大のものだった。あわせて、そのハレムのメンバーが利用する空間が、住宅のなかでハレムとも呼ばれた。トプカプ宮殿のハレム部分は、これにあたる。これに対し、住宅のなかの、男性を中心に外来者に開かれた部分（すなわち客間）は、トルコ語ではセラームリキと呼ばれた。

住宅をハレムとセラームリキに区切り、社会全体で女性を男性の視線から隔離する慣習は、一方では、女性の世界をつくり出した。女性だけの世界の広がりは、予想されるよりも自由で豊かなものだったと思われる。まず、住宅や街区は、基本的に女性のための空間だった。それらには、視線をさえぎったり、外来者と内部の人の動線を区別する工夫が施され、女性が快適に暮らせるつくりとなっていた。また、親戚の訪問、聖者廟などへの参詣、トルコ風呂通い、バザールでの買い物など、外出の機会も少なくはなかった。一八世紀、エリート層の女性たちの間で、郊外の庭園や緑地への行楽がさかんに行われたことは、よく知られている。もちろん、こうした行楽の特権をもつのは富裕なエリート層に限られたが、どの階層の女性も家に閉じこもっていたわけではない。

ピクニック　イスタンブルの金角湾を見下ろす緑地でピクニックをする女性たち。泉から水を汲む姿も見える。M. Melling, *Voyage pittoresque*, 1819 より

モンタギュー夫人の見たオスマン社会

一七一七年にイスタンブルを訪れたイギリス大使の夫人であるモンタギュー夫人は、オスマン帝国の女性について、次のような見聞を書簡に記している。すでにヨーロッパでは、東方の女性に対しエキゾチックで妄想に満ちたイメージが広がり始めている時期である。しかし、彼女は、好奇心豊かにオスマン社会に分け入り、女性独特の視点でその姿を描写している。彼女は、イスタンブルに向かう途中、ソフィアでイスラム教徒の女性が利用するトルコ風呂（ハマム）に、洋服を着たまま（！）入って、次のような見聞を残している。

朝の一〇時に浴場へと向かいました。朝だというのに、そこにはもうたくさんの女性たちが来ていました。……おしゃべりをしている者や、手仕事をしているものがあるかと思えば、コーヒーやシロップ水を飲んでいる者もいます。クッションの上に横になっている女性のかたわらでは、たいていは十七、八の、かわいらしい奴隷娘たちが巧みな指さばきで髪の毛を編んでいるのです。ひとことで言うならば、これはロンドンのコーヒー店の女性版でしょう。ここでは、町中のニュースや噂話などが語られるのです。女性たちは、週に一度くらい、こうして浴場へやってきては楽しんでいるようでした。そして、少なくとも四、五時間ほどの時間を過ごしていますが、熱い風呂から急に涼しい部屋に入っても風邪をひくこともありません。（紺野文・著者共訳、以下同）

トルコ風呂は社交の場だった。水音とざわめきのなかで、裸の女性たちの優雅な付き合いが行われていたのだ。さらに、モンタギュー夫人は、彼女が接した上流の女性たちが、自分たち「だけ」の世界をつくり、夫さえも欺（あざむ）いていることに、驚嘆している。

トルコの女性たちはどんな身分の女性も、通りに出る際には、必ず顔や頭を隠す二枚のモスリンと身体全体を覆うコートを身に着けなければならないために、私たち以上に自由であるのは明らかです。この服装はとてもうまく身分を隠してくれます。身分の高い貴婦人でも奴隷であっても、たいした違いはありません。通りで、嫉妬深い夫が妻に出会ったとしても、自分の妻だとはわからないのです。……こうしていつも仮面舞踏会をしているようなものなので、女性たちは、見つかる危険などなしに、自分の好きなことをすることができるのです。……さらに、女性たちは、夫の怒りなどあまり気にする必要はありません。なぜなら自分自身が財産を持っていますし、離婚の際には、さらに夫から妻へ支払わねばならないお金もあるのです。そんなこんなで、私から見ると、トルコでは女性たちだけが自由なように思えるのです。

ベールで隠れた「別の世界」があることを、モンタギュー夫人は直感的に感じとったようである。彼女自身、オスマン風の衣装を着て、町に繰り出している。ベールは外国人であることも隠し、自由な行動を保証しただろう。複数婚についての彼女の観察も興味深い。偏見にとらわれず、オスマン社会がごく普通の社会だとの感想を述べている。

オスマン風衣装をまとうモンタギュー夫人

確かに、法律では四人の妻を持つことが認められています。でも、身分の高い男性でさえ、そのようなことをしている人はいませんし、妻がそれに耐えている例も聞いたことがありません。夫が浮気をすることになれば、夫は愛人を離れた家に住まわせ、イギリスにもあるが如くできる限りひそかに彼女を訪れます。数多くの身分の高い男の人の中で、私の知る限り、唯一たくさんの女奴隷を持っているのは、財務長官です。彼は放蕩者といわれ、妻は、同じ家に住んでいるのにもかかわらず、彼に会おうとはしません。

女性の財産所有

モンタギュー夫人の見るとおり、女性の地位は、女性の財産権によって保障されていた。妻の財産が夫の財産と完全に区別されるのは、イスラム法の大きな特徴である。夫のものは夫のもの、妻のものは妻のものだったのである。自身の親から相続等によって獲得した財産や婚資金は、夫に対しても、社会的にも、女性の地位を保障する役割を果たしていた。女性は、彼女が接触をしてもいい男性（父、兄弟、夫、息子）や、女性行商人などを利用し、都市の経済活動のなかで自分の財産を運用、蓄財もしている。富裕な家々を回る女性行商人は、女性たちの生活に欠かせない存在だった。女性行商人には非イスラム教徒が多かったとみられる。

たとえば、一七世紀にイスタンブルの大バザールの店舗の営業権を買った人々について調べてみると、その二四パーセントは女性である。営業権の価格は、月額家賃が二〇銀貨のときに、平均で四万三〇〇〇銀貨である。営業権は高額であるため、三分の一、二分の一などに分割して売買された。もちろん、彼女らがこの店を自分で経営しているわけではなく、彼女らは、さらにそれを商人・職人に貸し出しているのである。こうした不動産ビジネスに乗り出している女性の数は少なくない。営業権は子孫に相続させることもできた。彼女たちは、おそらくは代理人を使ってこのような契約をしていたのだろう。各種の投資をし効果的に財産を運用することは、貨幣経済の浸透したオスマン社会ではごく一般的なことだった。

イスラム教徒の女性が、自分の財産を宗教寄進財に指定する慣行も非常に広範に見られる。一六世紀のイスタンブルでは、宗教寄進を行っている者の三七パーセントが女性だった。アレッポについてのある研究では、女性の寄進者が占める割合が、一六世紀には六パーセント、一七世紀には二六パーセント、一八世紀には三七パーセント、一九世紀には四四パーセントと、時代とともに増えている。法的に完全な私財しか寄進することはできなかったから、この慣行の広がりは、女性が寄進できるほどの財産をごく一般的に所有していたことを示している。

宗教寄進は、一義的には、来世に備える宗教的な善行であるが、実際には、自分の財産をイスラム法が定める均等相続の対象とせず、望む相手（多くの場合、娘など）に引き継がせるという動機から行われていた。女性が寄進しているもののなかでは、住宅がもっとも一般的であるが、富裕な女性の場合には、店舗や貸家などの商業物件、利子で運用する現金など、男性寄進者と変わらず、そのバラエティは広がっている。

ここでは、自分の所有する賃貸住宅を宗教寄進財に指定した、ごくささやかな寄進の例を紹介しよう。以下は寄進文書の要約である。

イスタンブルのある街区に住むネフィーセという女性は、彼女の所有する二室、納戸、中庭、厠からなる住宅をヒジュラ暦九一四年（一五〇九年）に寄進している。寄進条件は、「この住宅を一年五四〇銀貨で賃貸する。その収入は、自分が生きている間は自分が使い、その死後は、解放奴隷の夫婦ファーティマとフルシードが使い、その後は、彼らの子供たちが使い続け、修理などは自分たちで行う。その家系が絶えたなら、アリー・ベイ・モスクで夜明けの礼拝ののちにイマーム（導師）にコーランの三〇分の一を毎日詠ませ、一日一銀貨を払う。収入の一〇分の一は管財費とする。管財人にはムスタファがあたり、ムスタファの死後は、前述のアリー・ベイ・モスクのイマームがその管財人となり財源の保全にあたる」というものである。

ネフィーセという女性については、父親の名がハムザということ以外はまったく不明である。彼女は、自分の元奴隷に事実上その財産を残し、いずれその血筋が絶えたら街区のモスクのイマームの管轄下で寄進財を運用し、その見返りに自身の魂の安寧のためにコーラン詠誦を依頼しているのである。

先にみたサラエヴォ同様、イスタンブルの町は、男性や女性が個人の立場で、私財としてもつ不動産と、私財から宗教寄進された不動産に埋め尽くされていた。所有や寄進の場に女性がいたことを忘れてはいけない。

衣装の贅

女性が外出時に目立たぬベールをかぶっているからといって、彼女らが、着飾っていなかったことを意味するものではない。服装は、女性が暮らす「別の世界」のなかで、美しさを求めるだけでなく、その社会的地位を象徴する重要な意味を持っていたからである。

女性の服装は、シャルワルと呼ばれるパンツ、長袖で胸元の大きくあいたブラウス、その上にエンターリと呼ばれる半袖で裾の長いベストを着て、その上から帯をしめ、さらに季節に応じてジュッペと呼ばれるローブを羽織る(はおる)のが基本だった。先に引いたモンタギュー夫人は、彼女の接した上流の女性たちの衣装が高価な布で作られ、真珠やダイヤで美しく飾られていたことを記している。富裕な女性の財産目録を見ると、金と宝石は特に重要な持ち物である。財産をもつ女性は、都市の消費者としても重要だった。

モンタギュー夫人は、オスマン女性の衣装を入手し、肖像画にも描かせている（二五三頁）。彼女が伝える女性の髪形からは、女性がいかに美を競っていたかがうかがわれる。

帽子はたいてい頭の片側にのせ、金の房飾りが垂れ下がるようにし、ダイヤモンドの輪か、豪華な刺繡をほどこしたハンカチが巻きつけられます。頭のもう片側には、髪の毛をまっすぐに下ろしますが、女性たちは思い思いに好きなものを飾ることができます。……なかでも今一番流行(はや)っているのは、本物の花に見えるような、宝石でできた花々をつけることです。つまり、真珠のつぼみ、さまざまな色のルビーの薔薇、ダイヤモンドのジャスミン、トパーズの水仙などをつけるのです。どれも皆美しくつくられ、エナメルが塗られているので、これほど美しい飾りはないと思われるほどです。後ろに垂れ下がった豊かな髪は、房に分けられ、真珠やリボンなどが編み込まれます。

豊かさと権威の象徴・毛皮

女性の服飾のなかで特に重要なものは、毛皮をあしらったローブだった。ローブ全体の裏側や襟元を飾るセーブルやアーミン、ヤマネコなどの毛皮は特別に高価で、その社会的地位を象徴している。一八世紀のイスタンブルに生まれたアルメニア人のドーソンの記述によれば、「秋が深まるころアーミンが着られる。三週間もするとシベリア・リスの季節になる。冬はなんといってもセーブルで、春が来ると再びシベリア・リスが着用される」という。このような贅沢ができた人々がどれだけいたかは定かでないが、毛皮はイスタンブルの富の象徴だったのである。

これは男性の場合も同様である。スルタンが高官を任官する際に毛皮を贈ることは、中央アジア、あるいはイスラム世界の諸国家の伝統でもあった。スルタン自身も高価な毛皮を身に着けていた。スルタンの宮廷で身に着けられる毛皮は位階を表すものだったが故に、その着用に自由な選択はなかった。宮廷では、夏の毛皮から冬の毛皮に切り替わる日は、衣替えのように、スルタンの命によって定められていた。

高価な毛皮の主な産地は、ロシア南部や黒海北岸のアゾフ地方、コーカサスなどである。

女性の衣装　シャルワル(ズボン)―ブラウス―エンターリ(ベスト)―ジュッベ(ローブ)の順に重ねる。髪は独特のまとめ方をする。右は18世紀の画家レヴニーが描く踊り子、1720年頃。左は毛皮のジュッベを着た貴婦人像、1740年。ともにトプカプ宮殿博物館蔵

イスタンブルにもたらされた毛皮は、最初に宮廷の需要のための品定めが行われ、相当数が買い上げられた。残りが市場で売りに出されたわけである。一六世紀、オスマン帝国がモスクワ公国に商人を送り、セーブルを入手させている記録もある。位階を表し儀式には欠かせない毛皮の入手に、人々がいかに熱心であったかがわかるだろう。

スルタンの皇女と母后たち

イスタンブルの上流の女性のなかで特に目立つ女性は、スルタンの皇女たちだった。皇女は、ほとんどの場合、上級の軍人政治家と結婚し、宮廷を出て市中の暮らしを

エジプト・バザール　港に近いユダヤ教徒地区を再開発し、新たに建設された。香辛料の取り引きが多かった。著者撮影

しているためである。さまざまな条件で決まるこうした政略結婚が、適切な年齢同士の組み合わせになるとは限らない。このため、老齢の軍人政治家と結婚し、夫との死別の結果、何度も結婚を繰り返している皇女の例も多い。贅沢で、金食い虫の彼女らの面倒をみさせることは、上級の軍人政治家の蓄財を適当に減らすための方策と化していたほどである。これも、女性の世界に富を還流させる一つの方策だったといえるかもしれない。

そのような例としては、一七世紀中葉に大宰相を務めたメレク・アフメト・パシャが七〇歳を過ぎてから、アフメト一世の娘（といっても、すでに六〇歳近い）を押しつけられた話がよく知られている。すでに何度か結婚している彼女は、メレク・アフメト・パシャに膨大な額の生活費を要求し、彼は、いやいやこれを引き受けさせられている。メレク・アフメト・パシャの政敵が、「彼には象を養ってもらおう」といったという話には笑えるが、情報源が先にサラエヴォの描写で引いたエヴリヤ・チェレビーなので、あまりあてにはならない。しかし、ありそうな話ではある。真偽はともかく、こうした噂がイスタンブルの人々の生活を彩っていたことは確かだろう。

ただし、オスマン帝国では、女系にはまったく継承権が認められていない。皇女の子には特別の権利はなく、その子が軍人となれば、「スルタンの奴隷」とみなされた。

富裕なハレムの女性、特にスルタンの母后たちは大規模で公共的な宗教寄進を行った。寄進は彼女らの名のもとに行われ、その美徳が称(たた)えられた。こうした宗教寄進のうちメフメト四世の母后トゥルハン妃の寄進は、特に名高い。彼女は、イスタンブルの中心地で五〇年以上にわたって建設が中断していたイェニ・ヴァーリデ・モスクを完成させ、その隣に現在もエジプト・バザールとして知られる大商業施設を作っている。トゥルハン妃によるこの建設は、イスタンブルの港湾部の再開発に重要な役割を果たした。

同時に、このモスクには大きな墓廟も付属した。そこには彼女のみならず、その息子のメフメト四世、さらに、歴代四名のスルタンやハレムの女性が多数、葬られている。スルタン自身よりも、自由に財産を使うことができた彼女らを利用して、都市の再開発や必要な施設の建設が行われていたともいえるだろう。

さらにトゥルハン妃は、エーゲ海からイスタンブルに至る要衝(ようしょう)ダーダネルス海峡に、彼女の資産を使って軍事要塞を作っている。ヴェネチアが行ったダーダネルス海峡閉鎖がキョプリュリュ・メフメト・パシャの活躍で解決した翌年のことである（一九四頁）。この城塞には、しばしばキョプリュリュ家の大宰相やメフメト四世が訪れている。この事業は、財政の逼迫(ひっぱく)した政府が彼女の資産をあてにして実施したものと思われるが、彼女の名声を高めたことも事実である。ハレムの女性の行動が、政治の場にも及んだ例の一つである。

詩人たち

オスマン詩の世界

ここでは近世オスマン社会を生きた人たちのなかから詩人をとりあげる。これまでもみてきたように、オスマン帝国の芸術のなかで、詩は人々にもっとも身近な芸術であり、また詩人は支配層と被支配層をつなぐ存在でもあったからである。オスマン詩とここで呼ぶのは、オスマン帝国の人々によって書かれた詩、といった程度の意味である。オスマン帝国の教養ある人々はペルシャ語でも詩を書いたが、多いのはトルコ語の詩である。

ただし、このトルコ語は、オスマン語（オスマンルジャ）と呼ばれるものである。ペルシャ語、アラビア語の単語が大量に取り入れられ、トルコ語では「鳥の声」というところを、「声—鳥（の）」と表現することに代表されるペルシャ語の言い回し（統語法）が頻繁に用いられ、極端に外来要素の多い言語である。実際、このオスマン語を自由に操るには、アラビア語、ペルシャ語の知識が必要だった。さまざまな母語をもつ人からなるオスマン帝国の中心部では、トルコ語が母語である人も含め、すべての構成員が学んで身につけたのがオスマン語だったといえよう。

とはいえ詩人ナービー（一七一二年没）は、アラビア語、ペルシャ語の要素をふんだんに使った詩と、トルコ語の単語中心のシンプルな詩の両方を書いている。ここからわかるように、詩人たちは、聞き手・読み手を考えて詩の難易度を使い分けることもあったのである。そのあたりは、中国語詩（漢詩）も書けば俳句もつくるという、江戸時代の日本の知識人と似ているかもしれない。

詩人の広がり

オスマン詩の創作にあたってもペルシャ語詩のルールが全面的に採用され、アルーズと呼ばれる音の長短で作る韻律のほか、脚韻の各種規則が忠実に守られた。その意味で、オスマン詩は規則の塊（かたまり）であり、誰でもが心情のおもむくままに口にできるというものではなかった。しかし、一六世紀以後、さまざまな形での教育の普及とともに、オスマン語で詩作をする人はオスマン帝国の各地に現れ、我こそはと思う人々は首都イスタンブルを目指して集まるという状況が生まれていた。第四章で引いたハイレティーはマケドニア出身、ドゥカーギンザーデ・ヤフヤーはアルバニア出身でイェニチェリの軍役の合間に詩を学んだ人物である。第五章で挙げたバーキーはイスタンブル生まれであるが、第七章で紹介するナービ

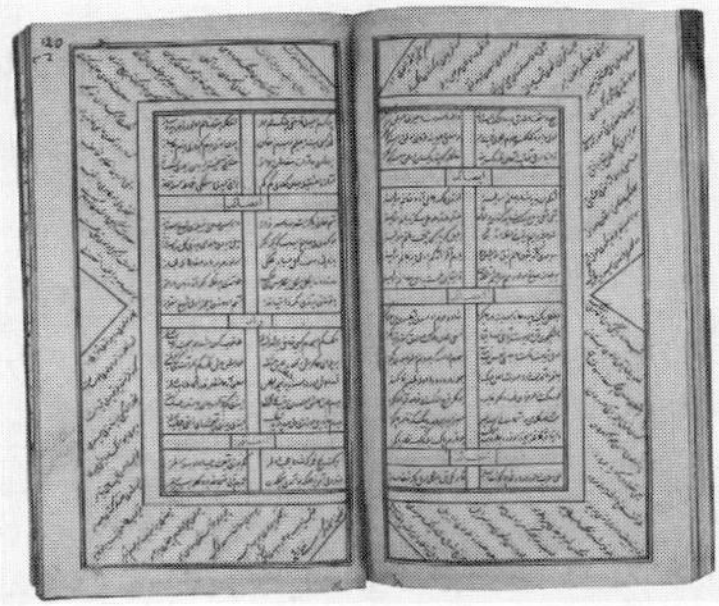

詩集（ディーヴァーン）の写本　これは、16世紀の詩人ザーティーのもの。スレイマニエ図書館蔵

ーはシリアに近いウルファ、ネディームは東アナトリアのエルズルムの出身である。地方にもオスマン詩の詩人を輩出した町は多い。

彼らが、なぜイスタンブルに集まったかといえば、それは、バーキーの例でみたように、有力者に献上される詩は出仕のための足がかりであり、そうでなくても褒美を期待できる商品だったからである。この結果、オスマン詩のなかでは、カスィーデと呼ばれる特定の人物に捧げる詩が大きな割合を占めるようになった。その発達は、官職につくためにインフォーマルな社会関係が重要になる一六世紀からであり、一七世紀、一八世紀を通じて多数のカスィーデの作品が著された。

カスィーデ以外の詩のジャンルでは、恋愛や酒宴など人生の喜びを謳うガザル、宗教詩に多い二行連句のメスネヴィーなど、ペルシャ語詩で発達した伝統詩の各ジャンルの作品がつくられた。さらにシャルクと呼ばれるおそらくメロディーをつけて歌われた詩など、オスマン帝国時代に独自に発達したジャンルもある。

バーキーの例でみたように、この時代、「詩人」という職業が成立していたわけではない。しかし、詩人名（ペンネーム）をもつ人は多かった。なお、詩には必ず詩人名がつかわれ、本名で書かれることはない。オスマン帝国下で盛んに編纂された詩人伝のうち一六世紀のアーシュク・チェレビーは四二七人の詩人を挙げる。一八世紀に活躍した詩人としては、諸詩人伝から一三二二人の名が知られる。この一三二二人のうち、一六八人が詩集（ディーヴァーン）を編纂するに至っている。

詩集にも細かな規則があり、数種のジャンルの詩を網羅し、決まった並べ方をしなくてはいけない。一生の作品をまとめるもの、と了解されていたので、こうした詩集を編纂できることは、「功なり名をとげた」証とみなされていた。これから考えると広義の詩人（一三二二人）のうち、少なくとも一二パーセント程度（一六八人）は、「プロ」として活躍していたと想定することができるだろう。

ネフィーのカスィーデ

ここで一七世紀の最大のカスィーデ詩人といわれるネフィー（一六三五年没）の作品を紹介しよう。彼は、スルタンや大宰相をはじめ、時の要人たちにカスィーデを書いた詩人だが、同時に、ヒジュブと呼ばれる風刺詩の名人としても知られる。要は、褒めるにせよ、貶すにせよ、人を描くのを得意とした詩人だった。次に紹介するのは、ジェラーリー反乱討伐の立役者として紹介した軍人政治家クユジュ・ムラト・パシャを詠んだカスィーデである。クユジュ・ムラト・パシャはイランとの戦役でも活躍した。

ああ、貴方は、このアナトリアから、賊を払い、安寧をもたらした
貴方は、イランの国に、争いの喧騒をもたらした
貴方の剣への恐れから、あの国の主は逃げ惑った
インドの地へ、ブハラの辺境へと、彼らは逃げ惑う

さあ、行ってそこを征服せよ、そこは不毛の地
彼らはそこに、自分が隠れるさびしい穴倉を見つけることだろう
さあ、進軍の土埃(つちぼこり)で、敵の目を盲目にせよ
イスファーンの貴人たちよ、夢のなかで光を見るがよい

ジェラーリーの賊やイランの軍人たちを破り、彼らをさびしい穴倉に追いやるだろう、という詩だが、実は、この詩は、クユジュ(=井戸掘り)・ムラト・パシャが、かつてサファヴィー朝との戦いで井戸に落ちて気を失い、敵の捕虜となったという話をうけているとみられる。昔の古傷に塩を塗るようにもみえるこの詩は、献上先の当のクユジュ・ムラト・パシャにほんとうに喜ばれたのだろうか。それは知る由(よし)もない。

実際、彼には敵も多かった。その風刺詩で恨みを買っていたからである。彼は一六三五年、突然、ムラト四世により、彼を恨む軍人に引き渡され、殺されて海に捨てられたという。「スルタンの奴隷」ではない詩人がスルタンの命令だけで命を落としたことは、一方でスキャンダルだった。しかし、宮廷出入りの詩人が、超法規的処罰の対象となるのは、想定できる危険だったろう。はっきりした原因は知られていないが、風刺詩のせいだというのは、年代記の作者たちの多くが記すところである。

高官たちの宴席とコーヒー店

ネフィーが出入りしていたスルタンや有力な軍人政治家の家での宴席はメジュリスと呼ばれる。もっとも成功した詩人は、宮廷でのメジュリスに加わり、スルタンらの作品を添削する栄誉に浴した。有力な軍人政治家たちのもとでも同じ光景があった。お抱えの詩人がゴーストライターになり、主人の名で作品をつくることもあったという。

メジュリスは、詩を披露し、またそれを批評しあい、詩を超えてつながりを築く場だった。ただし、メジュリスの場は、一六世紀後半以後、市中にも広がっていった。それはコーヒー店の拡大とともにもたらされた。年代記作者のペチェヴィーはイスタンブルの町にコーヒー

コーヒー店　手前にはゲームをする人、中段には詩を詠む人、上段右ではコーヒーをいれる店員の姿が見える。コーヒー店は男性だけの世界だった。16世紀後半、チェスター・ビーティー図書館(ダブリン)蔵

という飲み物が紹介され、それがコーヒー店の誕生を生んだ様子を次のように伝えている。

ヒジュラ暦九六二年（一五五四／五五年）に至るまで、首都イスタンブルや帝国のバルカン領にはコーヒーやコーヒー店は存在しなかった。この年、アレッポからハケムと名のる者、ダマスカスからはシェムスという名の者がイスタンブルにやって来て、タフタカレ地区にそれぞれ大きな店を開き、コーヒーを売り始めた。物見高い酔狂な人々、とくに文人たちが多くそこに集まるようになった。そして、それぞれの店に二〇、三〇の集まりができ、あるものは書や詩集を読み、あるものはバックギャモンやチェスに興じ、あるものは自作の詩を持ち込んで才能を披露した。人々はそれまで大金をはたいて友人たちを家に招いて宴席を用意したものだったが、コーヒー店ができて以来、一、二銀貨のコーヒー代を払って、コーヒー店で交友の楽しみを味わうようになった。

ハレブ（アレッポ）からハケム、シャム（ダマスカス）からシェムスが来たというあたりは語呂合わせとしか思えないが、おおよそこの時期にコーヒー店が広がったことは、他の史料からも確認される。とはいえここにあるように、すべてのメジュリスがコーヒー店での集まりにとって代わられたわけではないだろう。この記述は、むしろ、コーヒー店が広まり、同時に、詩を披露する場が増え、それを楽しむ人々も増えたことを意味している。

カスィーデの流行にみるように、オスマン詩のテーマは、一五世紀まで主流であった宗教的、神秘主義的なものから、現世的、日常的なものに変わっている。一方では難解な詩、詩人ナービーの表現を借りれば「アラビア語の辞書のような詩」が書かれ、教養が披露されたが、シャルクのような節をつけて歌われる詩も流行している。これは、詩の消費の場所が、社会の各層に広がったことの表れだろう。

愛を謳う

現世的、日常的な光景がテーマとなったオスマン詩のなかで、もっとも一般的、普遍的な素材は「愛」だった。詩の韻律の規則の制約のなかで、神への愛、勇者への愛、恋人への愛を謳う、というのが、オスマン詩のもっとも普遍的な形である。

愛の描き方にもルールがあった。登場人物は常に「愛するもの」と「愛されるもの」に二分され、詩人は、「愛するもの」の側に立って描くという手法である。そこには、上下関係があり、常に「愛されるもの」が優位にある。優位なものは、太陽や月、薔薇、春などで表象され、「愛するもの」は常にそれに恋い焦がれ、振り回され、時に裏切られる。恋人の心情は語られず、詩に描かれるのは常に「愛するもの」の心情である。こうした詩の世界の約束事を均整のとれたものに仕上げたのが、先に挙げたバーキーだった。その伝統は、バーキーの師にあたる一六世紀前半の詩人ザーティー（一五四六年没）に始まるといわれる。次に挙げるのは、そのザーティーの作品である。

太陽の光から、美しい月を隠していた、そのベールがとりのぞかれると
そのとき、この一万八千の世界は、どこまでも光に満たされた
兄弟がヨセフを井戸に残したというが
ヨセフが、その美しい月を夢に見て、恥ずかしさのあまり地面に隠れたもの
上から下まで、九つの天は、彼への愛で沸き立ち
地表は、彼への愛の酔いで、朦朧(もうろう)となる
その美しさを謳った書のどこを開いても
それを聞くものの悲しみを霧散させ、心を開け放つ
ああ、神よ、審判の日、このザーティーを彼とともに導け
地獄の苦しみから救い、喜びへと導け

旧約聖書の創世記に登場するヨセフ（ユースフ）はイスラムの伝承では、もっとも美しい少年を表すことから、「月」で表象されているのは若い少年である。恋人への愛を謳う際、その恋人のほとんどが男性である点もオスマン詩に共通する特徴である。イラン社会が同性愛を否定的に捉えず、詩や絵画にその様子が描かれてきたことはよく知られているが、オスマン帝国下の社会も、その点では同様であった。現在のトルコ文学研究の世界でもようやくタブーが緩み、少年の美や彼らへの愛を謳った詩を「神への愛のレトリック」だという苦しい説明は、徐々に時代遅れのものになりつつある。感情豊かに男性、特

に少年への愛を描いた当時の膨大な数の作品群は、多様な人間関係が日常のなかにあったことを今日に伝えている。

少年愛

恋愛に関する当時の状況は、一六世紀後半に生きた、財務官僚で文人のゲリボルル・ムスタファ・アーリーの次のような観察からもうかがえよう。

少年とのつきあい　「髭のない少年」を伴う姿を描いている。ワルシャワ大学図書館蔵

私たちの時代、髭（ひげ）がなく頬の滑らかな感じのよい少年の人気は、男性以外の人々をはるかに上回っている。魅力的で美しい女性の類（たぐい）よりも、である。なぜなら、美しい未婚の女性は咎（とが）めを恐れて常に身を隠す準備をしているからである。しかし、若い少年とのつき合いは、社交への入り口のようなものだ。その入り口は、秘密のものにせよ、オープンなものにせよ、その鍵は開いている。さらに、頬の滑らかな少年は、その主人にとって、戦場でも家でも、友であり、同伴者である。しかし、この観点からみると、女性のうちで月のように美しい者たちは、親友にも、一緒に暮らす相手にもなるこ

とがない。

一六世紀の詩人伝の著者アーシュク・チェレビーは、そのペンネーム、アーシュク（愛するもの）の由来を、自身の美しき若者への溺愛（できあい）からと説明している。実際、その詩人伝には、自身の恋愛を含め、多数の恋愛にまつわる話が詰まっている。たとえば、アーシュク・チェレビーが恋人（もちろん男性）に去られた年号を、友人の詩人カンディーが、数字を読み込む手法で詩に残した、といった逸話である。いつからか（おそらく一九世紀後半に始まる変化だろう）タブー視されることになるこうした関係や感情が謳歌（おうか）された時代に、オスマン詩の多くはつくられた。

第七章　繁栄のなかの不安——一六八〇〜一七七〇

戦争の陰で起きたこと

第二次ウィーン包囲

第五章でたどった歴史を続けよう。時は一七世紀末である。黒海北西岸でのポーランド、ロシアとの戦争に区切りがついた一六八三年、大宰相カラ・ムスタファ・パシャは、対ハプスブルク家オーストリアとの戦争に踏み出した。オスマン帝国のヨーロッパ領が最大に達した直後である。キョプリュリュ家の一員として育ち、その娘婿でもあったカラ・ムスタファ・パシャは、すでに軍事行動の範囲の限界が多くの人々に意識されていたにもかかわらず、おそらくはその功名心から、スルタン・メフメト四世を伴い、ウィーンの征服に向かったとみられている。

この包囲戦はオスマン軍優位に進み、実際、城壁の突破にあとわずかというところまで迫ったが、ポーランドの援軍がオスマン軍の背後を襲ったことで形勢が逆転し、カラ・ムスタファ・パシャの軍は大きな被害を受け撤退した。この逆転が偶然なのか必然だったのかは議論が分かれるところだが、境界線を越えたウィーン遠征の失敗よりも、その後に続いた長い戦争の方がオスマン帝国に大きな打撃を与えた点では異論がない。惨敗に終わったとはいえ、ウィーン包囲はオスマン帝国の側がしかけた戦争だった。しかし、その後の戦争では概して受け身に回ることが多くなったからである。この間に、オスマン帝国の軍事体制が構造的な問題を抱えていることが、次第に明らかになってきた。

カルロヴィッツ条約

ウィーンでの勝利を受け、ヨーロッパ側にはオーストリア、ポーランド、ヴェネチアの大同盟が成立した。同盟軍は、一六八六年にハンガリー領の中心都市ブダを、八八年にはドナウ川の要衝ベオグラードを奪った（ベオグラードは九〇年にオスマン軍が奪回）。またエーゲ海ではヴェネチアがペロポネソス半島を獲得した。オスマン軍は、九七年に北セルビアのゼンタでサヴォイ公オイゲン率いるハプスブルク軍に敗れ、一六年間続いたハンガリーをめぐる戦いの続行を断念し、九九年にカルロヴィッツ条約を締結した。

同条約によりオスマン帝国はハンガリーの領土の喪失を認めた。こうして、一六世紀から一五〇年間続いたオスマン帝国のハンガリー支配は終焉した。あわせて、同条約により、同じく一五〇年間オスマン帝国の属国の地位に置かれてきたトランシルヴァニアがオーストリアの配下に入り、また、ハンガリーとアドリア海をつないでいたスラヴォニア地方（東クロアチア）はオーストリアに、ダルマチア地方（西クロアチア）はヴェネチアに割譲された。この結果、バルカン西部ではボスニアとセルビアがオーストリアとの境界となった。また途中から同盟軍に加わったロシアは、一六九六年に、黒海奥のアゾフを奪った。

カルロヴィッツ条約によりオスマン帝国ははじめての大きな領土縮小を経験した。ただし、一八世紀に入るとその一部は再征服されていることから、オスマン帝国が敗北を最終的な領土喪失と認識していたとは思われない。問題は大宰相やその他の司令官の失敗やスルタンの指導力に帰され、国内の有力軍人政治家の間の派閥闘争は激しさを増すばかりだった。

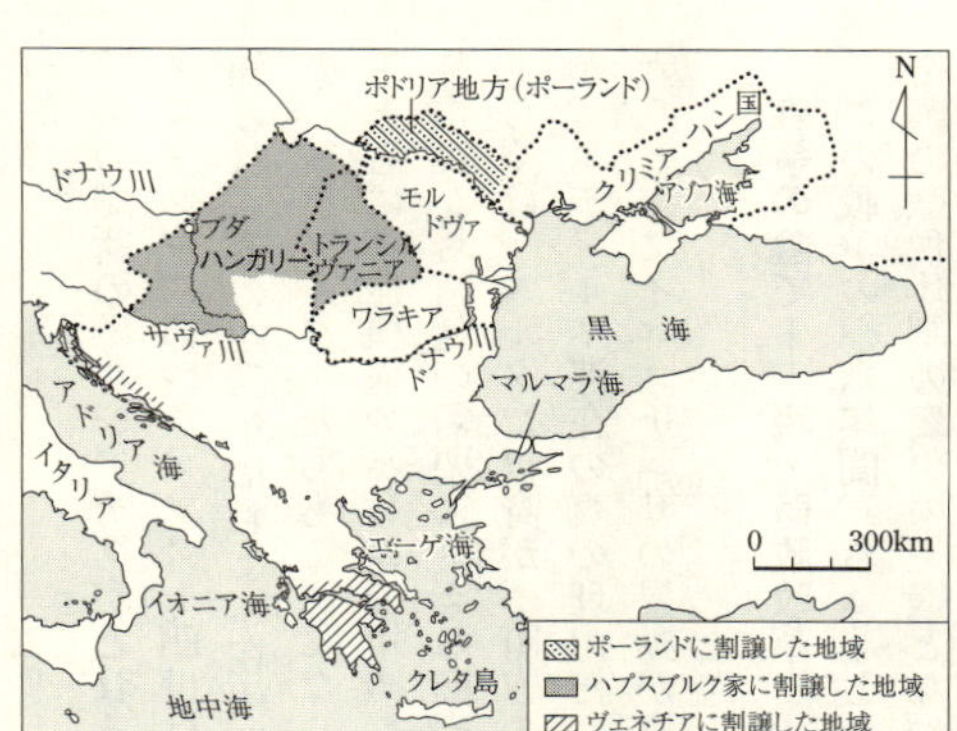

カルロヴィッツ条約で失われたオスマン帝国の領土

この時期、有力軍人政治家に率いられるオスマン軍の構成は、ますます雑多になっていた。一八世紀初頭、遠征に従軍する兵のうちスルタンの常備軍は五分の一を占めるにすぎず、残りは、非正規兵や軍人政治家の私兵軍が埋めていた。境域の城塞の守備には、一七世紀中葉まではイェニチェリ守備兵（約一割）と、免税特権を得たキリスト教徒を含む在地出身の非正規兵（約九割）があたってきたが、ハプスブルク家の攻勢の前に、キリスト教徒臣民の忠誠を期待することも難しくなった。後述するイェニチェリ軍を筆頭に、オスマン帝国の軍事体制は大きな岐路にさしかかりつつあった。

軍の刷新のイニシアチブがとれる指導者も依然、現れなかった。一七世紀後半に四〇年間スルタン位にあったメフメト四世は、狩人（アヴジュ）と渾名されるほどの狩り好きとして知られ、その四〇年におよぶ在位期間のほとんどを、狩場に近いエディルネで過ごしていた。続くスルタンたちもこれにならい、ほとんどの期間、エディルネに滞在した。スルタンとともに官僚機構やハレムの組織もエディルネにあったので、このことは、イスタンブルの都市民から宮廷の需要に応える商売の機会を奪い、彼らの不満が高まっていた。しかし、おそらくは、スルタン自身が、町方のイェニチェリと結んだ都市民の圧力をきらっていたことが、エディルネ滞在の真の理由だったと思われる。恐れていたとおり、メフメト四世は、一六八七年にイェニチェリの暴動が原因で退位させられた。

戦争の陰で――税・財政改革

この戦争の一六年間、ちょうど一世紀前のハプスブルク家との「長期戦争」が、オスマン帝国の徴税体制の変更の契機となったのと同じように、書記官僚に主導されていくつかの重要な制度やその運用の変更が進行した。それらは敗戦の陰で目立たないが、ドナウ川の向こう側で行われていた遠い戦争以上に、一八世紀のオスマン社会を変えていく効果をもった。

第一は、この一〇〇年来オスマン社会に深く浸透した徴税請負制に、一六九五年、終身契約の原則が持ち込まれたことであった。前述のように、オスマン帝国の徴税請負制は社会に深く浸透し、オスマン帝国の官職者群は、徴税請負制の実施を軸に結びついていたともいえる。

新しい終身契約という方法は、請負人が契約当初に高額の前納金を払い、その後は、定額の納税金を毎年支払う仕組みである。この方法の導入により契約者のタイプは様変わりした。経済力のある軍人政治家や有力ウラマーが、終身契約の多くを競り落としたためである。同時に、競りにかけられる税源の種類も、急速に増やされていった。この制度では、徴税権を買った人がより長期的なスパンで徴税額を増やす努力をするため、農村の保護・開発が進むと期待されていた。

第二は、一六九一年に、スルタンの勅令により、キリスト教徒農民の人頭税徴収方法が改変されたことである。すなわち、これまで慣習的に村などの集団単位で総額の課税がなされていたのを見直し、原則どおり個人個人に課税すること、課税と引き換えに証書を渡して人頭税徴収にあたっての不正を防ぐことが目指された。これは、戦争で人口の減った国境地帯の状況に対応した政策で、このほか酒税の免除なども行われた。バルカンでの戦争の遂行のなかで、キリスト教徒農民のオスマン帝国への忠誠が特に必要であることが意識された結果とみられている。こうした政策は、一八世紀のギリシャ正教会への特別な保護にもつながっていく。

ただし、個人課税の原則から、従来、免税措置を受けていたギリシャ正教の聖職者にも課税が始まったことは、彼らの反発を生んだ。興味深いのは、キリスト教徒の聖職者たちが、

大宰相府の門　オスマン帝国では従来、大宰相から官職者の屋敷が官庁を兼ね、その交代に伴い官庁も移動していた。しかし17世紀中葉から大宰相の居所はトプカプ宮殿に隣接する一角に定まり、そこが恒常的な大宰相府となった。バーブ・アーリー（大きな門、Sublime Porte）は上の写真の門を指すと同時に、オスマン政府そのものを意味した。著者撮影

このような扱いはイスラム法に反するとスルタンに訴え出ていることである。彼らが、依然イスラム法によって統合された世界に生きていたことを示している。

第三は、一六九〇年に新銀貨クルシュが市場に投入されたことである。二五・六グラムの重さをもち、一六グラムの銀を含有する大型硬貨は、それまでの各種の外国通貨に代わり、オスマン市場の基本通貨の役割を果たした。一七六〇年代半ばに至るまで、通貨の安定に貢献したとみられている。

第四は、行政機構の整備が進んだことである。大宰相の仕事場は一七世紀中葉にスルタンの宮廷から独立し、一八世紀までには財務以外の各種行政をとりしきる大きな組織に整備された。こうして大宰相府はオスマン政府そのものになる。一五世紀以来、宮廷に置かれてきた御前会議事務局と呼ばれる文書行政を担当する部局も、大宰相府の下に位置づけられた。徹底した文書主義をとるオスマン帝国では、中央と地方を結ぶ交信、さらにスルタンと大宰相の間のやりとりも、この時代、すべて書式の定まった文書によって行われている。

このうち御前会議事務局の長である書記局長（レイスュルクッタープ）の役割は、一八世紀になると外交に傾いていく。そのきっかけは一六九九年のカルロヴィッツ条約に至る外交交渉を書記局長のラーミー・メフメトが担当したことだった。彼はまもなく大宰相に昇格している。また財務をあずかる財務長官府の業務の範囲も広がり、その重要度が増していった。

こうした変化は、戦争の遂行と並行し、この時期に進行した。この改革の結果、オスマン帝国の財政は改善され、一七二〇年代には、黒字に転じている。

一八世紀前半の戦争

文官であるラーミー・メフメトの大宰相就任に示されるように、一八世紀のオスマン帝国では中央政府のウエイトが主戦派から和平派へ、武から文に移行していった。この影響を受け、カルロヴィッツ条約から一七六八年のロシアとの開戦に至るまでの七〇年間、オスマン帝国では戦争の回避のために努力がなされた。戦争はもはや、富の源泉ではなかったからである。

しかし、相手のあることゆえ、戦争は簡単にはやめられない。またこの間に大きな戦勝もあった。たとえば、一七一一年には黒海北岸のプルートの戦いでロシアを破り、一七〇〇年に割譲（かつじょう）していたアゾフを奪回した。また、ヴェネチアからペロポネソス半島を取り戻し、エーゲ海の制海権を確保した（一七一九年）。しかし、一七一七年から一八年のオーストリアとの戦いでは敗北し、パッサロヴィッツ条約により、ハンガリーの南部とベオグラード周辺を失った。この結果、ベオグラードは、一時ハンガリー領セルビアの首都となった。しかし、オスマン側は一七三七年からの戦争で再びベオグラードを奪還し、一七三九年のベオグラード条約でセルビアへの支配権を回復した。

一方、東方のイランとの戦争も断続的に続いた。一八世紀に入ってサファヴィー朝が弱体化するのをみて、ロシアとオスマン帝国がイランの北部と西部に侵攻したためである。しかし、アフガン系のイランの新支配者ナーディル・シャーの反撃などにより、結果的には長期にわたる戦争を強いられた（一七二四〜四六年）。

イランへの侵攻を例外とすれば、これらの戦争は、基本的には防衛的な性格をもち、また、結果は一進一退であった。オスマン政府は、常に戦争を遂行するための兵と予算の確保に苦労し、いずれの戦争も人々に歓迎されるものではなかった。

イェニチェリ軍の弛緩

こうした厭戦的な雰囲気の背後には、なにより、戦力の主体となるはずの常備軍のイェニチェリが、戦争に対し消極的になっていたことが挙げられる。第五章でみたように、町方で商売や任侠稼業にいそしむ彼らは、好戦的な振る舞いとは裏腹に、次第に訓練された常備軍としての実体を失いつつあったのである。このため出兵の命には理由をつけて極力抵抗した。いまだそれを改革することも、それに代わる新軍を組織することもできないでいる中央政府、特にその官僚組織が、戦争の遂行に消極的だったことは当然予想できる。

イェニチェリの実数の把握も曖昧になっていた。物故者や負傷者がイェニチェリ名簿から削除されず、受けとり手のいない「空（から）」の俸給は政府高官やイェニチェリ司令官の副収入になっていた。こうした事態に拍車をかけたのは、一七四〇年に政府がイェニチェリ株の売買を公認したことだった。この結果、イェニチェリの実数四万に対しイェニチェリ株の数は四〇万に及んだとの報告もある。これらの主たる購入者は、富裕な都市の職人、商人たちだった。こうしてイェニチェリと市民の一体化はさらに進んだ。

老齢期のオスマン帝国

オスマン帝国の人々の厭戦感に思想的な裏づけを与えたのが、当時のオスマン帝国の知識人の間に広まっていた、国家も、人の一生のように生まれ、育ち、円熟し、そして老いて衰えていく、という考え方だった。すでに一七世紀の大学者キャーティブ・チェレビーは、その著作で、オスマン帝国を老齢期とする現状認識を示していた。こうした考え方の源となった一四世紀のアラブの思想家イブン・ハルドゥーンの『歴史序説』もオスマン・トルコ語に翻訳され、多くの読者を獲得していた。オスマン帝国がすでに老齢期にあるという自己認識は、一七世紀末以来の「うまくいかない戦争」を、自らに納得させる論理として広く受容されていた。

こうした認識は、詩の世界にも現れている。一七世紀から一八世紀にかけて活躍した詩人ナービーはその詩に次のような言葉を刻んでいる。

時の園で、秋と春を、私たちは見てきた
喜びと悲しみの風を、私たちは見てきた
運命の酒場で思い上がることなかれ
名誉に酔い、酔いつぶれた何千もの人を私たちは見てきたではないか
名声という土地にたつ、石の城をどれだけ見てきたことか
その一つとして傷心の溜息に逆らいきれたものはない
幸福の館が、一つの叫び声とともに崩れ去る
悲嘆に暮れる人々の涙の洪水を、私たちは見てきた
私たちは見てきた
溜息という傷心の矢だけを持つ、この戦場の騎士たちを
私たちは見てきた
高い地位にあった人が、高貴な人の玄関で手をすりあわせて待っているのを
欲望の杯は、乞食の鉢に変わり果てる
ああ、ナービー、私たちは、宴のあとのテーブルを見てきたのだ

ナービーは宮廷でも人気の高い詩人だった。現世に対する無常観は、オスマン詩に共通す

るモチーフの一つだが、ナービーは、特に巧みに時代の雰囲気を捉えていたといえるだろう。

エディルネ事件

厭戦的な雰囲気は、都市の人々の間に一種の保守主義を生み出していた。その象徴が、一七〇三年のエディルネ事件である。これは、グルジアへの出兵を命じられた軍の一部が給与の未払いに抗議して蜂起(ほうき)し、これにイェニチェリ、諸軍人政治家の傭人たち、ウラマー、ギルドの親方衆が加わり、イスタンブルを避けエディルネに暮らすスルタン・ムスタファ二世に対し、その退位と、当時実権を握っていたシェイヒュルイスラムのフェイズッラーの処罰を要求したものである。当初は、反乱軍の代表がエディルネに行きフェイズッラーの悪事を訴えるという平和的な方法で始まった異議申し立てだったが、やがて、イェニチェリを中心とする反乱軍がエディルネ駐屯のスルタンの軍と対峙(たいじ)するまでに発展し、スルタンは反乱軍の要求をすべて受け入れ、退位することとなった。

特に標的とされたフェイズッラーはまもなく惨殺された。諸年代記は、彼の一族重用と不正な手段での蓄財を一致して記述しており、ウラマーの最高位にあるにもかかわらず彼が「反イスラム」であるとする非難は町に広まっていたものと思われる。真の目的は経済的、世俗的なものであったとしても、「大衆」が表向き「イスラムの正義」を掲げたとき、それを粉砕するのが難しくなってきていた。この反乱でも、カドゥザーデ派と見られる下級の原理主義派ウラマーたちが騒ぎの先頭に立っていた。

ムスタファ二世を継いで即位したアフメト三世は、建設途中だったエディルネの宮廷を破壊したうえで居をイスタンブルに移し、反乱した人々の要求に応えた。ムスタファ二世の最後の大宰相だったラーミー・メフメト・パシャはこの事件で失脚し、書記官僚出身者が政治のイニシアチブをとるには時期尚早であることが示される形となった。

このように、一七〇三年の暴動は、軍人たちの暴動に都市の商工業者や下級のウラマーが参加したという点で意味をもつが、彼らの要求点はスルタンの交代と責任者の処分であり、具体的な政策要求を伴うものではなかった。諸勢力の提携は継続せず、新スルタン・アフメト三世が即位すると、しばらくして反乱の中心にいたイェニチェリの司令官やカドゥザーデ派のウラマーはスルタンの命で処刑されている。ただし、一八世紀のスルタンやその政府が、大衆の懐柔を重要視するようになったのは、この事件が残した一種のトラウマとして理解できる。

平和の享受

イスタンブルの復権

一八世紀のはじめ、再び名実ともに「スルタンの居所」となったイスタンブルでは、さまざまな建設活動が進められ、スルタンを戴くことの華やかさが演出された。それは経済的な恩恵を商工業者にも及ぼすことになる。戦争のない年が続き、都市への投資も可能となった。前述のように一七二〇年ごろには、久方ぶりに財政も黒字になっている。特に一七一九年に発生した大地震は、都市再開発の直接的な契機になった。このとき、城壁や水路が修復され、さらに、大砲鋳造所（一七一九年）、造兵廠（一七二六年）、貨幣鋳造所（一七二六年）のような政府・軍関係の重要な施設が、新たに市内に建設された。

再開発プログラムを推進したのは、大宰相のイブラヒム・パシャだった。彼は、一七一八年にパッサロヴィッツ条約をとりまとめたのちに同職に就任した軍人政治家である。軍人のキャリアを歩んでいるが、途中ニシュの地方財務長官をつとめるなど、財務にも通じていた。これは、戦争よりも財政再建の先頭に立った一八世紀の大宰相に共通して求められた資質である。

行楽の流行

アフメト三世とイブラヒム・パシャが二人三脚で進めた建設活動は多方面にわたるが、モスクやマドラサといった重厚な宗教建築よりも世俗的な建造物に集中し、軽やかで瀟洒（しょうしゃ）な木造の建物が好まれた。たとえば、アフメト三世がトプカプ宮殿のチューリップの庭に建てた離（はな）れ、ソファ・キョシュクは、柱だけで壁をもたない。海風に吹かれる心地よさを求めてのことだろう。

こうした屋外での行楽の流行は、この時代を特徴づけるものである。ボスフォラス海峡沿いの、小型の船で行き来するような場所には、富裕層が建てた木造の美しい別荘が並んだ。

キャウトハーネで遊ぶ女性たち　アフメト３世は自身のサーダバード宮の他、富裕な人々に土地を与え、約200の瀟洒な私邸を建てさせた。1793年、イスタンブル大学図書館蔵

さらに、イスタンブルの周辺の緑地は、豊かな人々の行楽でにぎわった。好まれた場所は、小川が流れ、緑の芝が地面を覆い、大きな木が木陰をつくるような緑地だった。スルタンらは、多くの行楽地に自らの離宮をつくり、庭をチューリップで飾り、大きな宴席を催した。西アジア原産のチューリップは、この時代にヨーロッパから逆輸入され、オスマン帝国の富裕な人々の間で一大ブームをひき起こしていた。

もっとも重要な別荘は、キャウトハーネという金角湾奥の緑地に一七二二年につくられたサーダバードというペルシャ語の名前をもつ離宮である。フランスを訪れたオスマン使節がみたヴェルサイユ宮殿を再現したものといわれてきたが、実は、イランのチェヘル・ソトゥーンを擬し、それを超えるものをつくろうとした、という説も説得力がある。折しも、サファヴィー朝イラン征服が計画されていた時期だったからである。サーダバードでの宴席は、夏は屋外のチューリップの園で、冬は室内でのヘルバ（小麦と砂糖と松の実で作る菓子）の宴として、いつ果てるともなく繰り広げられたという。

しかし、こうした行楽地は、スルタンらの専用ではなかった。キャウトハーネのような宮廷御用達の場所も、週の何日かの宴席のための「貸切」日以外は、都市の人々に開放されていた。スルタンの別荘のあるキャウトハーネに物見遊山で出かけるという娯楽は、少なくとも、中層以上のイスタンブル市民には共有されていたとみられる。

トプカプ宮殿門外のアフメト３世の泉　18世紀のオスマン建築では、華麗な色彩と繊細な植物文様、柔らかな曲線が多用された。この泉の側面も詩の銘板と大理石の花のレリーフで飾られている

町を飾る泉の美

スルタンと大宰相は、さらにイスタンブルのヨーロッパ側とアジア側の双方で水路の再整備を行い、それに伴って町の各所に新しい給水のための泉を建てた。広場や町角に配置された泉は人々に日々の生活水を提供するだけでなく、植物文様の彫刻と詩を刻んだ銘板で町を飾った。また、モスクの塔のイルミネーションもこの頃から一般化する。こうした投資は、行楽にいく余裕をもたない一般市民に与えられた恩恵だった。

このようなイスタンブルの輝きを、詩人のネディーム（一七三〇年没）は次のように詠んでいる。

イスタンブルの町こそ、類もなく、値打ちのつけようもない
その石のひとかけらに、イランの国が匹敵する
二つの海に囲まれた、二つとない真珠、この世を照らす太陽にこそ比べられよう
それは、幸運という宝石をもたらす恩恵の源
栄光と名誉のバラが咲く、天国の園
ああ、天国は、この上にあるのか、下にあるのか
ああ、なんという美しさ、なんと芳しい水と風であることか

さらに町では、王家の祝宴がしばしば催された。アフメト三世には、少なくとも三一人の子があり、その割礼や結婚は毎回祝われたからである。一七二〇年に行われた三人の王子の一五日間続いた割礼式の豪華さは、特に際立っていた。昼はギルドの行列や曲芸などの見世物、夜は宴席と花火が続き、膨大な富が消費された。町の人々もオスマン王家の祝い事を見物することが許され、それはスルタンから市民への「恩寵」でもあったろう。しかし、こうした浪費を快く思わない人々もいた。それは、この割礼式の一〇年後に大きな暴動となって現れた。

消費の一八世紀

一八世紀前半に訪れたこの華やかな時代は、一七三〇年に勃発した都市暴動でいったんは中断する。イラン遠征への出発を前にウシュクダルに集まった軍人たちの間で勃発した暴動は、任俠無頼の徒で、元イェニチェリのパトロナ・ハリルを首領とした暴徒の騒動に発展し、大宰相イブラヒム・パシャは反乱軍の要求を受けてあえなく処刑されたからである。スルタンも退位し、サーダバードの離宮は略奪の憂き目をみた。しかし、この事件は、三〇年前に起こったエディルネ事件同様、次のスルタンの即位により収拾され、反乱を率いたパトロナ・ハリルも、その他の反乱を指導した下級のウラマーたちもやがて殺されて幕をおろす。

ヌールオスマニエ・モスク　建築的には伝統的なスタイルが踏襲されたが、内部の意匠の華やかさと柔和さにこの時代の特徴がある。著者撮影

この暴動の背景に、夜な夜な繰り広げられる宴席の華やかさの陰に潜む浪費やモラルの低下に反発した、都市の商工業者の不満があることは否定できない。それにきっかけを与えたのは、ここでも、軍事遠征を渋るイェニチェリの暴動だった。都市民の不満はイェニチェリの暴動の形で顕在化した。イブラヒム・パシャは、イェニチェリの数を制限し、新しい軍を編制しようとしていたから、それへの不満、不安があったとも思われる。

しかし、この反乱は、一八世紀の奢侈(しゃし)的な消費文化の息の根を止めるものではなかった。なぜなら、それを生み出した原動力、すなわち、富を蓄え、それを別荘やチューリップ、宴席に消費する「富裕層」の台頭は続いていたからである。彼らは、後述するように、終身徴税請負権の獲得などによって台頭しつつあったイスタンブルの少数の富者だった。彼らの富は、この反乱によって途切れるものではなかった。

その証拠に、一八世紀を通じて、海辺の別荘の建築をはじめとする富裕層による建設活動は続いている。スルタンによる建設活動でも、一七五五年完成のヌールオスマニエ・モスクなど、新しい要素を取り入れた新しい造形が引き続き生み出された。パトロナ・ハリルの乱による破壊は短期間で修復され、一八世紀はその世紀を通じてオスマン文化が花開いた時期だった。

このヌールオスマニエには、イタリア・バロックの影響が指摘されているが、それは内部の装飾など、細部に限られる。しかしその細部の違いで、異なる雰囲気が演出された点は重要である。オスマン文化が外来の要素を伝統文化の中に定着させる活力を持っていたことを示しているからである。この建築には、オスマン帝国が行う建築事業として教会建築を担当していたギリシャ人建築家シメオンが参加している。新しい展開は、こうした人々、すなわちオスマン帝国の内側の人々の登用によって実現された。

図書館ブーム

一八世紀は、建物や宴席だけでなく、書籍への関心が特に高まり、それに投資がなされた時代でもあった。マドラサ付属ではなく、独立した個人の図書館が多くつくられた点に特徴があり、それはイスタンブルから地方都市にも及んだ。先鞭(せんべん)をつけたのはトプカプ宮殿内に自らの図書館を建てたアフメト三世だった。大宰相イブラヒム・パシャも自身の図書館をつくり、その司書には、先に詩を引用したネディームをあてている。イブラヒム・パシャがイスタンブルでの印刷所開設を支持したのは、こうした需要との関係があるだろう。この印刷所で印刷された本の七割方は売れていることから、図書を収集した人々は、手写本ばかりでなく、印刷された本も購入したとみられる。

このほか、イブラヒム・パシャは一種の翻訳センターをつくり、主にペルシャ語の史書をトルコ語に翻訳させた。また、市場で売られる貴重な写本をヨーロッパ人が買うことを禁じた。こうした文化政策は、西欧化の始まりの時期といわれることもある一八世紀前半が、実は、伝統文化に強い関心がもたれた時代であったことを示している。

印刷術をめぐって

大宰相イブラヒム・パシャの庇護(ひご)のもとで開設された活版印刷所は、トランシルヴァニア出身で、オスマン帝国の軍人、通訳、外交官として活躍したイブラヒム・ミュテフェッリカ（一七四七年没）の手で経営された。オスマン帝国では、一五世紀の末に始まったユダヤ教徒の印刷所をはじめ、非イスラム教徒共同体が運営する印刷所は、スルタンの許可を受け、活動を続けていた。このため、印刷技術そのものはよく知られていた。しかし、手書写での供給で需要が満たされていたことと、なにより、宗教的なテキストは手で写されてこそ意味があるとするイスラム教徒の感性から、印刷技術に対する関心は低かった。

しかし、イブラヒム・ミュテフェッリカは、一八世紀の図書需要の急増から、そうした感性に抵触しない実用書の分野には市場があると考え、印刷所の開設許可を求めたものと思われる。開設にあたっては、シェイヒュルイスラムから合法とのお墨付きももらい、万全を期した。こうして始まった印刷所では、一七二九年から四二年までの間に、一七タイトル、一万一〇〇〇部程度が印刷されている。出版されたのは、辞書、地理書、歴史書、彼自身の論説、さらにヨーロッパ向けのフランス語によるトルコ語文法書などである。そのうちの七割が、彼が亡くなる四七年までには売れている。このため商業的には、おそらく成功だったとみられている。

しかし、実用書の領域は、書籍全体のごく一部にすぎないため、彼の死後、事業は継続されなかった。オスマン帝国で印刷術が根づくのは、実用書の需要が格段に高まった一九世紀のことである。その後は、行政書式の大量印刷や官報の刊行といった政府の需要から利用が広まり、やがて、宗教書への心理的な障壁も弱まっていった。コーランが最初に帝国内で印刷されるのは、一八七〇年代のことになる。

このように、オスマン帝国において、印刷技術は、社会や文化の全体的な変化の流れのなかで、次第に普及していったものであり、ヨーロッパ文化の受容、あるいはそれに対する拒絶という観点から説明することはできない。オスマン帝国は、次の時代、すなわち一九世紀になると、明らかにヨーロッパの技術やその世俗的な文化の受容を国家の目標に定めるが、少なくとも一八世紀中葉までは、オスマン風の伝統文化に人々は惹かれ、また、その領域での進展もみられたと考える方が適切である。

都市の結節点——コーヒー店と教団組織

一八世紀のオスマン帝国では、富めるエリート支配層の奢侈的な消費文化に目が向くが、その一方で、次の二つの現象も並行して起こっていた。一つは、伝統的な免税特権をもつ中流以下の支配層と、商工業者などの都市の市民の境界がますます曖昧となり、一つの文化世界が共有されていたこと、もう一つは、彼らの文化世界にも消費文化の影響が着実に及んでいたことである。

中流以下の支配層とは、具体的には、イエニチェリや各種の常備軍軍人諸職、政府や有力者の家に奉公する軍人や書記、モスクやマドラサで仕事をもつウラマーなどを指す。町方のイエニチェリを含め、彼らは町の街区に住み、都市の商工業者と同じ生活文化を共有していた。一八世紀には、都市のなかでは、もはや支配層と被支配層は分別不能になっていた。

都市の人々が共有した具体的な場としては、コーヒー店や、イスラム教徒の場合、神秘主義教団の修道場があげられる。このうち、コーヒー店は前述のように一六世紀に広がり、度重なる禁止令にもかかわらず、市民生活になくてはならないものになっていた。禁止令は、コーヒー店という諸階層の不特定多数が集まる場への警戒から発布されたものであったが、その機能こそがコーヒー店の魅力だった。さらに、一八世紀になると、イェニチェリ・コーヒー店と呼ばれる種類も加わった。

イェニチェリ・コーヒー店は、町方のイェニチェリが各兵団の組織ごとに開設したもので、その入り口には、兵団のシンボルとなる旗が飾られたという。特別豪華な内装で知られ、通常、見晴らしのよい二階の客席の中央には、噴水が仕立てられた。店には、イェニチェリと関係の深いベクタシー教団のババ（指導者）が常駐し、ときには儀式も行われた。ベクタシー教団の支部としての機能をもっていたらしい。港に近い町の要所に点在していた。顧客はイェニチェリには限らないが、街区のコーヒー店よりは敷居が高かったため、町の有力者が集まったものと思われる。そこでコーヒーを飲み、タバコをふかし、詩を詠み、政治を語る賑わいは、一般のコーヒー店と変わらない。ただし、ここでの政治談議が、ときに暴動や示威行動にまで発展することがあった点はイェニチェリ・コーヒー店の特徴である。このため、一九世紀に入ってイェニチェリが解体されると、この種のコーヒー店も失われた。

神秘主義教団の活動

神秘主義教団組織の修道場も、人々が、職業や街区組織とは異なるネットワークをつくる場だった。修道場では、教団の長老やその弟子たちが暮らした。その他のメンバーは本業をもち、ときに集まって儀式や祈りの実践を行った。商人・職人のような庶民にとっては、一種の高等教育の場所であったといってよいだろう。階層的な教団の組織のなかで別に本業をもつメンバーが上昇していくことは難しかったが、それでも、音楽や書道で名をあげる人もいた。

この時期、アナトリアに本拠をもつ教団（コンヤのメヴレヴィー教団やカイセリに近いベクタシー教団など）は、イスタンブルの「支部」が事実上独立して都市的な組織に発展していた。各教団は服飾、儀式、音楽などの各方面で、洗練された都市文化の醸成に貢献している。スルタンや皇女、上層のウラマーのなかにも、教団のメンバー兼保護者となるものがあった。

メヴレヴィー教団の儀式　各神秘主義教団は独自の儀式を行ったが、メヴレヴィー教団はその旋舞の修行で知られる。17世紀。*Alt-stambuler Hof- und Volksleben,* 1925より

一八世紀、コーヒー店や修道場には、多くの人が集まり、それぞれの内装は美しく飾られた。瀟洒な木造建築がはやり、富裕層による海辺の別荘などに用いられた建築様式がここにも及んでいることが見てとれる。イスタンブルなど主要都市における商工業は堅調に推移し、市民生活は底上げされていた。また、スルタンや一部の富裕層が湯水のように使った富が都市で循環し、「普通の人々」の生活も潤していたと考えられている。

終身徴税請負制とアーヤーンの勃興

終身徴税請負制

前節では、都市の消費文化の主役となるエリート支配層の活動について紹介した。それでは、こうした富裕層はどこから現れたのだろうか。彼らの多くは、一七世紀以来の軍人政治家やそれと結んだ有力ウラマー家系とつながるが、一六九五年の徴税請負制への終身契約の導入が、新しい状況を生んでいた。

終身契約が公認された当時の有力者は、一七〇三年のエディルネ事件で惨殺されたシェイヒュルイスラムのフェイズッラーだった。これは偶然ではないかもしれない。貪欲な彼は、徴税権を長期で購入することのメリットは十分にわかっていたはずだからである。実際、徴税請負の終身契約は、その購入者に大きな利益をもたらしていった。その利益率は三五〜四〇パーセントと試算されている。

中央、すなわち、イスタンブルで起こったことは、前述のように経済力のある軍人政治家やウラマーの有力者が競りによって決まるこの投資に参加したことである。A・ザルツマンの研究によれば、イスタンブルで終身徴税請負に投資している人の数は、共同所有者も含めると、一八世紀の末で約一〇〇〇人、しかし彼らの投資が、終身契約総数の八七パーセントを占めていたと見積もられる。終身契約は少数の有力者に集中する傾向があった。一〇〇〇人のうちの二パーセントの契約者が、全契約数の二四パーセント、全徴税額の三〇パーセントを握っているからである。ザルツマンはここから、一八世紀を通じて、オスマン帝国に少数の真の富裕層が現れてきたと結論づけている。

また、契約対象の徴税権は分割され所有された。兄弟、親子などで持ち合っている場合もある。このように、徴税請負は完全に富裕層の投資の対象となっていった。

しかし、終身契約の普及により、税源が政府の手から離れていったのかというと、事態は逆だった。一つ一つの村の請負権の分割所有の状況や世襲による所有者の変更を、政府（財務長官府）はどこまでも掌握していたからである。あるいは、政府の台帳にあるものが「事実」とみなされたといったほうがいいかもしれない。請負権の所有者は、中央政府に必要な連絡をし、台帳に記してもらわなくては、現実を「事実」にすることができなかった。このことを踏まえると、徴税請負における終身契約の浸透は、有力者による既成秩序の蚕食ではなく、中央政府により管理された徴税の分担の進展と表現する方が適切である。現金として国庫に入る分は少なくとも、財務官僚たちは帝国全体の徴税の実態を把握する力をもっていた。

ただし、国庫に直接納金される金額は減っている。終身契約は、事実上、国有地（やその他の税源）を切り売りしたうえで、そこからの毎年の税を国庫に納めさせる制度であったが、その毎年の税収分がしばしば、あらかじめ決められた支出先に直接、送金されているからである。州軍政官の俸給や、城塞の維持経費、特定の受益者への分配、といった形での指定である。

れた。たとえば、ディヤルバクルの徴税官長職の俸給には、ディヤルバクルの関税収入があてられた。この結果、ディヤルバクルの関税の終身徴税請負権を持っている人が毎年支払う納税金は、国庫を経ずに、同地の徴税官長にまわされることになるのである。イスタンブルのコーヒー関税はウラマーへの年金にあてられており、一八世紀の半ばには二四五〇人のウラマーがここから給金をもらっている。こうした「特定財源」のきめ細かい差配は、広大な帝国を効率よく支配する方法だった。ただし、中央の国庫が裁量できる金額は減っていることから、戦争が始まり巨額な臨時支出が必要になると、政府は一挙に財政難に陥った。

金融業者の台頭

この時代、富裕なギリシャ正教徒やアルメニア教徒、ユダヤ教徒などの金融業者は、オスマン帝国の官職者同様、徴税請負制を通じてオスマン体制のなかに統合されていた。一七世紀、徴税請負制が一般化し始めたころキリスト教徒やユダヤ教徒はひとたびそこから締め出されたが、やがて彼らは保証人や前納金の賃貸をする金融部門に参加した。一八世紀には、終身請負契約者の背後には、キリスト教徒やユダヤ教徒の金融業者が必ず関与するという役割分担が成立していた。

そもそも、ほぼ一年で任期が終わり、また、職待ち期間もしばしば経験することになるオスマン官人にとって、金融業者の助けは不可欠だった。また、任官にあたって上官に「謝金」を払う慣行も、オスマン官人が金融業者への依存を深める要因となった。借金は、任官後の収入で返済された。利子は、二四パーセント程度が標準だったとみられている。

キリスト教徒やユダヤ教徒の金融業者が運用する金融市場には、イスラム教徒の宗教寄進財に含まれる膨大な「現金」も流れ込んでいた。イスラム法は利子を禁じているが、オスマン帝国では事実上、それは解禁されていた。宗教寄進を運営する側は、寄進された現金の運用から六～一五パーセント程度の利益を見込んでいる。この現金は、非イスラム教徒の金融業者の資金となり、運用されたものとみられている。

アーヤーンの成長

中央で進んだ徴税制度の変更は、やがて、徴税が行われる現場である地方社会にも大きな影響を及ぼしていった。それには、二つのルートがあった。一つは、中央で終身契約で徴税請負権を買い取った人々が、安定した形で収入を確保できるように、それを下請負に出し、地方有力者がその権利を買い取るという流れである。あるいは、終身契約者が、在地に通じた人々をその代理人にするケースもあった。前述のように、一八世紀末にはイスタンブルの約一〇〇〇人の契約者が、売りに出された徴税請負権の八七パーセントを握っていた。彼らは、地方に本拠をおく地方有力者と提携することによって、はじめて徴税を完結することができたのである。

第二のルートは、こうした在地の有力者が、みずからも終身契約で徴税請負権を購入するという方法だった。先の数字を裏返せば、一三パーセントは中央で買い手がつかない請負権だった。これらは地方で売却され、地方有力者の手に落ちていった。

あわせて、地方の有力者たちは、政府の地方職も手に入れていった。前述のように、任官にあたっては「謝金」が必要な時代だったため、経済力のある彼らが任官を勝ち取るのは容易だったろう。こうしてミュテセッリムと呼ばれる地方代官職やヴォイヴォダと呼ばれる徴税官職が彼らの肩書になり、その職権は、彼ら自身による徴税権の購入や、徴税下請負権の集積を容易にした。

実質的な徴税権と政府の肩書をもった地方有力者たちの出自はさまざまである。アナトリアやバルカンでは、農民階層のなかから台頭した例が多く、遊牧民族長や宗教的名家の系譜を後に示すこともあるが、もちろんそれらの真偽は定かでない。アラブ地域では、在地化したオスマン軍人や、オスマン以前からの在地名家、さらにエジプトのマムルーク出身者などが台頭した。一八世紀を通じての淘汰のプロセスを経て、一八世紀末には、この地方の有力者は○○家と誰がみてもわかるほど、在地勢力としての存在を顕在化させていった。こうした人々はアーヤーンと呼ばれた。

彼らは徴税請負に関係するばかりでなく、徴税の過程で農民に融資をし、借金を返せない農民を自らの小作人にしたり、新しい農地を開墾・開拓するなどの開発を行うなどして、土地集積も実現したとみられている。アーヤーン台頭のプロセスはさまざまであるが、ここでは二つのアーヤーン家系の例をみてみよう。

二つのアーヤーン家系

永田雄三氏の研究によると、イズミルに近い西アナトリアのサルハン県では一八世紀の前半にカラオスマンオール家が台頭した。カラオスマンオール家の当主は同県の地方代官職を手に入れ、さらにこの県の徴税の終身請負契約者のすべてから、単年度契約でその下請負権を獲得している。しかし、この過程で政府の警戒するところとなり、一七五五年、当主は理由をつけて処刑された。その後一八世紀後半に勢力を回復し（ということは、在地での勢力は続いていたのであろう）、一九世紀に至る頃には再び、この地方の地方官職と下請負権のすべてをカラオスマンオール家が握っている。

カラオスマンオール家の財産は、徴税請負の関係だけに限られない。彼らは多数の都市の不動産や、金融財、家畜を所有し、さらに、チフトリキと呼ばれる農場を経営している。農場では、小作農民が伝統的な手法で小麦を中心とした家族単位の生産をしている場合と、商品作物が集約的に生産されている場合がみられる。イズミル周辺のカラオスマンオール家の所領では、一九世紀初頭には、ヨーロッパ市場向けの綿花栽培が行われている。それはカラオスマンオール家に大きな利益をもたらした。このように、アーヤーンは、多角的な経営を行い、それを可能にするだけの財務・事務組織も擁していた。

もう一件、ディヤルバクルの例をザルツマンの研究から紹介しよう。一八世紀のディヤルバクル州は、疫病やイランとの戦争の影響で、農村の疲弊、人口減が深刻だった。このため、中央ではディヤルバクルへの終身請負権への投資は少なく、その結果、主にウラマーを中心とする地元の有力者が終身請負権を購入していた。このため集中の度合いは低く、一七八〇年代には一二九の村からの徴税請負権を二六八人の人が分割してもっていた。これをとりまとめていたのは、州の徴税官（ヴォイヴォダ）だった。徴税官の俸給には、ディヤルバクルの関税や主要な手工業からの徴税権があてられた。バグダードからの交易路上にあり、また地場の織物産業の盛んなディヤルバクルでは、これらの都市税収は大きかった。こうした条件のもと、一八世紀の中ごろから州の徴税官職を手中に収めたシェイフザーデ家がディヤルバクル一の有力者として台頭してくる。やがて、ディヤルバクルを超えた官職も得て最有力のアーヤーン家系となる。ただし、カラオスマンオール家の場合と異なり、近隣にライバルは多く、一元的な支配には至っていない。

それでも、カラオスマンオール家はもちろんのこと、シェイフザーデ家も自前の私兵を養っていた。政府の要請を受け、カラオスマンオール家は一七八七年からの第二次露土戦争に、シェイフザーデ家はエジプトに侵攻したナポレオン軍との戦争に、兵を出している。

徴税請負で結ばれた世界

一八世紀にバルカン、アナトリア、そしてアラブ地域で起こった最大の変化は、地方ごとの有力なアーヤーンの台頭に他ならない。一八世紀後半には、中央（イスタンブル）には、帝国中の徴税請負権の終身契約を手に入れた少数の有力者が、地方では、それぞれの地域の産業を掌握した地方のアーヤーンが台頭するという結果となった。そのいずれもが、私兵軍をもっているので、この時代のオスマン帝国は、完全に分裂に向かっているようにもみえる。

しかし、この変化を裏からみると（あるいは政府の側からみると）、彼らはすべて、徴税請負制という仕組みの網のなかに収まっていた。彼らは、政府への納税額と実際に徴収する税の差額で財をなしたが、全員が、全体の中の一つの歯車にすぎなかった。このため、彼らは、自らの富と権力の源である徴税請負制、ひいてはそれを成り立たせているオスマン帝国を否定する存在とはなりえなかった。政府は、各種の有力者が擁する財力と人材を把握し、それに見合った政治的、軍事的役割を割り振っていた。自分の私兵を率いて戦争に参加させるのは、その端的な例である。それを拒めば、その討伐の任は別の有力者に指示された。このように、徴税請負制は、帝国を分断に導くと同時に、それをつなぎとめる役割も果たしていた。

しかし、一八世紀のオスマン帝国がそのような存在だったとすると、帝国全体を覆っていた徴税システムの網にほころびが生じたとき、何が起こるかは想像がつくだろう。一九世紀が近づく頃、その網にはいくつかの穴があき、全体が崩れる危機に直面することになる。

帝国経済とヨーロッパ商人

ところで、先にみた二つの例、すわなち、西アナトリアのカラオスマンオール家とディヤルバクルのシェイフザーデ家を比べると、両家の経済基盤に大きな違いがあることに気がつく。カラオスマンオール家の場合は、ヨーロッパに輸出される綿花栽培の農場を経営していた。そこで働いているのは、実は、一八世紀初頭にギリシャ本土から移住してきた農業労働者だった。これに対し、シェイフザーデ家は伝統的なキャラバンルートからの関税と、町の手工業からの税が収入源である。前者をみればオスマン経済がヨーロッパ商品経済へ組み込まれていく姿が、後者をみれば、伝統的な産業・交易が堅調を保っている姿が読み取れる。そして、そのいずれもが、一八世紀後半のオスマン帝国の経済の姿だった。

同じころ、経済的な発展を遂げていたヨーロッパ諸国は、オスマン帝国との交易の拡大を望み、首都やその他の港町に領事を置くようになっていた。一六世紀はヴェネチア、一七世紀はイギリスがもっとも大きな成功を収めたが、彼らは、奢侈品の交易に終始し、前述のような経済構造に影響を与えることはなかった。

一八世紀、イギリスが後退し、フランスが対オスマン帝国交易の中心となる頃から、事情は少しずつ変わっていった。それは、一つには、フランスでの手工業の発達から原料となる綿花など農業産品を必要としたこと、二つには、フランスが自国の製品やその植民地でつくられた日用品をオスマン帝国に持ち込み始めたことである。また、彼らは農業産品の調達のため、港町だけでなく、アナトリアやバルカンの奥深くにも入り込み始めた。彼らと接触し、綿花の栽培を広げ、おそらく大きな利益をあげたのがカラオスマンオール家だった。なぜなら、一八世紀を通じて、フランスが輸入する綿花の量は二〇倍に増え、その七〇パーセントはカラオスマンオール家の治めるイズミルから出荷されているからである。

しかし、こうした輸入の一方で、フランスのオスマン帝国への輸出は、南アメリカ産の砂糖とコーヒーを除けば、大きな成功を収めたとはいえないようである。繊維製品などは、オスマン帝国内の産品の方が売れたからである。フランス商人が町のギルドや地元の商人たちの間に割って入るのは難しく、その活動の範囲は限られていた。しかし、安価なコーヒーの輸出は、従来のイエメン産のコーヒーと市場で競合し、はじめて、「貿易摩擦」を引き起こした。

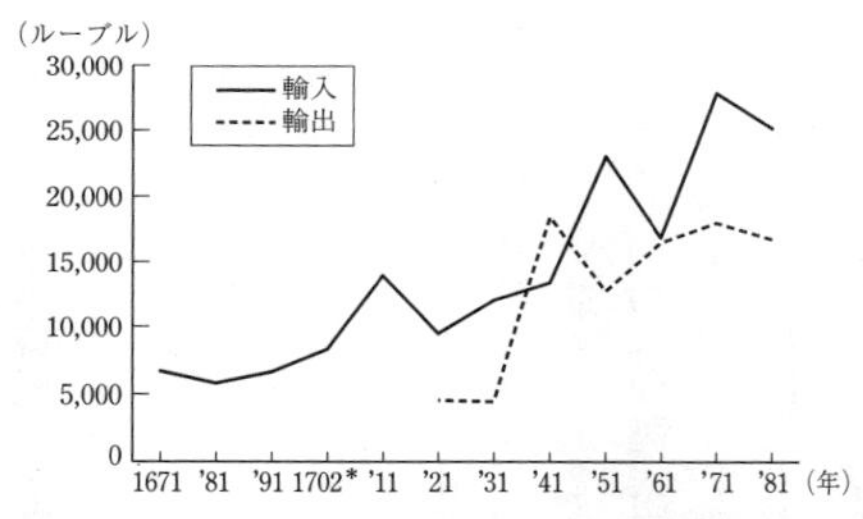

フランスの対オスマン貿易額の推移　各基点年より4年間の合計。＊の年のみ年間。E. Eldem, "Capitulation and Western Trade", in Faroqhi ed.[2006]より作成

このような状況下で自分たちの主張を通すためにフランスがとった手は、政治力を行使することだった。フランスは、一六世紀以来のカピチュレーションの見直しを求め、一七四〇年に、新ヴァージョンのカピチュレーションを手にした。これはフランスにとって大きな外交的勝利、オスマン側からみれば失点だった。

カピチュレーションとはヨーロッパ諸国に対して、一六世紀以来、列代のスルタンが恩恵として与えてきた特権である。これにより、ヴェネチア、イギリス、フランス等の商人はオスマン帝国内で活動することができ、それはオスマン政府にも関税収入をもたらしていた。

新ヴァージョンのカピチュレーションは内容的には

従来の「恩恵的特権」を継承しているが、①フランスとオスマン帝国が対等の立場で結んでいること、②その有効期間が定められなかったこと（従来は現スルタンの在位中）、③規定の履行をオスマン帝国側の義務としたこと、そして、④フランスの「保護民」も特権の対象と認められた点で、実は、その後の状況を大きく変えることになった。

すなわち、オスマン商人とフランス商人が商売上の揉め事を起こしたとき、オスマン政府は外交上の義務として、フランス商人の側に立たねばならなくなったのである。これは、オスマン商人には非常に不利なことだった。このため、オスマン商人の多くを占めていたギリシャ正教徒やアルメニア教徒の商人たちは、④をつかって、フランスの「保護民」となり、商売をうまく進める道をとることが多くなった。これはフランスには願ってもないことだった。フランスの「保護民」となることは、オスマン帝国臣民ではなくなることを意味している。アレッポなどシリアのアラブ系キリスト教徒の間でも「保護民」化が広くみられた。これには、一七世紀以来のカトリックの布教活動が成果を挙げ、アラブ系キリスト教徒の間でカトリック教国フランスの影響力が強まっていた事情も影響した。

こうして、従来は、オスマン商人としてイスラム教徒の商人と利害をともにしてきたキリスト教徒商人のオスマン体制からの離脱が始まった。一八世紀には、フランスをはじめとするヨーロッパ諸国の経済・通商の面での影響はごく限られ、前述したオスマン帝国の経済システムは保たれていたが、それが変容していく下地は、徐々に整いつつあったのである。

第八章　オスマン体制の終焉——一七七〇〜一八三〇

「終焉」に向かう時代

オスマン体制の終焉

システムとしてのオスマン帝国、すなわちオスマン体制には一八世紀の末に一つの終わりが訪れる。従来、オスマン帝国をオスマン帝国たらしめていたそのシステムの終焉(しゅうえん)は、帝国の死といってもいいほどの変化をもたらした。

しかし、いくつかの偶然が重なり、王家は存続した。他に担(かつ)がれるリーダーがいなかったこと、国際情勢がオスマン帝国の存続を支持したこと、この時期の君主がリーダーシップをとれる人物だったことなどが王家の存続の理由として挙げられよう。歴史に「もしも」はタブーだが、一八世紀末から一九世紀初頭に、ロシアかムハンマド・アリーのエジプト、あるいはバルカンの有力アーヤーン家のいずれかがイスタンブルの奪取を目指していたなら、オスマン帝国の命脈はそこで尽きていたかもしれない。実際にその動きはあったし、危機はそれほど大きかった。

しかし、混乱は、再びオスマン家のスルタンのもとで収拾され、日本の明治維新に類似した大きな変革を経て、その国は西欧型の近代国家に生まれ変わっていったのである。後者のことはここでは近代オスマン帝国と呼ぶことにしたい。当然ながら、前近代のオスマン帝国から近代オスマン帝国に引き継がれたものは多い。そもそも、それが拠って立つ社会は連続している。しかし、国家の諸制度、先に使った言葉を繰り返すなら、システムとしての国家は根底から変わっていた。

もちろん、その変化は一日にして成るものではない。それは、おおよそ五〇年（一七八九〜一八三九）の時間をかけて移行し、一八三九年のギュルハネ勅令で曖昧な形で宣言されることになったというのが適当であろう。その頃までには、新しい体制の志向性と権力のよりどころが明確になっていた。

三つの限界

本章では、終わっていくオスマン体制について考えていこう。終焉した理由が新体制の課題にもつながっていくからだ。前近代のオスマン体制の終焉は、露土戦争という一連の事件の結果、鮮明になった。しかし、近代オスマン帝国においてはそれ自身が政治を動かす牽引力となる国際関係の力も、一八世紀のこの時点では、まだそこまでの力はもっていない。それでは、前近代のオスマン帝国の体制を終焉させたのは、どのような力だったのだろうか。

その要因はさまざまだが、おおまかに把握するなら、オスマン帝国をオスマン帝国たらしめていた次の三つの原則が、いずれも十分に機能しなくなっていたためと説明できるだろう。

その第一は、直接支配域を属国や辺境諸州で囲み、戦争によって外（＝外国）からの干渉を廃し、内側の平和を維持する、という大原則である。基本的には、ヨーロッパの政治や外交から距離を置く孤立主義によって実現されてきた。第二は、イスラムとその法に基づき、支配の正当性を主張するという原則である。イスラム教徒のみならず、非イスラム教徒をイスラム法に従って守るという仕組みは、イスラム教徒・非イスラム教徒の双方からの忠誠を確保する基本だった。第三は、中央集権的な官職体系と軍制に基づき、効率的に全土を支配するという原則である。オスマン帝国の諸制度はこれらの原則に基づいて発展してきた。三つの原則にラベルを貼るとすると、①国際関係のなかでの領土維持、②支配の正当性の主張、③機能的な中央集権制と言い表せるだろう。

一八世紀後半に至る頃、この三つの基本の実現がいずれも覚束（おぼつか）ない事態になっていた。結果としてオスマン帝国の威信は大きく揺らいだ。以下では、それぞれがどのような問題をはらんでいたかをみていこう。

限界①——国際関係のなかでの領土維持の限界

帝国周縁部の動揺

オスマン帝国は外の世界と絶えず戦争をしてきたが、その内側の平和は長い期間守られてきた。コアになる直接支配域（＝ドナウ以南のバルカン、アナトリア、シリアや北イラク）の周囲を、独立経営の州や属国が取り囲み、それにより直接支配域が守られていたのである。しかし、一八世紀の後半、この平和は、著しく揺らぎ始めていた。

揺らぎは、外周に位置する各州や属国で激しくなった。帝国全体に起こっていた在地勢力の台頭が、特に帝国の周縁部では顕著だったからである。これらの地域でのオスマン帝国の支配はすでに名ばかりのものになりつつあった。

しかし決定的だったのは、これらの地域が、イスタンブルとではなく、帝国の外の世界との結びつきを深めていったことである。それにより自立の度を高め、直接支配域のための外周の役割から脱却し始めていた。また、フランスやイギリス、ロシアなどの在外の勢力は、積極的にこれらの地域に手を伸ばしてきた。こうして、オスマン帝国は複雑なヨーロッパの国際関係の只中に置かれることとなり、その揺らぎはやがて直接支配域にも及ぶようになっていったのである。

帝国支配の弱体化が外周にあたるそれぞれの地域にどのような形で現れていったかを整理しておこう。

モルドヴァ、ワラキア

三〇〇年以上にわたってモルドヴァ、ワラキアの両公国がオスマン帝国の属国の位置にあったのは、離反を阻止するオスマン帝国の軍事力が抑制力となっていたのと同時に、在地勢力の側にも、オスマン帝国を後ろ盾として利用する意図があったためである。モルドヴァ、ワラキアに限らず、外周の各地域にはおおむね、こうした背景がみられる。

モルドヴァ、ワラキアの両公国の場合、事実上、在地の貴族（ボエール）の中から公が選出され、オスマン政府によってそれが承認されてきた。ポーランドやオーストリアなどの干渉を排除し、貴族たちがその既得権を守るにはオスマン帝国の存在は好都合だった。

しかし、一八世紀に入るとロシアの影響力が強まり、こうした秩序は壊れ、離反の動きは表面化した。これに対抗してオスマン政府は、ギリシャ正教会に強い影響力をもつイスタンブルのギリシャ系大商人（フェネリオット、後述）の家系から両公国の公を任命し、直接支配を強める政策をとった。

これが在地の貴族のオスマン帝国への反発を強め、ロシアへの期待を増長させたことはいうまでもない。こうしたモルドヴァ、ワラキアの国内情勢の変化により、両国をめぐるオスマン帝国とロシアの関係は緊張したものになっていった。その結果が一七六八年からの露土戦争（第一次）だった。この戦争によりモルドヴァ、ワラキアは一時、ロシアの占領下におかれ、オスマン帝国の敗戦後に結ばれたキュチュク・カイナルジャ条約（一七七四年）により、両公国へのロシアの影響力は拡大した。その後、一八二八～二九年の露土戦争（第四次）の結果を受け、両公国は自治権を獲得、事実上ロシアの支配下に入った。モルドヴァ、ワラキアの帰趨（きすう）を決めたのは、ロシアとオスマン帝国の戦争だった。

クリミア・ハン国

クリミア・ハン国もまた、ロシアの圧力をうけ、オスマン帝国の支配から離れた属国だった。一五世紀末の併合以来、クリミア・ハン国の君主はオスマン帝国のなかで外交上の序列の高い、特別な位置を占めてきた。オスマン王家がチンギス・ハンの血統を尊重したためである。一七世紀にオスマン家の存続が危ぶまれたときには、オスマン家に代わる傀儡(かいらい)のスルタンとしてクリミア・ハンの名が取り沙汰されるほどだった。

また、クリミア・ハン国が貢納金の代わりに供出した騎兵軍は、一六世紀、一七世紀のオスマン帝国とハプスブルク家との戦争で大きな活躍をし、オスマン帝国の軍隊の重要な一翼を担(にな)っていた。

しかし、南に拡大をはじめたロシアの矛先は真っ先に黒海に向けられ、クリミア・ハン国はその脅威にさらされた。一八世紀前半にはその挑戦を跳ね返したものの、一七七一年にロシアに占領されキュチュク・カイナルジャ条約によりオスマン帝国の属国の地位を脱することが定められた。この状況にクリミア・ハン国内は内乱状態となり、続く八三年にロシアはこれを併合、八四年、オスマン帝国はこれを承認した。イスラム教徒の国クリミア・ハン国をロシアに渡したことの国内に与えた衝撃は大きく、この世論を受け、一七八七年、政府は奪還のためにロシアと開戦せざるをえなかったが（第二次露土戦争）、これに敗れ、クリミアのロシア帰属は確定した。

エジプト

一七世紀、一八世紀のカイロの政治の主役は、在地の軍人層だった。その構成は新規の購入奴隷（マムルーク）、マムルークの子や孫、イスタンブルから送られやがて在地化したイェニチェリや常備軍騎馬兵、軍のなかに籍を得た地元エジプトの商工業者など、雑多である。オスマン帝国の傘のもと、エジプト軍として対外的な戦争を行う必要がほとんどなかった約三〇〇年間、これらの勢力は、内部での抗争に明け暮れた。一七世紀にはフィカーリーヤ派（マムルーク系）とカースィミーヤ派（非マムルーク系）という二つの軍人党派が勢力争いを繰り広げた。一八世紀になると、イェニチェリ軍やその他の歩兵軍の党派争いも加わった。

カイロの再開発　勢力を誇った軍人たちは、町の人々の支持を集めるため多くの建造物を建設した。写真は、市内中心地に1744年に建てられた泉（1階）と学校（2階）を組み合わせた施設。著者撮影

軍人たちは、徴税請負権の購入、特に一七世紀末からはその終身契約というイスタンブルが決定した政策を利用して在地社会に深く食い込み、勢力を維持していた。

一七三〇年代からは、カズダグリーヤ（カズダール）と呼ばれる党派がイェニチェリ勢力の中から

台頭した。彼らは、主要な徴税請負権と官職を独占し、他の勢力を駆逐した。カズダグリーヤは、もともとはアナトリア出身の一軍人がカイロでイェニチェリ軍の隊長となって党派を形成、その従者やマムルークが首領として権勢を引き継いでいったものである。カズダグリーヤに属するマムルークの軍人たちは、購入奴隷としてコーカサス地方からエジプトにやって来た人々である。エジプトの実権はこうした軍人たちのなかから台頭した実力者が握り、イスタンブルから派遣された州軍政官や財務長官は、カイロの城塞の外にほとんど出ることがなかった。

一八世紀のエジプトでは、金曜礼拝にイスタンブルのスルタンの名は唱えられるものの、実際の政治はイスタンブルと無関係に推移していたといえるだろう。カズダグリーヤの首領アリー・ベイは、露土戦争の最中(さなか)にロシアと密約を結び、一七七一年には、その配下のマムルークが一時ダマスカスを占領している。一八世紀末のナポレオンによる占領を待つまでもなく、エジプトは国際舞台に単独で登場し始めていた。

エジプトがイスタンブルの支配下にとどまっていたのは、党派政治を担った軍人たちがオスマン帝国の制度や権威を利用していたからに他ならない。軍事力も、互いを牽制(けんせい)しあうためのものだった。このため一七世紀、一八世紀にはオスマン帝国からの離脱を明確な目標にする勢力は現れなかった。しかし、それは、オスマン帝国のもとで安全が保障されている限りにおいて有効な均衡だった。一七九八年ナポレオン軍が現れ、三年間暴力的にエジプトを支配したのちには、対外的に責任をもってエジプトを守れる勢力が求められるようになる。

バルカン出身の外来の軍人ではあったが、適度にエジプト化したムハンマド・アリーの台頭（一八〇五年）は、この文脈で説明することができるだろう。

南イラク

エジプト同様在地勢力の自立性が高く、長らく、州軍政官による統治が間接的なレベルにとどまっていた南イラクのバグダード州やバスラ州（一八世紀に二州統合）でも、一八世紀には購入奴隷であるマムルークの台頭という特異な現象が起きた。そのきっかけは、一八世紀の初頭にバグダード州軍政官として政府から派遣されたハサン・パシャが、サファヴィー朝グラーム軍に倣い、グルジア系マムルークを大勢購入して訓練したことだった。ハサン・パシャのマムルークの有力者が、やがて彼の地位を継承し、一八三一年まで事実上の領域支配を行った。オスマン帝国は、中央から州軍政官の派遣を試みるが失敗し、このハサン・パシャの後継マムルークたちを州軍政官に任命している。ここでは、血統的な親子ではなく、エジプト同様、主人―奴隷（マムルーク）間で政治支配者の地位が継承された。

事実上、自立を果たしたハサン・パシャとその後継マムルークを指し、ハサン・パシャ朝という場合もある。オスマン側からみれば、彼らはオスマン帝国が任命した州軍政官であるとすることで、かろうじてこの地域をオスマン治下にとどめていたことになろう。しかし、ハサン・パシャの後継者たちの側でも、隣接するイランとの対抗上、オスマン帝国の後ろ盾は必要だった。こうした共生関係が、一八世紀後半のオスマン帝国の周辺部に対する支配を支えていた。

北アフリカ

緩やかな共生関係は、一六世紀以来、間接的な統治しか行われていなかった北アフリカでは、さらに顕著である。そもそも、これらの地域をオスマン帝国が獲得した目的は領土やそこからの税収ではなかった。ハプスブルク家スペインや敵対する海賊の行動を牽制するための要所の獲得がその目的であり、領域支配は当初、意図されてはいなかった。

それでも長らく北アフリカの沿岸部がオスマン帝国の支配下にあったことは確かである。それは、各地の在地化したオスマン軍人らがオスマン帝国の権威を後ろ盾に支配者となり、またスルタンの側も、地方支配者の任命という手続きを通じて名目的な支配を続けていたからに他ならない。チュニジアのフサイン朝を除けば、毎年の貢納金も送金されていた。

各地の在地勢力のありようは多様である。多くの都市では、イスタンブルから送られたイエニチェリが在地化し、門閥化している。「家」をつくったこれらの軍人は、私兵や奴隷を使って勢力を整えた。こうした手勢には、アナトリアやバルカンから渡ってくる冒険的な軍人もいれば、海賊行為で捕虜になったキリスト教徒がイスラム教に改宗しそこに加わる場合もあった。在地化の度合いには差があるものの、チュニスのヒュセイン・アリーオールがつくったチュニジアのフサイン朝、トリポリのカラマンル・アフメト・ベイがつくったリビアのカラマンリー朝などは有力な地方政権だった。もっともイスタンブルから遠いアルジェリア（アルジェ州）ではデイの称号を名乗るトルコ系軍人が割拠した。

　フサイン朝は、一七世紀以来、オスマン帝国の禁制を無視してフランスやイタリアに穀物を輸出し、またこれらの国と独自に協約を結ぶなど、事実上、オスマン帝国の支配を脱していた。アルジェリアも、スルタンの命に服することはまれだった。たとえば、一七一八年のパッサロヴィッツ条約により、オスマン帝国は、地中海における海賊活動の停止を約束したが、それをアルジェの海賊たちに守らせることは至難の業（わざ）だった。アルジェリアからのメッカ巡礼や巡礼交易の差し止め、アナトリア方面からの志願軍人の渡航の禁止といった強硬な手段をとったが、その目的を完全に達したわけではない。

　以上のように、これらの国々に対するオスマン帝国の支配は、名目的な主従関係以外のなにものでもなく、ヨーロッパ型の植民地支配とは異質のものだった。しかし、フランスの植民地進出の脅威が現実になる一九世紀中葉、フサイン朝がオスマン帝国の宗主権を強調するように、一定の保護効果をもっていたことは確かである。

　その後、アルジェリアは一八三〇年、チュニジアは一八八一年にフランスの支配下に置かれることになる。

アラビア半島

　一方、アラビア半島の南端では、一六世紀以来、シーア派の一つであるザイド派の勢力が浸透し、オスマン帝国は一六三六年にイエメンの高地からは撤退、モカやザビードの港を支配するにとどまっていた。ここでも、オスマン帝国の支配の目的は、ポルトガルなどの進出を食い止め、東西交易の利益と重要な宗教拠点を保護することにあった。このため、オスマン帝国のアラビア半島経営は常に赤字だった。しかしその甲斐あって、メッカやメディナの情勢は長らく安定していた。オスマン帝国は同地を支配するハーシム家シャリーフ政権を保護し、さらに巡礼路や聖地への食糧供給を統括、「イスラムの保護者」としての名声を確保していた。

しかし、オスマン帝国の支配の外にあったアラビア半島中部では一八世紀中頃からワッハーブ派によるイスラムの純化の訴えを旗印にした宗教運動が始まり、その運動を支援したアラブ名家のサウード家が地方政権を打ち立てた（第一次サウード朝）。周辺の部族を統合したサウード朝は、一九世紀に入るとオスマン領に侵攻し、一八〇二年に南イラクのシーア派の聖地を破壊した。さらに、一八〇三年にメッカを支配下に収めた。

このワッハーブ運動が後世のイスラム思想に与えた影響は計り知れないが、この時点では、宗教的動機をもつ部族民の軍事行動だった。サウード朝のこの挑戦をオスマン帝国は単独では抑えることができなかった。一八一八年、それを制圧したのはエジプトのムハンマド・アリーの近代化された軍だった。

領土の喪失と保全の間で

以上みてきたように、帝国の周縁部では、オスマン帝国の支配が、各所で揺らぎ始めていた。かねてより十分に実質的な支配が及んでいなかった地域の自立は進み、モルドヴァやワラキア、北アフリカの例にみるとおり、首長の任命を通じた間接的な支配手法ではオスマン帝国の命令に服させることは難しくなった。

また、北方のロシアの成長は、帝国のバルカン、黒海沿岸の領土への直接的な脅威となった。ロシアとの戦争がモルドヴァやワラキア、クリミア・ハン国の去就を決めたように、オスマン帝国の領土の保全は、ヨーロッパ諸国との戦争、さらに外交や交渉の場で決まる時代が到来していた。これまで列挙したような多くの不安定な領土を抱えたオスマン帝国には、戦争に勝てる軍事力だけでなく、外交力も不可欠だった。しかし、一八世紀末の時点では、外交にあたる実務官僚の層は薄く、有力者の間で官職が決まっていくイスタンブルの政治のなかで、彼らの発言力は限られていた。

限界②――支配の正当性の揺らぎ

オスマン支配の正当性

オスマン帝国が直面していた第二の問題は、その支配を臣民に納得させる理由＝支配の正当性に揺らぎが生じていたことである。これまで、オスマン帝国は自分たちをイスラム的統治の実践者として位置づけてきた。これは、イスラム法の体系を国家の基礎に据え、特にイスラム法の原則を使って、非イスラム教徒を支配してきたことを意味している。

イスラム教徒の臣民はこれによりオスマン帝国のスルタンを支配者として認め、非イスラム教徒もまた、イスラム法に守られて生活ができた。オスマン帝国下のキリスト教徒やユダヤ教徒が問題に直面したとき、正しい統治をスルタンに求めたのは、法（＝イスラム法）に守られるべき自分たちの権利を主張したからに他ならない。オスマン帝国の臣民であることは、この仕組みを受け入れることだった。

この仕組みが納得されていた背景には、実際に「安全が保障されている」という現実に加えて、イスラム教徒と非イスラム教徒の間に、著しい経済的な格差がなかったことも挙げられる。裕福な人はイスラム教徒にも非イスラム教徒にもいた。貧しい人も同じである。混住の進んだ都市では事実上オスマン文化が共有され、宗教の違いは、社会的な差別にはつながっていなかったのである。

しかし、一八世紀、この状況に大きな変化が生まれた。一つには、ヨーロッパとの通商の拡大から、ギリシャ系の正教徒を中心に非イスラム教徒商人の経済力が急速に向上したことである。前述のように、彼らの中からはヨーロッパ諸国の保護民となってオスマン帝国の臣民から離れるものも現れた。均等だったイスラム教徒と非イスラム教徒の間に格差が生まれ、経済力の差は、やがてイスラム教徒と非イスラム教徒という集団間の対立につながった。また、イスラム教徒と非イスラム教徒の分化は、イスラム教徒の農民だけが非正規兵として雇われて戦場に行くという現実的な経験からも、強化されていた。

こうして一八世紀には、それまでに比べ、イスラム教徒と非イスラム教徒の別が明確になり、建前上の区別が次第に実質を伴うようになってきた。この事態は、やがて非イスラム教徒のオスマン帝国への帰属意識が揺らぐ状況へとつながった。ロシアやフランスによる、正教徒やカトリック教徒への働きかけなどは、その事態を進行させている。また、あとでみるように、ギリシャ系ギリシャ正教徒の一部の台頭は、ギリシャ正教徒の間の差異化も生んだ。これは、まもなくギリシャ人、セルビア人、ブルガリア人といった民族意識の獲得と高揚につながっていった。宗教の別から民族の別へと進んだ差異化は、一九世紀になると民族主義の運動として顕在化し、セルビアでの運動を端緒に、帝国を揺るがすことになる。

教会組織の再編

以上のことを、キリスト教徒の場合で具体的にみてみよう。前述のように、オスマン帝国の非イスラム教徒は、イスラム法のもと、それぞれの信仰と教会と法を守ってきた。この仕組みは教会組織にとっても益のあることだった。オスマン帝国下の各地の教会は、スルタンに公認されていることを根拠に、管区内の信徒を統括してきたからである。

一八世紀になると、その統括の度合いは著しく強化された。特に格段の組織化を進めたのはギリシャ正教会だった。これは、一七世紀以来のローマ・カトリックの宣教活動に対する危機感からの動きだった。一七世紀にはじまるフランスによる宣教活動の結果、キリスト教徒の中にはローマの権威を認めるユニアット派と呼ばれる人々が増え、特にアナトリアやシリア地方でその勢力が拡大した。一八世紀半ばまでには、旧来のキリスト教各宗派から分離した、メルキット派教会（元アンティオキア管区のギリシャ正教会）、カルディアン派教会（元ネストリウス派）、アルメニア・カトリック教会（元アルメニア教会）などが、非合法ながら成立した。オスマン政府は旧来のギリシャ正教会やアルメニア教会の側に立ち、分離各派を禁止したが、フランス領事などの庇護下にある宣教師らの活動を止めることは難しかった。

バルカン諸地域では、オーストリアの影響を受けるボスニアを除けばカトリック化は進まなかった。しかし、イスタンブルのギリシャ正教会総主教座はカトリックの拡大に危機感をもち、バルカン全域やシリアなどにギリシャ語で典礼を行う聖職者を派遣し、その統合を進めた。この際、イスタンブルの総主教座がオスマン帝国全体に対し統括権をもつことは、一五世紀来オスマン帝国により保証されてきたという説明が用いられた。根拠は、コンスタンティノープルの征服後にメフメト二世がゲンナディウス大主教に正教会の統括を委ねた、という逸話だった。

こうした主張に基づき、一八世紀中頃にミッレト制（オスマン帝国が宗派をミッレトとして認可し、その長を任命する制度）が成立する。これまで複数の教会組織のもとにあったギリシャ正教徒は、こうしてイスタンブルを中心に再編された。この時期、ギリシャ正教会総主教座にならい、アルメニア教会も組織化を進めた。

フェネリオットへの反発

ギリシャ正教会総主教座　総主教座は17世紀初頭よりイスタンブルの金角湾に面したフェネルに置かれた。同地に住む富裕なギリシャ系大商人フェネリオットは貴族階層を形成した。著者撮影

ギリシャ正教会総主教座による集権化は、正教のギリシャ化に他ならなかった。教会のギリシャ化は結果的に、セルビア、ブルガリア、ワラキアなどの各地の正教徒の反発を呼び、ギリシャ正教徒の間に亀裂が生まれる原因となった。それは、セルビア語やブルガリア語を母語にするギリシャ正教徒が、自分たちをセルビア人、ブルガリア人であると明確に意識する契機となった。こうした、反ギリシャの動きは、一八世紀後半に急速に広まっている。反発は、ギリシャ商人の経済的な優位に対しても向けられた。ギリシャ正教会は、中央集権化のために多大な資金を必要としたが、その多くは、総主教座のあるイスタンブルのフェネル地区に住む富裕なギリシャ系大商人（フェネリオット）の寄付によってまかなわれた。教会と富裕なギリシャ系大商人は、互いに利用しあう関係にあった。

ギリシャ系大商人は、一七世紀末からオスマン宮廷と強いつながりをもち、宮廷の通訳や黒海方面からの毛皮などの輸入に携わり巨額の富を得ていた。また、この頃からヨーロッパの産品をバルカンやロシアに取り次ぐことで成果をあげ、バルカンの通商ルートを牛耳（ぎゅうじ）っていた。前述のよう

に、その関係からモルドヴァ、ワラキアに深い関係をもち、一七一一年からは、政府への上納金と引き換えにその「公」の職を獲得していた。こうしたギリシャ系大商人への反発も、バルカンの各地に広がっていた。

オスマン帝国が、イスタンブルのギリシャ正教会総主教座とアルメニア教会総主教座を優遇、保護したのは、それによりギリシャ正教徒臣民、アルメニア教徒臣民からの帝国への支持を取り付けるためであったが、うち、ギリシャ「人」への肩入れは、結果として、他の「民族」に属するギリシャ正教徒の帝国への忠誠を揺るがす原因となったといえるだろう。

ところで、オスマン帝国では徴税の必要から個々人の宗教の別は重要だったが、民族の別は問題になることがなかった。言語や文化の違いで緩やかに意識されていたにすぎない。しかし、この時期に、非イスラム教徒を中心に、各集団の民族名が決まっていく。アルメニア教徒やユダヤ教徒の場合は、何語を母語にしていても、アルメニア人、ユダヤ人というアイデンティティに結びついたが、ギリシャ正教徒の場合は、地域や言語を基準にいくつもの集団に分かれた。ただし、ギリシャ人、セルビア人、ブルガリア人などに分かれていったギリシャ正教徒のなかで、トルコ語を話すアナトリアのギリシャ正教徒はトルコ人になることはできなかった。アナトリアに住むトルコ語を母語とするイスラム教徒が、のちにこのアイデンティティを「占有」するからである。このため、彼らは中央アナトリアのカラマン地方の名をとりカラマン人と称され、やがて、二〇世紀になるとギリシャ「人」としてギリシャに移住することを余儀なくされた。

あるブルガリア人主教の告白

ここで、こうした世界に生きた一人のブルガリア人主教ソフロニーの自伝を紹介しよう。著者は、ブルガリア北部の町ヴラツァ出身のギリシャ正教の聖職者である。彼が一八〇六年に出版したこの自伝（ブルガリア語での最初の出版物）からは、変化に直面するオスマン帝国下のブルガリア社会がうかがえる。

それによると、主人公ソフロニーは、少年時代、故郷を離れギリシャ語の学校教育を受けた。父親の商売は不明だが叔父たちは家畜商を営んでおり、父親も同業だったと思われる。父、そして叔父が亡くなったあと、その遺産の回収にイスタンブルやアナトリアを回っていることから、彼らがブルガリアからイスタンブルに羊を送る、大きな商売をしていたことがわかる。のちに彼の息子も家畜商となっている。ブルガリアが首都イスタンブルへの主要な家畜の供給地であり、ブルガリアでもっとも富裕な層を家畜商が占めていたことを思えば、彼が十分な教育を受けたこともうなずける。

ソフロニー肖像　ブルガリア民族主義運動の先人の一人とみなされ、のち聖人に叙された。Sofronij Vračanski, *Katčiziceski, omiletični i nravoučitelni pisanija,* 1989より

ソフロニーは一七六二年、二三歳のときに、主教に一〇〇銀貨を払って村の司祭の座を得、そこで子供たちに読み書きを教え始める。さらに、主教の

命で地域の裁判官も務め、ずいぶん人々の恨みを買ったようである。彼自身はその後に身に降りかかった災難を、こんな仕事をしたことへの神の罰だと後悔している。

一七六八年に露土戦争が始まると、彼の管区はオスマン軍の通り道にあたった。「大河のように兵が進軍し、目の据わったイスラム教徒たちは、キリスト教徒にあらゆる悪事を働いた」という。

彼の災難のなかでは、病気を除けば、羊取引にかかわる事件が大きい。オスマン軍に供給されるべき羊の横流しと思われる事件にかかわり、あやうく処刑されるところだった。しかし、村の女性たちに懇願されたオスマン軍政官の母親の仲介で、なんとか一命をとりとめた。地方に駐在するオスマン帝国の軍人やその家族と、キリスト教徒の村人たちの交流が描かれる。

実際、彼の生涯のなかで、オスマン帝国の存在は「悪」ではない。彼が接した高官たちは、乱暴ではあるが不当ではない。投獄も、冤罪とはいえないように思える。彼の記述のなかで、人々に災いをもたらしているのは現場の兵士であり、そして、台頭する在地のアーヤーンたちである。統制のとれない彼らの乱暴や狼藉は、彼の任地を疲弊させている。

ヴラツァの主教に昇進した彼は、折しも発生した有力アーヤーンのパスヴァントオール家の乱を避けつつ、ようやく任地に到達し、管区内の町や村から教会への税を集めることに尽力している。しかし、在地の中小規模の勢力のアーヤーンたちの抗争、一七九六年からはパスヴァントオール家と政府軍の戦争が続き、彼の管区はとても集金ができる状態にはなかった。

それでも、主教の彼は、こうした抗争から逃げ回りつつ管区をひたすら回っている。イスタンブルの総主教座に支払わなければならない納金のためである。反乱から逃れるに際しては、しばしばトルコ人の手を借り、共に逃げ、共に隠れている。その後、紆余曲折（うよきょくせつ）を経て、彼はパスヴァントオール家のもとで働くことになる。そこには三年間、留め置かれた。その後、ブカレストに逃れ、ヴラツァの主教職も辞任している。彼の書は、こう結ばれている。

> こうして、恐怖と日々の悩みから救われました。しかし心の中は晴れません。神への恐れがあるからです。管区の人々を背負ったにもかかわらず、私は逃げ出しました。神に罰せられるのではないかと怖れています。しかし、私が慈悲深き神にお伝えしたいのは、そのことではなく、私がヴラツァの主教職を投げ出したのは、大きな災害で世界が荒廃し、ヴィディン周辺が略奪者（ハイドゥク）の巣窟と化しているにもかかわらず、彼ら（総主教座）が私に多額の未納金を負わせたためだという点です。
>
> なので、今、私は、こうして、ブルガリア語で本を書こうと昼も夜も努力しています。この罪深き私は、人々に自分の口から役に立つ説教をすることができないので、私が書いたものをみてくれたらとの思いからです。

彼は、結局のところ、オスマン帝国における秩序の崩壊がもたらした混乱を、ペストと同じ災難のように受け止め、自分にとっての災いの源は、ギリシャ正教会総主教座だとしているのである。この自伝を読む限り、彼は依然としてオスマン帝国の中に生きている。

しかし、その一方で、彼はブルガリア語での読み書きを子供たちに教え、ブルガリア語で説教をすることにこだわっていた。こうした活動は、やがて、民族の自覚へとつながっていくのである。オスマン帝国への忠誠を超える、ブルガリア正教会、さらにはブルガリア民族主義への忠誠が育ち始めていた。

限界③――中央集権体制の弛緩

オスマン中央集権体制の限界

一八世紀後半に大きな問題となってきた三つめの点は、集権的な官職体系と軍制が各所で変質し始めていたことである。その結果、官職の権益化と地方勢力の台頭が進んだ。

これまでみてきたように、オスマン帝国はイスタンブルを中心にした各種の官職者の体系を整え、それにより効率的な支配を実現してきた。帝国全土に派遣される上層の軍人政治家、地方法官、財務官僚たちは、常に片目でイスタンブルを見ながら仕事をし、中央集権的な帝国の歯車となっていた。

しかし、一八世紀後半には、こうした仕組みのおそらくは避けがたい帰結として、膨大な有名無実の官職者群が生まれていた。官職に任命されたものは仕事の実務を代理に送って実施させることが一般化したためである。官職の一部は売買され、政府から俸給の代わりに与えられる徴税請負権は、下請けの第三者に売却された。その傾向は一七世紀からみられたが、一八世紀末には、もはや抜き差しならない事態に至っていた。

地方行政職の中では、県軍政官の職がそれに付随する徴税権とともに上位の州軍政官の俸給の一部として与えられるなどし、その実質を失った。実質的な県の行政と徴税はミュテセッリムと呼ばれる地方代官が担当した。地方によっては、ヴォイヴォダやムハッスルと呼ばれる徴税担当職が別途置かれる場合もあり、さまざまに権限が分散した。代官らは国庫に入る税の収税を担当したが、名目上の県軍政官職者にその一部を支払い、自分の収入も確保したわけである。これらの職はいずれも、地方のアーヤーンのものとなっている。

同様のことは、ウラマーの世界ではより深く浸透していた。この時期、地方法官の業務の大半がナーイブと呼ばれる代官により執行されていたからである。上級のウラマー職には、いくつかの地方法官ポストが付属し、彼らはそれを下請けに出すことで収入を得ていた。マドラサの教授の職も売買や賃借の対象にもなっていた。代官の地位にあるものが実質的に機能を果たしているとはいえ、政府のリストにある官職者が本来の業務にあたっていないことが、望ましい形態であるはずがない。こうした官職の権益化は、徴税請負の終身契約などで財を成した、少数の富裕な家系が官職とそれに俸給として付随する徴税権を独占的に獲得した結果として生まれたものである。

その一方で、中央政府や有力者の家政を預かる書記官僚の成長は続いていた。書記官僚の養成は伝統的な徒弟制度を踏襲したものであったが、彼らの膨大な事務作業により、広大な帝国内の通信と意思決定、また複雑な俸給の流れや地方での徴税請負制の展開状況は細かく把握され続けた。一七八五年には大宰相府内に石造りの文書庫が建設され、同府関連の文書類が保管された。

最大規模の役所であった財務長官府やシェイヒュルイスラムの屋敷でも、職務をサポートする官僚の整備が進んだことは、この時代から伝わる文書の多くが示している。一七九〇年頃には、財務官僚六五〇人を含み、全体で一五〇〇〜二〇〇〇人の書記官僚が俸給をもらっているとみられる。

こうした実務家たちの成長は、オスマン帝国の最後の砦だったといえるかもしれない。官職の実質化の必要性を、書記官僚たちは認識していたことだろう。しかし、裏方から成長した書記官僚たちがそれを実行できるのは、一九世紀の新時代を待ってのことだった。

各地のアーヤーン

形骸化した官職者群が政府の税収を収奪し、中央政府の機能を低下させた事態は、オスマン帝国の前近代的な官職制度の行き着くところだったといえるかもしれない。政府は実際に働いている人々を把握できなくなっていた。こうしたなか、地方社会では、「実質的に働いている」人々が名目上の税収額と実際の徴税額の差額を集積し、さらにそれを在地での経済活動に投資して台頭していった。こうしたアーヤーンの台頭が一八世紀後半のオスマン帝国社会を特徴づける。前述した西アナトリアのカラオスマンオール家、ディヤルバクルのシェイフザーデ家に加えて、帝国全土でどのような有力アーヤーンが台頭していたかを概観しておこう。

ヨーロッパとの交易で飛躍のチャンスを得ていた西アナトリアやシリアの沿岸部、バルカンの境域では、西に目を向けたアーヤーンたちが台頭している。シリアの地中海岸では富裕な農家出身のザイダーニー家ザーヒル・アルウマルが、フランスへの綿花輸出を牛耳って台頭した。綿花の専売制を導入するなど「近代」的政策を導入したが、その勢力を警戒するオスマン政府により攻撃され、一七七五年に当主が戦死した。しかし、その後は、サイダー州軍政官に任命された軍人ジェッザール・アフメト・パシャが引き継ぎ、権勢を誇った。彼の軍はナポレオンのシリア侵攻を撃退するなど、軍事力でも同地に不可欠の存在となっていた。ジェッザール・アフメト・パシャはエジプトのカズダグリーヤの首領アリー・ベイのもとで育ったボスニア出身の軍人である。

これに対し、内陸部では、伝統的名家が核となっている。経済圏としてはアレッポにつながる北イラクのモスルでは、商人の名家ジェリーリー家が台頭し、州軍政官職を歴任した。同家は商業の傍ら多くの徴税請負権を集積し、政治的な権力を獲得した。

ダマスカスを中心に一八世紀中葉、勢力を誇ったのはアズム家である。アズム家の出自は明らかではないが、イスタンブルのエリート層と深いつながりをもち、一八世紀にダマスカス州軍政官や巡礼長官というシリア地方の政府の要職を独占し、周辺各州の軍政官も同家が占めた。一方で完全に在地勢力化したイェニチェリ軍（イェルリーエ）や新規に派遣されたオスマン軍（カプクルラル）と結んで都市民に影響力をもち、また、宗教寄進や巡礼の保護を行い、市民の支持をとりつけた。しかし、アズム家の場合も最盛期の当主が政府により処刑されている。官職に依存するアーヤーンの命運は、一方では常に政府に握られていた。

一八世紀のバルカンの各地では、ヨーロッパ商人との交易などでキリスト教徒商人が経済力をつけていた。このような状況を背景に、クネズやコジャバシュ、チョルバジュと呼ばれるキリスト教徒の地域社会のリーダーがアーヤーンとして台頭するケースも多数みられた。しかし、アーヤーン間の勢力争いが激化して淘汰が起こると、結局、徴税請負権や政府の官職をもつイスラム教徒のアーヤーン家が有力になる傾向が強かった。彼らの軍事力が政府に利用され、それがさらなる勢力拡大につながることが多かったからである。一九世紀初頭に政治史の主役に躍り出るイオニア地方（ギリシャ）のテペデレンリ・アリー・パシャや、ヴイディンのパスヴァントオール家、また、ルスチュク（ブルガリア）を拠点としたアレムダール・ムスタファ・パシャらは、こうしたなかから登場した。

アーヤーンの制御

政府によるアーヤーンの台頭への対応は複雑である。臣民出自の軍人たちを利用することは、すでに一七世紀初頭の非正規兵の利用以来の伝統であるが、「忠告の書」各書が示すとおり、それは国家の秩序に反するものと認識されていた。しかし、他に選択肢のないなか、政府は、台頭するアーヤーンに官職を与えて把握し、その力を利用せざるをえなかった。アーヤーンの利用はすでに一七世紀末から始まっているが、一八世紀になると顕著になる。

しかし一七六〇年代になると、政府は明らかにアーヤーンの統制に乗り出している。アーヤーン職という公職を大宰相による任命制とし、意にそわない動きをしたアーヤーンを処刑、財産没収などを進めた。また、アーヤーン同士を競わせ、あるアーヤーンの討伐に別のアーヤーン軍を差し向けるなどし、その対立をあおった。このことは、少数の巨大なアーヤーン勢力だけが生き残るという結果も生んだ。

一方でアーヤーン軍なしでは対外戦争を遂行できないオスマン帝国は、その力を完全にそぐこともできなかった。特に一七八七年にはじまる第二次露土戦争は西アナトリアのカラオスマンオール家、中央アナトリアのチョバンオール家、北東アナトリアのジャニクリ家というアナトリアの三大名家をはじめとするアーヤーンの私兵軍の協力で実施されたに等しい。

政府にとってアーヤーンが両義的であるように、在地社会にとっても、アーヤーンの実力による地方支配は危険と恩恵が共存するものだった。アーヤーンたちの抗争は地方社会を荒廃させ、また貸し付けなどを通じて彼らに債務を負う農民、都市民も多かった。その一方で多くのアーヤーンたちが地元にモスクや学校を建て、市場やキャラバンサライを寄進し、その富を地方社会に還元していたことも事実である。その動機に政府による財産没収から逃れるという要素もあったとはいえ、結果として、地元社会に貢献したことは間違いない。

中央の官僚からはアーヤーンたちは無知で乱暴な田舎者に見えただろうが、その実、折々のアーヤーンたちの行動は、社会情勢、国際情勢を踏まえた適切なものであった。淘汰を経て地方政権に近い権力にまで到達した有力アーヤーンは、各方面に情報源をもち、そこから得た知識で台頭し、また政府にも対抗したのである。彼らの台頭は力ずくで支配層に割り込むだけでなく、地方社会に、中央を凌駕する実力が蓄えられつつあったことも示している。

第一次露土戦争の衝撃

非正規兵に頼るオスマン軍

一七三九年にベオグラードを奪還して以来、オスマン帝国はヨーロッパの勢力争いから距離をとってきた。しかし、その後三〇年間続いた平和は、イェニチェリ軍の弛緩を招き、それを補うような軍事への投資を遅らせた。同時代のヨーロッパ（フランスやロシアなど）が、戦争の負担に苦しみながらも、軍事力の向上を達成していたのとは対照的だった。これを平和の代償と呼ぶのは語弊があるが、いずれにせよ、久方ぶりに戦争を遂行せざるを得なくなったとき、当時のオスマン帝国が抱えていた各種の矛盾が一挙に表に出たことは事実だろう。

一七六八年にロシアとの戦争が不可避となると、各地のアーヤーンたちは、政府の命を受けて私兵を組織し、軍を整えた。政府もまたイェニチェリ軍を召集しレヴェントと呼ばれる非正規兵を集めた。平和の続いた三〇年間、イェニチェリ兵は十分な訓練を受けず、非正規兵たちと大差ない集団だったといわれる。では非正規兵とはどのようなものだったのだろうか。その実態は、やがて多くの人々に軍を中心とするオスマン体制の限界を認識させるものだった。

非正規兵の募集は各地の地方法官と県の地方代官に命じられ一つの県から五〇〇人から一〇〇〇人が募集された。非正規兵の雇用の期間は通常八ヵ月で、月給の他にボーナスや食費が支払われた。武器は自前とされるが、政府によって配給された分も多いとみられる。

こうしてアナトリアとバルカンの各地で集められた非正規兵の総数は二〇万～三〇万という膨大な数にのぼったとみられている。軍で食いつなごうとする貧しい人々が際限なく集まった様子がうかがえる。イスラム教徒であることが条件だったので、実際にはその多くがトルコ人とアルバニア人から成っていた。ある史料は、一二万人分の食糧を用意したところ、六〇万人が現れたと記す。その数を鵜呑みにはできないが、この戦争を通じ、兵士の数や配置の調整が適切に行われなかったことは明らかだった。

規律も問題だった。非正規兵たちの指揮官は、多くの場合、地方のアーヤーンが務めた。急仕立ての軍に規律が望めるはずもない。先に挙げたソフロニー主教の自伝にもあるように、非正規兵たちは戦場に至るまでの村や町でしばしば略奪を働き、バルカンの住民に反オスマン感情を植えつける結果にもつながった。戦場での彼らの勇敢さを称える証言はロシア側の記録にも多いものの、よく訓練されたロシアの農民兵との差は歴然としていた。

このように露土戦争での非正規兵の状況は、彼らを訓練し、正規の軍とする必要性を示していた。それは一七九三年設立のセリム三世の新軍（ニザーム・ジェディード軍）として試みられることになる。

戦争の経緯

一七六八年に始まる第一次の露土戦争は、ロシアのエカチェリーナ二世がポーランドに介入し、元愛人でもある貴族をポーランド王として送り込んだことに端を発する。同時にロシアは黒海西岸からドナウ川まで軍を進め、オスマン帝国を刺激した。かねてよりアーヤーンの私兵軍の整理にあたっていた大宰相ムフスィンザーデ・メフメト・パシャは、準備不足を認識して開戦に反対したが解任され、六八年一〇月オスマン帝国は開戦を宣言した。そこから先に挙げた非正規兵の募集が始まり、急仕立ての大軍が編制された。

しかし、ドナウ川に沿った城塞の防衛ラインは機能せず、七〇年にカルタルが主戦場となった戦争でオスマン軍は大きな損害を受け、敗北した。この戦いではロシア軍四万、オスマン軍一〇万〜一五万という兵力差があったにもかかわらず、オスマン軍は総崩れとなり、ドナウ川を渡る途中のパニックだけで二万〜四万の兵が失われたといわれる。この結果、モルドヴァとワラキアがロシア軍に占領された。

また、ロシア軍はクリミア半島を占領し、さらに、バルチック艦隊がイギリス海軍の支援を受けてジブラルタル海峡経由で地中海に進み、エーゲ海の港チェシュメに停泊中のオスマン艦船を焼き払った。イスタンブルを征服するというエカチェリーナ二世の宣伝も夢物語で

チェシュメ海戦の図　オスマン海軍は1770年、大きな敗北を喫した。海軍博物館（イスタンブル）蔵

はなくなっていた。

この間、オスマン軍が伝統的に得意としてきた軍への食糧供給や武器の供給も滞り、被害を拡大した。人数だけは多い前線への物資の補給は、途中の要塞がロシア軍の手に落ちたことなどにより、困難を極めた。

当時の一年の通常予算が平均一四〇〇万銀貨といわれるなか、この戦争には現金だけでも四年間で三二〇〇万銀貨が支出されている。その多くが非正規兵やイェニチェリへの支払いにあてられた。平和の三〇年の間に蓄えられた財は底をつき、オスマン財政は、突如、破綻（はたん）寸前にまで追い込まれた。

キュチュク・カイナルジャ条約

一七七二年から続いた和平交渉は、結局、一七七四年にブルガリアのシュムヌでオスマン軍が敗れたのを機にまとまり、キュチュク・カイナルジャ条約が結ばれた。ロシア側も広がる農民反乱への対応などから、戦争の継続は望んでいなかった。この条約によりロシアのオスマン領からの撤兵は約束されたものの、オスマン帝国は膨大な賠償金を支払い、黒海でのロシア商船の活動権、ロシアのモルドヴァ、ワラキアの正教徒に対する保護権を認めた。また、クリミア・ハン国はオスマン帝国の属国から脱し、独立するものと定められた。

ロシアはこの条約を足場に、八三年にはクリミア・ハン国を征服、併合している。また、ロシアは「(イスタンブルの)ガラタ側のベイオールという街区の公道沿いにロシア帝国が教会を建てることが許可される。この教会は一般信者向けのロシア＝ギリシャの宗旨の教会で、永久にロシア帝国大使の保護下にあって一切の干渉と妨害から保護される」(第一四条)という文言を拡大解釈してオスマン帝国全体の正教徒に対する保護権を主張した。このことは、バルカンにおけるロシアの勢力拡大を保証することになった。

露土戦争の示すもの

露土戦争での敗北は、オスマン帝国が抱えていた構造的な問題を図らずも表面化させることになった。イスタンブルでは、アフメト三世時代以来の文化的な活況が続いていた時期である。それに冷や水を浴びせることになったこの敗戦から、実質的な変革の準備は始まったといってもいいだろう。政治の実務に携わっていた書記官僚たちの用意したプログラムは、やがて、一七八九年に即位するセリム三世からマフムト二世の五〇年の間に、徐々に実現されていくことになる。

露土戦争の結果を、先に挙げた三つの「限界」に即してみてみよう。

①国際関係の中での領域維持の限界――なにより、露土戦争で焦点となったのが、クリミア・ハン国、モルドヴァ、ワラキアという三つのオスマン帝国属国の扱いだった点に、従来の手法での、領域維持の限界が現れていた。属国や遠方の領域への支配を続けていくには、ハンや公を任命するだけでなく、より直接的な統治への関与が必要になっていた。

また、戦争は国際化した。ロシアはイギリスと結んでエーゲ海に艦隊を送り、エジプトやレバノンのアーヤーン勢力はロシアと結んでシリアに軍を進め、ダマスカスを占領するに至っている。さらに、戦後のキュチュク・カイナルジャ条約の条文を拡大解釈するロシアの外交力にもオスマン帝国は遅れをとっていた。

②支配の正当性の揺らぎ――オスマン帝国と結んだギリシャ系大商人フェネリオットの支配への反感もあり、戦争を通じ、モルドヴァ、ワラキアの人々は、ロシアの勢力拡大を歓迎していた。ロシアはこの支援を追い風にしていた。まもなくロシアの支援を期待する動きは、ギリシャやセルビア、ブルガリアにも広まる。これに対抗し、スルタンへの忠誠を保証する新しい枠組みづくりは急務だった。

③中央集権体制の弛緩――戦争の敗北の直接的な原因が、軍事力の低下にあったことはいうまでもない。すでにこの戦争の最中に、指揮系統の見直しが行われ、慣例に反して本陣が冬期も戦場に残るなど、問題の修正は始まっていた。ルミヤンツェフ将軍率いる訓練されたロシアの兵力に比べてあまりにも見劣りのするオスマン軍の状況に、非正規兵を訓練して新たな常備軍に仕立てなおす必要性は、誰の目にも明らかだった。このため、軍事改革は改革

プログラムの出発点となった。

また、この戦争を通じ、アナトリア、バルカンのアーヤーンに依拠するところがあまりに大きくなりすぎたため、それは逆に、彼らをいかに政府内に取り込むか、あるいは殲滅するかが喫緊の課題になった。この後、アーヤーン出身の大宰相が出現する一方、政府軍が巨大アーヤーン殲滅に奔走する事態になっていく。それはアーヤーンが握っていた在地での権限を政府が回復し、中央集権体制を再構築する歩みでもあった。

近代国家への転換の五〇年

新支配体制構築の課題

露土戦争の敗北に直面し、オスマン帝国の中枢では、官僚出身の政治家たちの起案により、大きな変革が始まった。その改革を主導したのは、セリム三世とマフムト二世の、両スルタンだった。その方策は、なにより、中央への求心力を回復し、新しい中央集権体制をつくり出すことだった。外国の干渉を排除して帝国を維持し、臣民の国家への忠誠を確保するには、その足場となる支配体制の再構築、すなわち、第三の限界として挙げた伝統的な集権体制の問題点を克服することがなにより求められたからである。

支配体制の再構築を目指すスルタンとその側近たちの前に立ちはだかったのは、首都イスタンブルで隠然たる勢力を誇るイェニチェリ軍と、地方に割拠し政府の統制に従わないアーヤーンたちだった。しかし、こうしたネガティブな表現は、おそらく、その後の中央政府の勝利を織り込んだ、不公平なものだろう。これまでみてきたように、首都のイェニチェリと地方のアーヤーンという二つの勢力は、支配される側の民衆のなかに足場を置き、国家や支配エリートに吸収されえない在地の富や権益を守る存在として成長してきた存在だった。中央政府が、イェニチェリとアーヤーンの一掃に奔走した五〇年は、オスマン帝国自身が、被支配民の大きな犠牲のもとに、前近代のオスマン体制を自ら否定し、近代オスマン帝国へ変貌していく五〇年だった。

このうちイェニチェリは、イスタンブルのみならず、各地で在地化し中央の命令に従わない武力集団であると同時に、都市の商工業者と一体化した無頼（ぶらい）の徒だった。彼らの反乱は軍人としての既得権を守ろうとする動機からだけでなく、増税や外国商品の流入、新奇な流行や風紀の乱れに対する道徳的反発という、都市民の身近な要求を代弁していた。イェニチェリの廃止後に、ヨーロッパ商品の流入が進むという現象は、こうした関係から説明される。

各地のアーヤーンも、在地の人々にとって両義的な存在であったことは前述の通りである。また、それぞれのアーヤーンは、各自の勢力の維持を第一に行動したため、アーヤーン群の行動は全体としては統制のとれたものではなかった。アーヤーンは互いに争いあい、また、状況を見て政府への態度を変えた。共通するのは、彼らが各地域の経済的利害に敏感であり、そのためには軍事的な衝突もいとわない、判断力のある「地方支配者」だったことである。

被支配民の富と安全の、実質的な保護者であったイェニチェリとアーヤーンの放逐を準備しつつ、しかし、依然、それに代わる強固な新中央集権体制の構築途上にあった移行期の五〇年は、オスマン帝国が社会的にもっとも不安定で、またそれに伴い、対外的に弱体化した時代でもあった。連続する帝国内の紛争と外国からの干渉のなかで、残された時間と競うように中央集権化改革は進められた。

手法としての「西欧化」

前近代のオスマン帝国のなかから同じく近代化を目指したのは、中央政府だけではなかった。中央政府と並んで、オスマン帝国の地方勢力のなかからも、イスタンブルへの求心力の低下を利用して近代化を進め、それにより、オスマン帝国の枠組みから脱することを目指す勢力も現れた。オスマン支配に対抗する自立のための核を得、さらに、近代的な軍事力を編制して帝国軍に勝利したり、あるいは、外国勢力からの支援を得ることができた勢力は、やがてその自立を成功させていった。

前述したモルドヴァ、ワラキアに続き、「民族主義」のイデオロギーと外国勢力の支援を得たセルビア、そして、同じくギリシャが、早い時期にオスマン帝国からの自立に成功した。旧来から地域的なまとまりが明確だったエジプトも、実質的な自立を勝ち得た。イスタンブルの中央政府は、そうした自立の動きと対抗しながら、自らも、軍事や統治制度の近代化・集権化を進めた。

その際にとられた西欧化という手法に関しては、オスマン帝国がその歴史を通じてヨーロッパからの技術の摂取に積極的であったこと、特に一八世紀にはヨーロッパとの接触の機会が大幅に増えていたこと、さらに、改革の契機となったのが西欧化を進めたロシアへの敗北であったことから、他の選択肢はなかったといえるだろう。オスマン帝国中枢や地方の自立勢力も、改革の手法が西欧化＝近代化という点では一致していた。

西欧化の手法による改革が目に見える形をとり始めた頃、それにより既得権力を奪われる人々の間に広まった不安と反発は、改革が「反イスラム」だという不満として、声高に主張され、暴力に訴えられるケースも多発した。ただし、「反イスラム」という言説は、改革の手法がヨーロッパ起源であることにではなく、その結果が不公平な、不正な状況を生んでいることに向けられている。この言説だけをみて、抵抗勢力はイスラム的秩序の復活・形成を目指したかのように考えるのは、誤解といってよいだろう。

軍制改革

二度目の露土戦争の最中の一七八九年に即位したセリム三世が、その敗北ののちにまず着手したのは、大砲をはじめとする軍事技術の近代化と、訓練された新しい部隊の設立であった。とにもかくにも、ロシアなどの近代化された軍と渡り合える軍隊をつくり出すことは、国家存続のための最大の課題だったからである。

セリムは矢継ぎ早に軍事改革の施策を実施に移した。フランスの軍事顧問団の招聘（しょうへい）、海軍と陸軍の技術学校の開設、西欧の軍事技術書の翻訳、火薬工場の設立などである。その中心は、砲兵隊の強化と、ニザーム・ジェディード軍（一七九三年）と呼ばれる新歩兵部隊の創設に置かれた。大砲製造の改良や砲兵隊の再編制は順調にすすみ、以後の改革を武力の面で支えることになった。

歩兵部隊ニザーム・ジェディード軍の編制に協力的だったのはアナトリアのアーヤーンたちである。ニザーム・ジェディード軍には彼らの協力を得てイスラム教徒の農民が供給され、イスタンブル郊外のレヴェント練兵場などで訓練が行われた。ただし、その拡大の歩みは遅かった。一八〇六年までには、イスタンブルと帝国のアナトリア側に駐屯する二万以上の軍勢となっていたが、例えばブルガリアの有力アーヤーン、アレムダール・ムスタファ・パシャが単独で三万の訓練された軍勢をかかえていたことを考えると、依然、その数は十分とはいえない。

ニザーム・ジェディード軍の拡大に慎重が期されたのは、同じ歩兵部隊であるイェニチェリ軍の反発を心配してのことだった。しかし、結果的には彼らの懐柔に失敗し、一八〇七年のイェニチェリを中心とした軍人の反乱でセリム三世は退位を余儀なくされ、ニザーム・ジェディード軍は解散を余儀なくされた。

しかし、歩兵部隊の改革の必要性は誰の目にも明らかだったため、セリムの廃位後もニザーム・ジェディード軍の再編が試みられた。それを主導したのは、セリムの復位をもくろんで大軍を引き連れてイスタンブルに上京し、大宰相の地位についた、前述のアレムダール・

ムスタファ・パシャだった。彼がイスタンブルに到着した時には、蟄居中のセリムはすでに殺されていたが、アーヤーン勢力の要求をとりまとめ、一八〇八年一〇月、彼が擁立した新スルタン、マフムト二世と「同盟の誓約」を結び、地方勢力を温存しつつ改革を進める方針を承認させた。しかし、このアレムダール・ムスタファ・パシャも再びイェニチェリの反乱で殺された。

この事件は、地方のアーヤーンを含めて、近代化・西欧化は自明の方針と認められていたこと、しかし、それをスルタンの専制的指導のもとに行うか、アーヤーンなど地方勢力に権限を委譲して行うかには意見の不一致があったことを示している。一方、イェニチェリ軍は、そのいずれにも反発し、由緒ある近衛兵としての既得権の維持に固執していた。

続くマフムト二世のもとでも新しい部隊の編制は繰り返し試みられた。これに並行し、政府は実体を伴わない前述のイェニチェリ株を他の債権と交換する方法で回収した。こうして、イェニチェリを廃する政治目標は徐々に現実的なものとなった。慎重に準備を進めたマフムト二世の計画に従い、一八二六年、西欧式の砲兵隊は首都のイェニチェリ軍を殲滅し、その軍は廃止された。約六〇〇〇人のイェニチェリ兵が殺されたという。これに連動して、イェニチェリの精神的支柱になっていたベクタシー教団も閉鎖された。

改革の当初よりの課題であったイェニチェリの改革は、その廃止でようやく決着したが、ニザーム・ジェディード軍の創設から数えると、三三年を要したことになる。この遅れのため、後述する帝国各地の自立化へのオスマン帝国の対応は不十分なものに終わった。しかし、言い換えれば、それだけ、イェニチェリが社会に深く根を張り、また、支配エリートによる上からの改革に対抗する力が強固だったことを示している。オスマン帝国の再中央集権化は時間との戦いだったが、その戦いに完全に勝利したとはいえないだろう。

イェニチェリ軍の廃止ののち、マフムト二世は、ムハンマド常勝軍と名付けた新歩兵部隊を編制した。ただちに一万二〇〇〇人のムハンマド常勝軍がイスタンブルに駐屯する体制が整えられ、首都と地方の双方で次第にその数を増やしていった。これにより、オスマン帝国中央の常備軍は、人数や兵器の点でヨーロッパの標準的な軍に匹敵するものに生まれ変わり、軍事力の近代化の基礎は整えられた。

アーヤーン勢力の討伐

続く目標は、地方におけるアーヤーンの一掃だった。このうち、バルカンとアナトリアのアーヤーン勢力の駆逐は、一八一〇年代以後、徐々に効果をあげていった。前述の「同盟の誓約」は、アーヤーン勢力の力の頂点を示すものであったが、その同盟がイェニチェリの反乱でつぶされ、アーヤーン勢力のリーダーに躍り出ていたアレムダール・ムスタファ・パシャが殺されると、残るアーヤーンを徐々に駆逐していく道がスルタンに開かれたからである。

マフムト二世がとった手法は、一つには、政府に協力的な有力アーヤーンの子弟に要職を与え、政府内に取り込んでいく方法だった。これにより、その後も名家として存続したアーヤーン家系は多いが、在地での基盤は徐々に失われた。その一方で、政府に非協力的なアーヤーンに対しては無理難題ともいえる多大な負担を課し、それに背けば反逆者として処刑するという強硬な手段だった。こうして、一八二〇年代までには、アナトリアとバルカン南東部のアーヤーン勢力の大半は統制された。残ったのは、中小規模の、政府に対抗するほどの力はもたない在地勢力だけとなった。これにともない中央政府の地方に対する統制力は回復していった。

ほとんど独立国家にも等しい勢力を誇っていたアーヤーンが、短期間に政府に吸収されていった理由は、それらが、一つ一つの家の単位では、武力で政府に対抗するのが難しかったためである。また、彼らの勢力の基盤は徴税請負と政府の官職にあり、そのためあくまでオスマン支配体制内の存在だったことがあげられるだろう。各地の「民衆」の代表となるには、彼らは政府に依存しすぎていた。政府が明確な「意図」をもってアーヤーン潰しを行い、旧来の複雑な徴税請負が整理されていくなかで、彼らの勢力基盤は揺らいでいったのである。

徴税請負制の廃止は時間をかけて行われた。すでにセリム三世の一七九三年には、契約者の死により一旦契約が切れた徴税請負を再び請負契約に出すことをやめ、税源を国庫に戻す努力が始められた。一八一三年には、請負契約権を得ることができるのは地方行政官に限るとした。一見、地方行政官職をもつアーヤーンに有利にみえるこの制度変更は、実は、彼らを中央政府の真の役人にしていく効果をもった。三八年には、官職者の俸給に徴税請負権を充てる慣習は中止され、徴税請負制は三九年のギュルハネ勅令で原則、廃止された。

こうした制度的対応と並行し、特にバルカンの有力アーヤーンは、武力により討伐された。しかし、そのプロセスは、バルカンの一部の地域の社会状況を極端に不安定なものにし、農民・都市民の反乱の勃発を招いた。その混乱のなかから、セルビアやギリシャの独立運動が生まれた。

セルビアの自治公国化

オスマン帝国の従来の考え方によれば、キリスト教徒臣民は、オスマン帝国の正しいイスラム法の統治によって守られるべきものであった。しかし一八世紀後半になるとキリスト教徒の多いバルカンの情勢は不安定化し、帝国の一体性は揺らいでいた。この事態を、オスマン政府は、各地で台頭したアーヤーンや在地化したイェニチェリが過酷な住民支配を行って住民を苦しめ、それが、住民の反発・反乱を呼んでいるためと考えた。従って、とるべき手段は、「不正な」アーヤーンやイェニチェリを除き、正しいイスラム法に基づく統治を復活させることだった。

実際、一九世紀の初頭に続いたセルビアとギリシャの二つの農民反乱を、オスマン帝国はそうした視点から見ていた。一八二二年に長い討伐戦の末に殺されたイオニア地方の大アーヤーン、テペデレンリ・アリー・パシャの首がトプカプ宮殿の入り口に掲げられた時に示されたその罪状は、「この背教者は、モレア（ペロポネソス半島）の異教徒たちに重い罪をはたらき、そのため彼らがイスラム教徒に対し反乱を起こす原因となった」というものであった。一六世紀末にオスマン支配の混乱を憂えたムスタファ・セラーニキーは、不正な統治が続けば、キリスト教徒の住民が周囲のキリスト教国へ助けを求めるのは当然である、だからこそ正しい統治が必要なのだ、と訴えていた。その統治観は、依然、転換してはいなかった。

一八〇四年にセルビアで発生した反乱（第一次セルビア蜂起）は、一八世紀を通じて続いたベオグラード地方の政治的、社会的混乱を背景にしたものであった。セルビア北部は一八世紀前半の二〇年間オーストリア領となり、その後、オスマン帝国に復帰していた。復帰後、大規模なイェニチェリ軍がベオグラード州に配されたが、彼らは中央の命令に服さず、多くが農村部で地主化しキリスト教徒農民を圧迫していた。一七九二年、秩序回復を目指した政府はベオグラード州からイェニチェリをすべて追放し、直接支配を復活させた。そして、セルビアの伝統的な在地有力者クネズを中心にした住民の組織化を支援した。

テペデレンリ・アリー・パシャ
1819年、ゲンナディウス図書館（アテネ）蔵

追放されたイェニチェリは、ブルガリアのヴィディンの有力アーヤーン、パスヴァントオール家に助けを求めた。政府はこの機にパスヴァ

ントオール家の討伐を目指し、九八年にはヴィディンの包囲戦に八万の政府軍が送られた。しかし、パスヴァントオール家は長期間持ちこたえ、折しもフランス軍がエジプトを占領するという事態のなかで、当主は許され、オスマン軍はヴィディン地方から撤退した。一八〇一年にベオグラードに戻ったイェニチェリとパスヴァントオール家の軍は、一八〇四年、そこでクネズやキリスト教聖職者を殺し、セリム三世に反旗を翻(ひるがえ)した。これに反発した農民がベオグラード周辺で蜂起し、彼らはボスニアから派遣されたオスマン側の軍勢とともにイェニチェリ勢力を破った。

こうして一〇年間続くセルビア蜂起が始まった。しかし、この運動が勝利を収めるにつれ、セルビア勢力の要求はオスマン政府に向かうようになった。政府は、セルビアの属国化を認める譲歩を行うが、セルビア側は一八〇六年に始まった露土戦争の推移に期待し、それに応じなかった。結局、反乱は一八一三年まで続き、一旦は鎮圧された。この運動は、一八一五年に始まる第二次セルビア蜂起を経て、半独立の地位の獲得に結びついた。セルビアの自治公国化は、ロシアとオスマン帝国の戦争の結果結ばれた一八二九年のエディルネ条約に盛り込まれた。

ギリシャの独立

一九世紀の初頭に勃発したセルビアでの運動に比べ、その二〇年後に起こったギリシャでの運動をとりまく情況は大きく変化していた。この問題の帰趨を、最終的には、ロシア、イギリス、フランスという、ヨーロッパの大国の利害が決定したからである。この二〇年の間に、ヨーロッパ列強の関与の仕方は露骨なものに変わっていた。

ペロポネソス半島における反乱は、政府軍とアルバニアとギリシャを実質支配していた最有力のアーヤーン、テペデレンリ・アリー・パシャが、ギリシャ北部で討伐戦争を繰り広げていた時期を見計らって発生した。

一八二二年に政府はテペデレンリ・アリー・パシャを殺しアーヤーン討伐は一段落したが、ギリシャの反乱は続いた。イェニチェリの廃止の時期に重なり、この反乱の制圧に兵力を割けない中央政府は、他地方のアーヤーンの軍事力を利用するという伝統的な手法により、その討伐をエジプトのムハンマド・アリーの軍隊に依頼した。ムハンマド・アリーは、一八二五年に息子のイブラーヒームをギリシャに送り、その活躍で戦局はオスマン側に有利な情勢に転じた。

しかし、ここで、従来なかった展開が生じた。ギリシャの自立にロシアが力を貸しロシアの勢力が伸びることを危惧したイギリスとフランスがこれに介入し、一八二七年、イギリス、フランス、ロシアが当事者抜きでギリシャの自治国化をロンドンで「決定」したことである。ヨーロッパ世論が、ヨーロッパ文明揺籃の地ギリシャに特別な感情を抱き、その自立を支援していたことの影響もある。オスマン帝国は列強の要求を拒否したが、ナヴァリノの海戦で敗れ、さらに一八二八年にロシアの軍がエディルネまで侵攻するとエディルネ条約を結んでギリシャの自治国化を受け入れた（一八二九年）。しかし、イギリスは、ギリシャを三国の保護下の独立王国とすることを主張してそれを認めさせ（一八三〇年）、一八三二年、その主張に従いギリシャはカトリックのドイツ人王をいただく王国となった。このように、ギリシャの独立は、ヨーロッパ列強の力により、その意図に基づき実現された。独立したギリシャの政治は、この後、一九世紀を通じてヨーロッパ列強に支配されることになった。

こうして、オスマン帝国の各地で発生するさまざまな事情による反乱のうち、バルカンのキリスト教徒によるもの「だけ」が、ヨーロッパ列強によって、オスマン帝国の支配から脱しようとする民族主義の運動として扱われ、支援を受ける時代が始まった。民族を問題にすることで、ロシアが正教徒保護を理由に大きな権利を獲得することを抑える狙いもあった。この手法による列強の干渉は、バルカンの動静に大きな影響を与えていくことになった。しかし、ギリシャ人は、この時ギリシャ人の国として独立した「ギリシャ王国」にだけ住んでいたわけではない。むしろ、ギリシャ王国のギリシャ人は、ギリシャ語話者人口のごく一部にすぎない。セルビアについても事情は同じである。この矛盾は、民族主義が国境線をもつ国家と結びついたとき、どこでも観察されることである。広大なオスマン帝国のもとで長い期間、国境線が問題となることがなかったバルカンでは、民族主義はきわめて危険な手段だった。ヨーロッパ列強の支援により、それぞれの「民族の国」として自立、独立の道を歩きはじめたバルカンの諸民族は、その矛盾を、その後、今日に至るまで背負うことになるのである。

エジプトの自立

以上のバルカンでの動きに比べ、エジプトにおいて自力で事実上の独立を達成したムハンマド・アリーは、はるかに強力な地域的基盤をもっていた。エジプトという地域が政治的、経済的なまとまりだったからである。ナポレオンによるエジプト占領（一七九八～一八〇一年）後の混乱を収拾し、一八〇五年にオスマン帝国のエジプト総督となったムハンマド・アリーは、もともとはオスマン帝国から送られたアルバニア人非正規兵部隊に属するオスマン軍人であった。彼は、エジプトで実権を掌握し、中央政府に先行して各種の近代化、西欧化策を実現し、「近代国家エジプト」の基礎を固めた。

イスタンブルのイェニチェリ同様、非合法的な権力をもっていたマムルーク軍人たちを一八一一年に殲滅し西欧式軍隊を編制したこと、徴税請負制の廃止や専売制の導入などにより財政基盤を整えたこと、また世俗的な初等・中等教育制度を設立したことなどの点で、エジプトは、中央政府の手本となった。後述するように、近代化、西欧化改革で先行したエジプト軍がオスマン政府の軍

ムハンマド・アリー・モスク　カイロ。エジプトの支配者となったムハンマド・アリーは、カイロの城塞にオスマン様式のモスクを建設し、自らの墓所もそこに設けた。著者撮影

に勝ち続けたことは、その手法の正しさを証明することでもあった。さらに、ムハンマド・アリーは一八二二〜二三年にイスラム教徒とコプト・キリスト教徒からの徴兵を実施し宗教を超えた政府軍をつくった。この点は、「イスラム教徒と非イスラム教徒を平等に支配する」ことを目標に掲げた近代オスマン帝国が、その理論的帰結として目指しながら、結局、完全には実現できなかった点である。

こうして国力を高めたムハンマド・アリーのエジプトは、一八二〇年にスーダンに侵攻し、そこをエジプト領とした（一八二二年）。一方では、オスマン帝国の枠内にあることを利用し、その指示のもとでエジプトの外の世界でも、力を及ぼした。一八一八年のアラビア半島におけるワッハーブ派の鎮圧、さらに、前述のギリシャ反乱への出兵などである。

その見返りとしてシリアの獲得を目指したムハンマド・アリーは、マフムト二世にそれを拒否されると、一八三一年、イブラーヒームの軍を送ってシリア地方を征服し、さらに、アナトリアのコンヤで政府軍を破り、北西アナトリアのキュタヒアまで軍を進めた。おそらくこれを帝国の存続の危機と認識したマフムト二世は、ヨーロッパ諸国に援助を要請し、実際にはロシアがそれに協力して軍を送った。その見返りに、オスマン帝国は長年の仇敵ロシアにボスフォラス、ダーダネルス両海峡の通航での優先権を認めた。

イブラーヒームの軍はロシアとの対立を避けてひとまずシリアまで撤退したが、一八三九年に再びアナトリアに進軍した。しかしこの時はロシアを牽制するため、イギリスが介入した。その結果、一八四〇年にロンドン四国条約が結ばれ、ムハンマド・アリーはシリアなどの領有を放棄の上、オスマン帝国の宗主権下でエジプトのみを世襲的に支配するものと制限された。

このように、エジプトは、オスマン帝国の中央政府に先立ち、近代化、西欧化を目指す国づくりをすすめ、それに成功した。しかし、対外的な発展はヨーロッパ列強の利害によって制限され、オスマン帝国の宗主権下に残された。以後、オスマン帝国の解体がヨーロッパ列強にもたらすであろう危機を逆手にとることは、むしろオスマン帝国の外交上の武器にもなっていく。一方、エジプトとその宗主国オスマン帝国は、さまざまな面で、この後、同じ運命をたどっている。ヨーロッパ諸国にとって経済的な利用価値が高く、そのため、イギリスの経済的支配下に置かれていく点などである。

ヨーロッパの経済進出

イギリスの経済的進出の突破口となったのは、一八三八年にオスマン帝国がイギリスと結んだバルタリマヌ条約と呼ばれる通商条約である。オスマン帝国は、エジプト軍のアナトリアへの侵攻というその危機的状況のなかで、イギリスの支援を期待し、経済的利権を取引材料にした。

この条約は、イギリスの産品がわずか三パーセントの関税でオスマン領内にもたらされることを認めた不平等なもので、結果として、イギリスの工業製品の流入が進んだ。オスマン帝国はその後、ヨーロッパ各国と同様の不平等条約を結んでいる。また、この条約は宗主権下にあるエジプトにも適用され、エジプトにもきわめて不利な影響を及ぼした。
そもそもオスマン帝国がこの時期にイギリスと通商条約を結んだのは、戦争状態にあったエジプトへの打撃を期待してのことだったとみられる。オスマン帝国もヨーロッパ諸国に倣（なら）い、外交と経済政策を関連させる術（すべ）を身につけつつあった。

国内の諸改革

セリム三世時代に始められた近代化、西欧化の方向での行政機構改革は、アーヤーンとイェニチェリ軍という中央政府にとっての抵抗勢力が排除された一八二〇年代以後、加速する。政府が施策を打ち出す際の自由度が一気に増したからである。そのことは、改革の動きが、時に官僚主導の、時にはスルタンの専制による「上」からの性格を帯びる原因ともなった。

まず、一八二九年にウラマーを除く全官僚の服装が洋装に改められた。ターバンが廃止され、フェズ（トルコ帽）と呼ばれる北アフリカ起源のかぶり物が用いられるようになるのはこの時である。これにより、従来の伝統との決別が誰の目にも明らかな形で宣言された。一八三一年には、直接支配地域に対して人口調査が行われた。これにより、従来、在地の有力者が非公式に掌握していた徴税と徴兵のための基礎データが政府にもたらされた。この調査をきっかけに、都市の街区や農村ごとに正・副のムフタールと呼ばれる長が選出・任命されるようになったことも、社会に変化を及ぼした。彼らは、街区モスクのイマームととも

マフムト２世の２枚の肖像　近代化とともに洋装が始まった。その前後の２枚のスルタンの肖像画。西欧風のスルタンの肖像画も盛んに描かれ、政治的に利用されるようになった。Hanioğlu[2008]より

に、住民の登録や通行証の発行、税の割り振りなどにあたり、政府と市民を結ぶ役割を担った。都市や農村でイェニチェリやアーヤーンが非公式に果たしてきた役割が、政府の役人にとって代わられた。地方行政組織の再編はアーヤーンの討伐と並んで、一九世紀前半に大きく進展した部分である。

こうした体制を基礎に、一八三四年には、一部地域で資産と収入に関する調査が試験的に行われ、同様の調査は四五年に、直接支配地域の多くで、対象を収入に限って実施された。資産と収入に基づき個人に公正に課税していくための方策であったが、データの収集は不完全なものに終わり、目標とされた近代的な徴税システムの導入は果たされなかった。

この他、一八三一年に官報の出版が始ま

り、それが大量に印刷され配布され始めたこと、一八三四年に郵便の制度が整ったことも、近代の諸要件をオスマン帝国が着実に実現し始めたことを示している。

新しいタイプの専門家や官僚養成のために、帝国医学校、陸軍士官学校、陸軍工兵学校などが、新設または再開された。一八二七年、官僚の教育のため留学制度も取り入れられた。

中央政府の仕組みも、主にフランスに倣い、近代的な様相に衣替えした。一八三六〜三八年、従来の組織が改変され、外務、財務、内務の各省がつくられた。ウラマーについては、シェイヒュルイスラムを長とする長老府が置かれ、司法を扱う地方法官制度の改革とウラマーの近代官僚化が進んだ。すべての職種を通じて、官僚の新しい位や職掌が定められ、賄賂や手数料収入ではなく、給与により収入を確保することが約束された。

こうした一連の改革により、オスマン帝国政府は、他のヨーロッパ諸国同様、多くの国内問題を抱えつつも、十分に近代的な様相を呈するようになるのである。

近代のスタートライン

以上のように、セリム三世、マフムト二世の五〇年間は、「ヨーロッパ諸国から外交的に孤立しつつ、イスラム法とスルタンの法を根拠に、中央政府から諸権益を分与された官職者が治める中央集権体制の国」だったオスマン帝国が、「外交と戦争に対等に参加し、法に規定された絶対君主のもとで『国民』創出を目指す、近代的な官僚国家」に変容していく五〇年間だった。その理念は、改革派官僚で外交官のムスタファ・レシト・パシャが起草し、マフムト二世をついで即位したアブデュルメジト一世のもとで一八三九年に発表されたギュルハネ勅令によって示された。

　同じ理念は、達成度の違いや君主の性格の違いはあれ、おおむね、オスマン帝国から離脱したエジプトやギリシャ、セルビアなどでも共有されていた。すなわち、前近代のオスマン帝国のあとに生まれた諸国家は同じ課題をもって近代のスタートラインに立っていたのである。そして、それは、他のアジアの諸国、例えばここから五〇年遅れて近代化改革を始める日本も同じだっただろう。西ヨーロッパ諸国に遅れて近代のスタートラインに立った国々は、どれもほぼ同じ課題を背負って、一九世紀の荒波に乗り出していったのである。五〇年の変革を経て、オスマン帝国は「普通」の近代国家となっていた。

　しかし、この五〇年の間に、第三の課題であった「中央集権化」には大きな進展があったものの、第一の課題である「外国勢力への対応」は、その圧力の増大の前にますます難しくなっていた。一八三〇年には、フランスがアルジェリアを武力で占領し、植民地化への一歩を踏み出したが、オスマン帝国はそれに文書で抗議することしかできなかった。そして、外国からの影響は、オスマン帝国内の諸「民族」に影響を及ぼし、一つの国としてのまとまりの解体に拍車をかけた。これに対しオスマン帝国は、ギュルハネ勅令で、すべての民族、宗教の人々を法のもとで正しく保護することを掲げ、一つの国家の維持をはかろうとした。第二の「支配の正当性の確保」という課題への対応である。

　こうした努力が最終的に実を結ばなかったことを私たちは知っている。しかし、それは、近代オスマン帝国に運命づけられたことではなかっただろう。近代オスマン帝国は、一九二二年の消滅に至るまでの間、そのときどきの時代に規定されつつ、もっとも効果的な解決策を求めて歩み続けたのである。その期間は、日本が明治維新から第二次世界大戦の敗戦に至る期間と同じ、約八〇年間だった。

おわりに――「民族の時代」のなかで

バルカン、アナトリア、中東の二〇〇年

独特の仕組みで統合されていた前近代のオスマン帝国が終焉し、そのあとにバルカン諸国家や近代オスマン帝国、エジプトが生まれたのが、一九世紀前半のバルカン、アナトリア、中東の状況だった。ギリシャやセルビア、ルーマニア（モルドヴァ、ワラキア）はすでに「民族」を理念に自治や独立を達成し、エジプトは、エジプト人を国民とする国家へ一歩を踏み出していた。

「何人(なにじん)の国」でもなかったオスマン帝国のあとには、「民族の時代」が訪れた。それ以後、二一世紀の今日に至るまで、バルカン、アナトリア、中東では、政治的、社会的、経済的近代化と並んで、宗教や言語を指標とした「民族」原理に基づく国家の形成という課題が追求されてきた。

二つめの課題、すなわち民族原理による国家形成は、時に、社会的、経済的な秩序や発展、さらには人命を犠牲にしてまでも追求された。結果として、バルカンでの民族運動の開始から現在に至る二〇〇年の間に、この地域では、おびただしい量の血が流された。流血は現在も止んではいない。この二〇〇年の近代化と民族主義の歴史のなかで、一九二二年の近

代オスマン帝国の消滅は、一つの区切りに過ぎない。長い歴史で考えれば、一八世紀末の伝統的なオスマン秩序の終焉こそが、新しい「進歩」と「流血」の時代の幕開けだったといえるだろう。

近代オスマン帝国の歩み

一九世紀前半のバルカン、アナトリア、中東に、依然広大な領域を確保していた近代オスマン帝国にとっては、近代国家の要件である「国民」をどう定義し、いかに国家への「国民」の忠誠を確保するかが、もっとも困難な問題だった。軍事や統治の体制における多くの課題を克服して秩序回復を果たした近代オスマン帝国は、なお、イスラム教徒と非イスラム教徒から成る被支配民を、民族にとらわれないイスラム教徒のエリート支配層が治める国家だったからである。それは、民族を軸に、均質な国民から成る「国民国家」の対極にあった。

「国民」創出という課題に対応しようとする時、近代オスマン帝国には二つの可能性があった。一つは、帝国下に暮らす諸民族(バルカン諸民族、トルコ人、アラブ人)、多宗教(イスラム教徒と非イスラム教徒)の人々をすべてまとめて一つの国民とすることだった。全構成員が何百年間もオスマン臣民であった以上、それを、オスマン国民と置き換えることも可能にみえた。

近代オスマン帝国が、一八三九年のギュルハネ勅令、一八五六年の改革勅令で繰り返し宣言し、また、それに基づく宗派ごとのミッレト憲法や地方行政組織の整備により、実際に実現を目指したのは、この、非イスラム教徒も含めた「国民形成」という方法だった。多様な国民を統括するのは、ヨーロッパの諸王家をモデルにした、法に規定された絶対君主であり、実質的にはその下にある機能的・世俗的な官僚機構が支配の実務を担うはずだった。しかし、その歩みは一定の成果をあげたものの、理想の実現には遠く、さらに民族主義の勝利を求めるバルカンの人々の要求と、それを支援するロシアの軍事力の前に一つの夢に終わった。

もう一つは、領土を、植民地のような属国や保護領と、宗主国の本土に分けて認識し、後者の人口を自らの「国民」とする方法である。ヨーロッパ列強は、常にこの構図のもとに近代オスマン帝国を置き、「トルコ人」が異民族を支配しているものとして扱った。ヨーロッパ列強自身の構図にオスマン帝国をあてはめたものであることは、いうまでもないだろう。

近代オスマン帝国自身も、これまで直接統治の及んでいなかった地方をより効率的に支配するため、時に植民地主義的統治を採用し始める。その結果、近代オスマン帝国支配層が、宗主国官僚のように自分たちをみなし、被支配民族を見下す構図も現れてくる。

しかし、実際に近代オスマン帝国の統治にあたったオスマン官僚は、トルコ人を中心に、アルバニア人、アラブ人などイスラム教徒だったが、トルコ人には限られていなかった。軍隊も同じく、イスラム教徒である諸民族から供給されていた。このため、オスマン帝国支配層の自意識の中では、支配層をトルコ人に限定することはできず、長らく、それは、アラブ人やアルバニア人などイスラム系諸民族を含むものと曖昧に定義されてきた。次第にトルコ色を強めているとはいえ、支配層を、イコール、トルコ人と定義しきるには、近代オスマン帝国支配層には捨てるものが多すぎたせいである。

しかし、実際に近代オスマン帝国の植民地主義的支配の対象となったのは主にアラブ地域だった。このため、一九世紀後半になると、アラブの知識人のなかからも、自分たちの置かれている立場を従属的とみなす人々が生まれてくる。それに反応し、近代オスマン帝国支配層が自分たちの民族的基盤をトルコ人に求める段階が訪れるのは時間の問題だった。そして、トルコ人を含め、オスマン帝国を構成してきた諸民族が、自分たちの「国」を求め、共通のプラットフォームとしての帝国を必要としなくなった時、近代オスマン帝国は消滅したのである。

バルカン諸国のたどった道

この過程をバルカンについてみてみよう。一九世紀のバルカンでは、近代オスマン帝国やそこから自立した国々のもとで近代化の改革が進んだ。

このうち、オスマン治下の諸地方では、タンズィマート以後の帝国の改革諸策の波が及ぶと同時に、特にヨーロッパ列強などの要求に応え、非イスラム教徒の政治参加を可能にするための改革が実施された。これは、地方行政機構へのキリスト教徒在地有力者や聖職者の参加、さらに、非イスラム教徒の代表も選挙で選ぶ一八七一年の地方行政法の実施などに現れている。

しかし、そうした改革によって発言力を増したキリスト教徒農民の不満は、地域で優越した経済力を持つイスラム教徒地主に向けられ、それがセルビア、ブルガリア、ボスニア、ヘルツェゴヴィナなどで反オスマン帝国の農民反乱に発展した。

ベルリン条約（1878年）後のバルカン

こうしたオスマン支配下での農民反乱、あるいは、すでに自立を果たした勢力の完全独立への要求などはオスマン帝国を圧迫し、さらに、この地域の再編を自分たちに有利に進めようとする列強の介入を呼んだ。そして、実際に問題の帰趨を決めたのは、一八七七～七八年の露土戦争だった。この戦争の結果、モンテネグロ、セルビア、ルーマニア（モルドヴァ、ワラキア）の独立とブルガリアの自治公国化が認められた（サン・ステファノ条約）。しかしロシアとオスマン帝国の間のこの条約はヨーロッパ列強の利害によって修正された。いったんはブルガリアに含められたマケドニア地方はオスマン帝国の直接支配域に戻され、ボスニア＝ヘルツェゴヴィナはオーストリアが占領した（ベルリン条約）。

オスマン帝国に残されたバルカンの領土をめぐっては一九一二年にバルカン戦争（第一次）が起こり、ギリシャ、ブルガリア、セルビア、モンテネグロがそれを分割した。こうして、オスマン帝国のバルカンにおける領土はトラキア地方を残すのみとなった。これに続いて、ブルガリアと、ギリシャ・セルビアの合同軍が争い（第二次バルカン戦争）、この紛争は、まもなく第一次世界大戦へとつながっていくことになる。イスラム教徒が多数派を占めるアルバニアでは、長らくオスマン帝国内での自治を求める運動が展開されてきたが、バルカン戦争を機に独立を宣言した（一九一二年）。

こうした独立や自治化によって、それぞれの国が直面した問題は多様である。そのなかで支配を担う人材難はどの国にも共通していた。オスマン帝国のもとでキリスト教徒は支配エリートから除外されていたためといわれる。人材の養成と経験の蓄積には時間を要し、その未熟さはバルカンの政治的不安定の要因ともなった。

オスマン帝国からの自立は、各国の多数派民族にとっては民族主義の勝利であった。しかし、いずれの国も複雑な民族構成をもつことから、問題は連鎖的に発生した。各国は、教育、特に歴史教育を利用して民族主義の定着を図ったが、それはバルカンの民族主義の排他主義的な傾向を助長した。実際、それぞれの国での民族や宗教の分布は複雑だった。

第一次世界大戦後の時点で、「セルビア・クロアチア・スロヴェニア人国」（一九二九年からユーゴスラビア）では三民族以外が一五パーセントを占めた。ブルガリアでブルガリア人は八七パーセント、ルーマニアでルーマニア人は六三パーセントを占めるにすぎない。アルバニアは六九パーセントのイスラム教徒と三一パーセントのキリスト教徒から成り、ボスニア＝ヘルツェゴヴィナでは正教徒四三パーセントに対し、イスラム教徒三九パーセント、カトリック一八パーセントという人口比だった。

また、バルカンの不安定な政治と戦争は、大きな人口移動をひき起こした。特にオスマン帝国のバルカンからの後退に伴い、一八七〇～一九〇〇年の間だけでトルコ人を中心とする一〇〇万のイスラム教徒がアナトリア側に移住した。オスマン帝国の後退とともに、帝国と同一視されるバルカンのイスラム教徒住民の生活権が脅かされたためである。

トルコ民族主義とトルコ共和国

オスマン帝国のなかから、トルコ共和国につながる「トルコ人の国」のイメージがはっきりと形成されるのは、一九〇八年に「青年トルコ人」革命を成功させる「統一と進歩委員会」が生まれた一九世紀末のことである。バルカンのキリスト教徒が、民族的アイデンティティを獲得して離反の動きを加速した一九世紀中葉、近代オスマン帝国が諸民族の平等を謳うことで、彼らの懐柔に努めたことは前述の通りである。しかし、それが功を奏すことなく、徐々にバルカンのキリスト教徒の離脱が明確になるころ、オスマン帝国支配層は、残ったアナトリアとアラブ地域——すなわち、イスラム教徒の住む地域——を最後まで維持する努力を始めた。

　その際にとられた方法は二つあった。その一つは自らイスラム教徒の共同体の長、カリフを名乗り、それがイスラム世界全体にもつ権威を主張することであった。イスラム世界のカリフは、アッバース家のカリフがモンゴルの侵入によって殺されたのち（一二五八年）、本来は途絶えていた。しかし、マムルーク朝がアッバース家のカリフの末裔を称する人物を擁立し、それを保護したことから、マムルーク朝の滅亡までその命脈は存続した。一五一七年、セリム一世はカイロ征服に伴い、このカリフを一時イスタンブルに連れ帰った（のちに、カイロに戻した）。このエピソードは、一九世紀に、カリフ位がオスマン王家に引き継がれたという話に脚色され、とくに、アブデュルハミト二世のイスラム主義的政策の根拠となった。

　こうしたイスラム的な主張は、しばしば復古的、反動的なものとみられてきたが、実際には、ヨーロッパの諸王家から日本の天皇家に至るまで、近代の諸王権が使った宗教的な「演出」のオスマン版ともいえるものだった。アブデュルハミト二世は、その他の政策において、近代化、西欧化を推進しており、スルタン＝カリフの主張は、それらと矛盾するものではなかったからである。

　ヨーロッパ諸国からの攻勢を受けるイスラム世界の各地に、オスマン帝国の存在に期待する声がなかったわけではない。しかし、本来的にはオスマン帝国の延命のために持ち出されたスルタン＝カリフの主張に、実効性がともなうことはなかった。アラブ地域の人々からの忠誠を期待して打ち出されたこの主張も、第二の方策の進行とともに、色あせていく。

オスマン帝国がアラブ世界への支配を継続するためにとった第二の方策は、後述するように、アラブ地域をより強固に支配していこうとする植民地主義的な方策だった。それは、アラブの人々の反発を生み、アラブ人の民族的主張の形成を促した。

アラブ民族主義が登場するころ、オスマン帝国においてもトルコ民族主義が現れる。これはトルコ人以外のイスラム教徒を近代オスマン帝国支配層から排除するものであるだけに、最後までなかなか表に現れにくい主張だった。しかし、ロシア支配下の中央アジアやコーカサスから移住してきた知識人の思想や、帝国の諸民族の民族主義に触れ、トルコ民族主義の主張が顕在化する。

こうした「トルコ人」の主張は、それがオスマン帝国の中枢から生まれただけに、オスマン帝国そのものをトルコ民族主義で塗り替えることも可能だった。それは一九〇八年の「青年トルコ人」革命ののち、実行に移される。こうして二〇世紀の近代オスマン帝国像は、「トルコ人の国」と重なるものとなったのである。

ただし、二〇世紀のオスマン帝国が「トルコ人の国」に最終的に衣替えするまでには、大きな犠牲がともなった。アナトリアがトルコ人の地であるといっても、そこには、アルメニア人やクルド人などトルコ人以外の住民も多く、トルコ民族主義の主張が明確になればなるほど、現実との矛盾が鮮明になったからである。

オスマン帝国に終止符をうち、トルコ共和国への橋渡しをしたのは、第一次世界大戦へのオスマン帝国のドイツ側での参加だった。ロシアとの関係から同盟国陣営に参加したオスマン帝国は、アナトリア東部やアラブ地域で連合国勢に敗れ、オスマン帝国の命脈は事実上つきた。セーブル条約（一九二〇年）により、アナトリアの大半はヨーロッパ諸列強の勢力下に置かれ、西アナトリアのギリシャへの割譲、大アルメニアの建国、南東アナトリアにおけるクルド人の自治領形成が地図の上で決定された。イスタンブルはイギリスなどの連合軍に占領され、「トルコ人の国」は中央アナトリアに限定される見込みとなった。

これに対し、アナトリアで組織されたトルコ民族主義を旗印にした義勇軍はアルメニア軍やギリシャ軍を破り、地図上での分割の実現を阻止、その結果、ローザンヌ条約（一九二三年）によりアナトリア全体とエディルネに至るバルカンの領有が新生トルコ共和国に確保された。ここに至る一連の戦争は、これまでの地域紛争とは異なる規模の犠牲を生んだ。二五〇万のトルコ人が死に、かつて一五〇万の人口をもっていたアルメニア人コミュニティーは一〇分の一以下に減り、うち六〇万～八〇万人が犠牲になったといわれている。トルコ共和国成立後の住民交換でも、ギリシャから五〇万のイスラム教徒がトルコへ、アナトリアからは一二〇万のキリスト教徒がギリシャへ強制移住の対象となった。ただしこれらの個々の数字は、今も、論争の的である。

この運動を指揮したムスタファ・ケマルは、近代オスマン帝国のもとで養われた人材を使いつつもオスマン帝国を否定する政策を実施していく。イスラムの表象やその政治的な役割の否定による脱イスラムは、トルコ共和国の代表的な政策である。

「自分をトルコ人と言える人はなんと幸せなことよ」という標語は、一九三三年にムスタファ・ケマルが打ち出したスローガンである。これは、トルコ人に向けられた言葉であるが、トルコ共和国の国境線のなかに生きる非トルコ人には、同化を促す言葉にも受け取られただろう。オスマン帝国が果たせなかった均質的な「国民」の創出を、オスマン帝国の諸後継国家は、過酷に推し進めていったのである。

アラブ地域の展開

エジプトや北アフリカを除くアラブ地域の大半は、近代オスマン帝国の滅亡までオスマン支配下にあった。しかしアラブ地域はもちろん一つのまとまりではない。これまでみてきたように、シリアや北イラクはオスマン帝国の直接支配域であったし、それ以外の地域は、従来、それぞれに緩やかにイスタンブルに結びつけられるにとどまっていた。

そうしたアラブ地域に対し、一九世紀の近代オスマン帝国が支配の度合いを強めていったことは前述の通りである。バルカンやエジプトでの離反に直面し、残された領土を確実に支配するためである。それまで間接的な支配にとどまっていた地域には、新たな行政区が設定され、中央から行政官が送り込まれた。一八三一年にバグダードの支配者ダウト・パシャを追い、ハサン・パシャ朝の支配を終わらせたこと、一八三五年にリビアのカラマンリー朝の混乱に乗じて同地を直接支配下に置いたことなどは、その現れである。また、一八四三年にはレバノン山岳部を直接支配下に置き、マロン派キリスト教徒とイスラム教シーア派のドゥルーズ派教徒に対し、実質的な統治を試みた。また、イギリスとアラビア半島を争い、再びイエメンを統治下に置くのは一八七二年のことである。

こうした直接統治化や支配の強化は、一九世紀末、アブデュルハミト二世の時代にはより明確になった。この時期のオスマン政府の政策のなかには、これらの地域を、イスタンブルの文明のとどかない遅れた地域と位置づけ、帝国がその文明化を手助けする存在として君臨しようとする植民地主義的図式もみえる。一九世紀のオスマン帝国はヨーロッパ列強の圧力を受ける脆弱（ぜいじゃく）な存在とみられがちであるが、一方では、その支配下のアラブ地域に対しては帝国主義的支配を実施する主体でもあったのである。

こうしたオスマン帝国の動きが、在地有力者やアラブの新知識人の反発を生んだことはいうまでもない。特に、二〇世紀に入りオスマン帝国支配が著しく「トルコ化」すると、アラブ地域ではオスマン帝国からの独立を目指す運動が具体化した。

そうしたなか、第一次世界大戦が始まる。イギリスはアラビア半島で対立するオスマン帝国を押さえるためアラブ人の独立運動を利用し、終戦後のアラブ領土の独立を約束し（フサイン・マクマホン書簡）、オスマン帝国への反乱を誘導した（一九一六年）。しかし、敗戦によるオスマン帝国の崩壊後、イギリスはその約束を反故（ほご）にし、フランスとともにアラブ地域を事実上分割して委任統治下に置いた。この時、両国の勢力や事情に応じ人工的に引かれた国境線は、イラク、クウェート、パレスチナ、ヨルダン、シリア、レバノン、エジプトとい

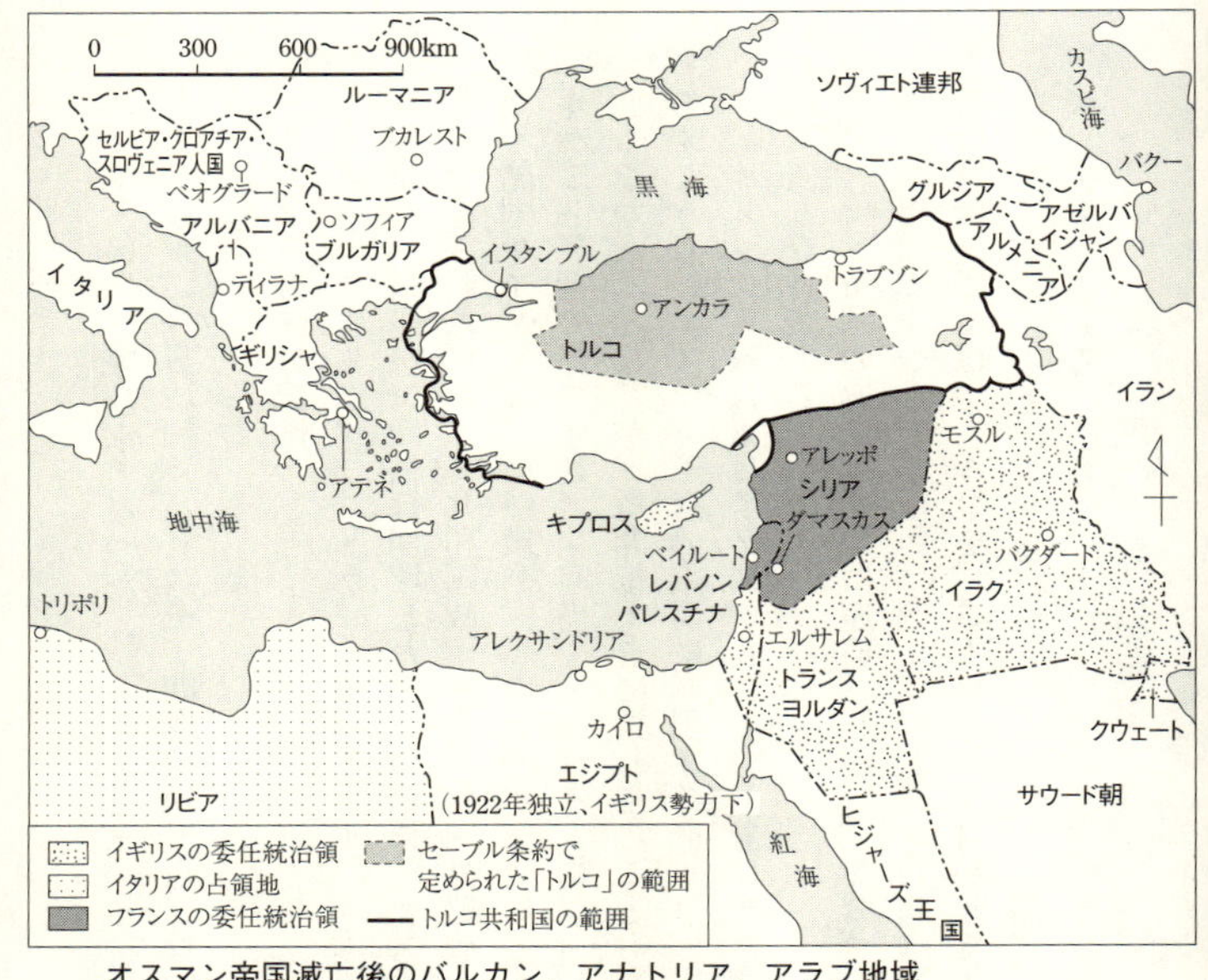

オスマン帝国滅亡後のバルカン、アナトリア、アラブ地域

う、今日に続く「アラブ諸国体制」を規定した。

こうして近代オスマン帝国による未熟な植民地支配は、ヨーロッパ列強による本格的な植民地支配に引き継がれた。この時期に各地で起こったアラブ民族主義の反乱は力で抑えられた。

一方、パレスチナでは一八八〇年頃から、ロシアをはじめとするヨーロッパ諸国からのユダヤ人の移住が始まっていた。第一次世界大戦の終了までに、すでに六万のユダヤ人入植者が移り住んでいたといわれる。フサイン・マクマホン書簡と矛盾する形でイギリスがユダヤ人に与えた国家建設の約束(バルフォア宣言)は、さらなるユダヤ人移住の呼び水となった（一九一七年）。こうした移住と現地社会を無視したイギリスの約束が、今日に続くパレスチナ問題の出発点となった。

オスマン帝国の記憶

一九二二年、ムスタファ・ケマル率いるトルコ大国民議会はスルタン制とカリフ制の分離を決定し、スルタン政権は崩壊した。この結果、オスマン帝国は消滅し、カリフの位も二四年に廃止された。トルコ共和国政権によって国外追放となったオスマン王家の人々はヨーロッパ諸国やインドなどに離散し、一九七四年まで男子の帰国は認められなかった。アブデュルハミト二世の孫でオスマン家当主とされる人物がパリで墓守をし、一九九四年にニースで亡くなったことなどが、新聞紙上をにぎわせることもあった。しかし、その多くが国外で暮らすこうしたオスマン王家の末裔に、現在のトルコの人々は一時の好奇心を向けるにすぎない。オスマン王家はもはやノスタルジーの対象にすぎず、トルコ民族主義の国トルコにとって異質な存在である。

オスマン帝国の過去はすでに遠い。しかし、オスマン帝国という過去の政治利用は、さまざまな場面で止むことがない。例えば、トルコ共和国のEU加盟をめぐる政治家の発言や賛否の宣伝活動では、トルコを、ヨーロッパを脅かしたオスマン帝国に重ねることが常套手段となっている。また、トルコに限らずオスマン帝国から誕生した諸国は、今も「民族の時代」を生きている。そして、「民族の時代」の抱える問題の複雑さゆえに、オスマン帝国には、今も問題の元凶の役割が与えられ続けているのである。

かつてオスマン帝国のあった地域で民族紛争の連鎖が続いてきたことは、あえていうまでもないだろう。バルカンにおける旧ユーゴスラビア諸地域の紛争（特に、ボスニア紛争やコソヴォ紛争）、トルコやイラクにおける「クルド人」問題、レバノンの宗派対立などはその一例である。出口の見えないパレスチナ問題も、前述のように、その出発点はオスマン帝国時代にある。単一の宗派・民族で国家を構成することが不可能な旧オスマン帝国地域に均質な国民国家を形成するという幻想は、今日まで不幸の種を蒔き続けているといってもいいだろう。

このような現在の問題を、一四世紀に始まり一八世紀末に終焉するオスマン帝国の伝統的体制にさかのぼって理解することは、必要な作業に違いない。人口構成、社会構造、支配の伝統、文化接触などの各面で、過去が現在に影響を与えていることは当然だからである。ただしそれは、現在の各民族の立場を強化するためのものであってはならない。前近代のオスマン帝国は民族概念とは無縁の国家だったからである。オスマン帝国の歴史は、その後継諸国民国家により自国中心に利用されてきただけに、私たちは、その点に慎重でなくてはならないだろう。オスマン帝国を現在の民族主義に縛られることなく、それ自身として歴史のなかに位置づけることは、依然として大きな課題である。

その一方で、「民族の時代」を生きる現代のバルカン、アナトリア、中東の人々が、オスマン帝国の末裔である事実は揺るがない。もしも、過去の記憶に、「未来」をつくり出す力が本当にあるとするならば、バルカン、アナトリア、中東の人々が、かつてオスマン帝国を共有した記憶は、意味のないことではないだろう。その時間は五〇〇年にも及ぶ。その事実がバルカン、アナトリア、中東の人々の共通の記憶として、誇りを持って語られる時代の到来を願いたい。

学術文庫版のあとがき

本書は、二〇〇八年に刊行した『オスマン帝国500年の平和』の文庫版である。細かい修正は行ったが、基本的には原本のままである。この間に発表された多数の研究成果を反映できなかったことは残念だが、その実現は別の機会に期したい。なお、巻末の文献リストには、二〇〇八年以後に日本語で刊行された当該分野の専門書のみを追記した。

本書の原本が刊行されたのち、様々な質問や感想をいただいた。五〇〇年とは、どこからどこまでを指すのか、という問いもその中のひとつだった。何人（なにじん）の国でもなかったオスマン帝国が、一九世紀初頭、民族主義の時代の到来を前に終焉するまでを説明した本書は、本来、一四、一五、一六、一七、一八世紀の五〇〇年を対象に執筆された。続く一九世紀、民族主義の時代の近代オスマン帝国は、別の体制、別の「国家」として区別をして扱うべきだというのが筆者の意見である。近代オスマン帝国は、五〇〇年間、命脈を保ったオスマン帝国の、複数の後継国家のひとつである。もちろん今日に続くバルカン地域、中東地域の諸問題を考える際、その出発点として、オスマン帝国と近代オスマン帝国への理解は不可欠である。ただし、現在の地域理解にオスマン帝国を持ち出すとき、少なくとも、いったいいつの時代のオスマン帝国の話をしているのかは、常に意識されるべきことである。

本書で扱った五〇〇年も、一六世紀末に起こった変化の前後で大きく二分される。高校世界史でも扱われ、比較的知られた前半に比べ、一般にはなじみの薄い後半の時代に力点をおいて説明した。こうしたオスマン帝国理解は、二〇一〇年に刊行されたB・テズジャンの研究書『第二オスマン帝国 *The Second Ottoman Empire*』などでも主張され、後半の時代の世界史的重要性が強調されている。ただし、後半の時代をすっきり説明するのは、依然、むつかしい。後半の時代をなりたたせていた徴税請負制や登用制度に不明な点が多いからである。オスマン官僚機構の精緻な仕事の背後にあったシステムと、その中に生きた人々が共有した文化を理解することは、今も大きな課題である。

ところで、文庫版の刊行にあたって改めて読み返してみたとき、本書の末尾に記した淡い希望が、実現するどころか、ますます非現実的なものとなっていることに無念さを感じずにはいられない。二〇〇八年から今日まで、わずか八年の間に中東地域におきたことは、あまりに悲惨だからである。二〇一〇年に中東各地ではじまった、いわゆる「アラブの春」。その挫折とシリアやイラクなどの混乱。新オスマン主義とも称されたトルコ外交の失速。IS（いわゆる「イスラム国」）の出現やクルド問題解決の頓挫。現在は、シリアから難民が周辺にあふれ、豊かなヨーロッパをめざす人々は、死と背中合わせにある。そしてヨーロッパではイスラム教徒の人々がますます生きづらくなっている。この間に失われた命と歴史遺構は数知れない。

こうした混乱は、もちろん遠いオスマン帝国に原因があるわけではなく、これまでに蓄積された社会的矛盾と、日本も当事者として参加している現代の国際関係の駆け引きがもたらしたものである。かつてのオスマン帝国の共存システムから、現代に生きる我々が直接に学べることは多くはない。それでも……、と思うのは、事態の深刻さがなせる業(わざ)だろう。大きな変化のただなかで、平和と新たな秩序が生み出される日の到来を、祈るばかりである。

二〇一六年四月一〇日

林　佳世子

"16. Yüzyılda Yaşamış Bir Kadın Şair, Nisâyî," *Tarih Enstitüsü Dergisi* No. 9, 1978.// A. A. Şentürk, *Osmanlı Şiiri Antolojisi*, Yapı Kredi Yayınları, 1999. // Ş. Turan, "Şehzade Bayezid'in, Babası Kanuni Sultan Süleyman'a Gönderdiği Mektuplar," *Tarih Vesikaları*, No. 1, 1955.　**5章**　Y. Yücel, *Osmanlı Devlet Teşkilâtına dair Kaynaklar*, Türk Tarih Kurumu, 1988. // *Tarih-i Selânikî*. M. İpşirli (haz.), Türk Tarih Kurumu, 1989. // Şentürk, *ibid.* // 清水保尚「16世紀末オスマン朝におけるムカーターの監理・運営に関する一考察」『アジア・アフリカ言語文化研究』58号、1999　**6章**　*Evliyâ Çelebi Seyahatnâmesi: V. Kitap*, Y. Dağlı, S. A. Kahraman ve İ. Sezgin (haz.), Yapı Kredi Yayınları, 2001.// Başbakanlık Osmanlı Arşivi, Tapu Tahrir Defterleri no. 1040. // Lady Mary Wortley Montagu, *The Turkish Embassy Letters*, Virago, 1994 (reprint).// Ö. L. Barkan & E. H. Ayverdi (haz.), *İstanbul Vakıfları Tahrîr Defteri : 953 (1546) Târîhli*, İstanbul Fetih Cemiyeti, 1970. // Abdülkadir Karahan (haz.), *Nef'î Divanı*, Ankara, 1986 (reprint).// Şentürk, *ibid.* // Peçevi İbrahim Efendi, *Tarîh-i Peçevî*, Enderun Kitabevi, 1980. // M.Şeker, *Gelibolulu Mustafa 'Âlî ve Mevâ'idü'n-nefâis Fî-kavâ'idi'l-Mecâlis*, Türk Tarih Kurumu, 1997.　**7章**　A. F. Bilkan, *Nābī Dīvanı* II, Milli Eğitim Bakanlığı, 1997. // Abdülbâki Gölpınarlı (haz), *Nedim Divanı*, İnkılâp Kitabevi, 2004.　**8章**　Vraça'lı Sofroni, *Osmanlı'da Bir Papaz: Günahkâr Sofroni'nin Çileli Hayat Hikâyesi 1739-1813*, Kitap Yayınevi, 2003.

Empire, Oxford Univ. Press, 1993.
- L. Thys-Şenocak, *Ottoman Women Builders: The Architectural Patronage of Hadice Turhan Sultan*, Ashgate Pub. Co., 2006.
- M. C. Zilfi (ed.), *Women in the Ottoman Empire: Middle Eastern Women in the Early Modern Era*, Brill, 1997.
- C. K. Neumann & S. Faroqhi (eds.), *Ottoman Costumes: From Textile to Identity*, Eren, 2004.

近代オスマン帝国、およびその遺産について

- 秋葉淳・橋本伸也（編）『近代・イスラームの教育社会史―オスマン帝国からの展望』（叢書・比較教育社会史）昭和堂　2014
- 新井政美『トルコ近現代史』みすず書房　2001
- 新井政美『オスマン帝国はなぜ崩壊したのか』青土社　2009
- 佐々木紳『オスマン憲政への道』東京大学出版会　2014
- 藤波伸嘉『オスマン帝国と立憲政―青年トルコ革命における政治、宗教、共同体』名古屋大学出版会　2011
- R. Kasaba (ed.), *Turkey in the Modern World* (The Cambridge History of Turkey, Vol. 4), Cambridge Univ. Press, 2008.
- M. Ş. Hanioğlu, *A Brief History of the Late Ottoman Empire*, Princeton Univ. Press, 2008.
- S. J. Shaw, *Between Old and New: The Ottoman Empire under Sultan Selim III, 1789-1807*, Harvard Univ. Press, 1971.
- D. Quataert, *Ottoman Manufacturing in the Age of the Industrial Revolution*, Cambridge Univ. Press, 1993.
- L. C. Brown (ed.), *Imperial Legacy: The Ottoman Imprint on the Balkans and the Middle East*, Columbia Univ. Press, 1996.

●以下は、本文中に引用したおもな資料である。

1章　イブン・バットゥータ『大旅行記３』家島彦一（訳注）平凡社東洋文庫　1998 //Âşık Paşazâde, *Osmanoğulları'nın Tarihi*, K.Yavuz & M.A.Y. Saraç (haz.), Istanbul, 2003.　**2章**　H. İnalcık (haz.), *Hicrî 835 Tarihli Sûret-i Defter-i Sancak-i Arvanid*, Türk Tarih Kurumu, 1954.　**4章**　O. G. de Busbecq, *The Turkish Letters of Ogier Ghiselin de Busbecq*, E. S. Forster (tr.), Louisiana State Univ. Press, 2005 (reprint). // Hayretî, *Dîvan*, M. Çavuşoğlu & M. A. Tanyeri (haz.), İstanbul Üniv. Edebiyat Fakültesi Yayınları, 1981.// M. Çavuşoğlu,

- L. T. Darling, *Revenue-Raising and Legitimacy, Tax Collection and Finance Administration in the Ottoman Empire, 1560-1660*, Brill, 1996.
- A. Salzmann, *Tocqueville in the Ottoman Empire: Rival Paths to the Modern State*, Brill, 2003.

軍事体制については
- R. Murphy, *Ottoman Warfare, 1500-1700*, Rutgers Univ. Press, 1999.
- V. H. Aksan, *Ottoman Wars 1700-1870*, Pearson Longman, 2007.
- G. Ágoston, *Guns for the Sultan: Military Power and the Weapons Industry in the Ottoman Empire*, Cambridge Univ. Press, 2005.
- M. L. Stein, *Guarding the Frontier: Ottoman Border Forts and Garrisons in Europe*, I. B. Tauris, 2007.

文化や社会構造については
- 坂本勉『イスタンブル交易圏とイラン—世界経済における近代中東の交易ネットワーク』慶應義塾大学出版会　2015
- 澤井一彰『オスマン朝の食糧危機と穀物供給—16世紀後半の東地中海世界』山川出版社　2015
- W. G. Andrews and M. Kalpaklı, *The Age of Beloveds, Love and the Beloved in Early-Modern Ottoman and European Culture and Society*, Duke Univ. Press, 2005.
- W. G. Andrews, N. Black & M. Kalpaklı (ed. and tr.), *Ottoman Lyric Poetry: An Anthology*, Univ. of Texas Press, 1997.
- S. Faroqhi, *The Ottoman Empire and the World Around It*, I. B. Tauris, 2004.
- S. Faroqhi, *Subjects of the Sultan: Culture and Daily Life in the Ottoman Empire*, I. B. Tauris, 2000.
- R. Dankoff, *An Ottoman Mentality: The World of Evliya Çelebi*, Brill, 2004.
- E. Yi, *Guild Dynamics in Seventeenth-Century Istanbul: Fluidity and Leverage*, Brill, 2004.
- Y. Nagata, *Tarihte Âyânlar: Karaosmanoğulları üzerinde bir İnceleme*, Türk Tarih Kurumu, 1997.

女性については
- P. Leslie, *The Imperial Harem: Women and Sovereignty in the Ottoman*

the Fifteenth and Sixteenth Centuries, Architectural History Foundation (New York), 1991.

17、18世紀の後期オスマン帝国全般については

・鈴木董『オスマン帝国の権力とエリート』東京大学出版会　1993
・S. Faroqhi (ed.), *The Later Ottoman Empire, 1603-1839* (The Cambridge History of Turkey, Vol. 3), Cambridge Univ. Press, 2006.
・H. Inalcık & D. Quataert (ed.), *An Economic and Social History of the Ottoman Empire*, Vol. 2: 1600-1914, Cambridge Univ. Press, 1997 (first published in 1994).
・V. H. Aksan & D. Goffman (eds.), *The Early Modern Ottomans: Remapping the Empire*, Cambridge Univ. Press, 2007.
・B. Tezcan & K. K. Barbir (eds.), *Identity and Identity Formation in the Ottoman World*, The Univ. of Wisconsin Press, 2007.
・D. Sajdi (ed.), *Ottoman Tulips, Ottoman Coffee: Leisure and Lifestyle in the Eighteenth Century*, I. B. Tauris, 2007.

後期オスマン帝国の支配層に関する研究としては

・永田雄三『前近代トルコの地方名士―カラオスマンオウル家の研究』刀水書房　2009
・C. H. Fleischer, *Bureaucrat and Intellectual in the Ottoman Empire: The Historian Mustafa Ali (1541-1600)*, Princeton Univ. Press, 1986.
・I. M. Kunt, *The Sultan's Servants: The Transformation of Ottoman Provincial Government, 1550-1650*, Columbia Univ. Press, 1983.
・Rifa'at Abou El-Haj, *Formation of the Modern State: The Ottoman Empire, Sixteenth to Eighteenth Centuries*, State Univ. of New York Press, 1991.
・G. Piterberg, *An Ottoman Tragedy : History and Historiography at Play*, Univ. of California Press, 2003.
・M. C. Zilfi, *The Politics of Piety: The Ottoman Ulema in the Postclassical Age (1600-1800)*, Bibliotheca Islamica, Minneapolis, 1988.
・C. Findley, *Bureaucratic Reform in the Ottoman Empire: The Sublime Porte, 1789-1922*, Princeton Univ. Press, 1980.

税制とそれがもたらした社会変化については

- C. Imber, *The Ottoman Empire, 1300-1650: The Structure of Power*, Palgrave Macmillan, 2002.
- Ş. Pamuk, *A Monetary History of the Ottoman Empire*, Cambridge Univ. Press, 2000.
- S. Faroqhi, *Approaching Ottoman History: An Introduction to the Sources*, Cambridge Univ. Press, 1999.
- D. Quataert, *The Ottoman Empire, 1700-1922*, Cambridge Univ. Press, 2002.
- B. Tezcan, *The Second Ottoman Empire: Political and Social Transformation in the Early Modern World,* Cambridge Univ. Press, 2010.

オスマン国家初期史については

- 小笠原弘幸『イスラーム世界における王朝起源論の生成と変容―古典期オスマン帝国の系譜伝承をめぐって』刀水書房　2014
- C. Imber, *The Ottoman Empire, 1300-1481*, Isis, 1990.
- C. Kafadar, *Between Two Worlds: The Construction of the Ottoman State*, Univ. of California Press, 1995.
- H. Lowry, *The Nature of the Early Ottoman State*, State Univ. of New York Press, 2003.
- R. P. Lindner, *Explorations in Ottoman Prehistory*, Univ. of Michigan Press, 2007.
- E. A. Zachariadou (ed.), *The Via Egnatia under Ottoman Rule (1380-1699)*, Crete Univ. Press, 1996.

15、16世紀の前期オスマン帝国全般については

- H. Inalcık, *The Ottoman Empire, The Classical Age,* Praeger Publishers, 1973.
- H. Inalcık & D. Quataert (ed.), *An Economic and Social History of the Ottoman Empire*, Vol. 1: 1300-1600, Cambridge Univ. Press, 1997 (first published in 1994).
- H. Inalcık & C. Kafadar (eds.), *Süleymân the Second and his Time*, Isis, 1993.
- M. Greene, *A Shared World: Christians and Muslims in the Early Modern Mediterranean*, Princeton Univ. Press, 2000.
- G. Necipoğlu, *Architecture, Ceremonial and Power: The Topkapi Palace in*

- M. Hendy, *Studies in the Byzantine Monetary Economy c. 300 - 1450*, Cambridge Univ. Press, 1985.
- D. M. Nicol, *The Last Centuries of Byzantium, 1261-1453*, Cambridge Univ. Press, 1993 (2nd ed.).

オスマン帝国のバルカン地域については

- 柴宜弘（編）『バルカン史』（新版世界各国史18）山川出版社　1998
- 井上浩一・栗生沢猛夫『ビザンツとスラヴ』（世界の歴史11）中央公論社　1998
- 河野淳『ハプスブルクとオスマン帝国―歴史を変えた〈政治〉の発明』講談社選書メチエ471　2010
- 佐原徹哉『近代バルカン都市社会史―多元主義空間における宗教とエスニシティ』刀水書房　2003
- B. McGowan, *Economic Life in Ottoman Europe*, Cambridge Univ. Press, 1981.
- F. Adanir & S. Faroqhi (eds.), *The Ottomans and the Balkans: A Discussion of Historiography*, Brill, 2002.
- A. Minkov, *Conversion to Islam in the Balkans: Kisve Bahası Petitions and Ottoman Social Life, 1670-1730*, Brill, 2004.

オスマン帝国のアラブ地域については

- 佐藤次高（編）『西アジア史Ｉ　アラブ』（新版世界各国史８）山川出版社　2002
- M. W. Daly (ed.), *Modern Egypt, from 1517 to the End of the Twentieth Century* (The Cambridge History of Egypt Vol. 2), Cambridge Univ. Press, 1998.
- J. Hathaway, *The Politics of Households in Ottoman Egypt: The Rise of the Qazdağlıs*, Cambridge Univ. Press, 1997.
- J. Hathaway, *The Arab Lands under Ottoman Rule, 1516-1800*, Pearson Longman, 2008.
- D. R. Khoury, *State and Provincial Society in the Ottoman Empire: Mosul, 1540-1834*, Cambridge Univ. Press, 1997.

オスマン帝国史の研究入門書・専門的な通史

- C. Finkel, *Osman's Dream: The Story of the Ottoman Empire, 1300-1923*, J. Murray, 2005.

参考文献

日本語か英語による近年の主要な単行本を挙げる。

オスマン帝国の通史や全体像を知るには

- 永田雄三(編)『西アジア史II　イラン・トルコ』(新版世界各国史９) 山川出版社　2002
- 永田雄三・羽田正『成熟のイスラーム社会』(世界の歴史15) 中公文庫　2008
- 鈴木董『オスマン帝国―イスラム世界の「柔らかい専制」』講談社現代新書　1992
- 新井政美『オスマンvs.ヨーロッパ―〈トルコの脅威〉とは何だったのか』講談社選書メチエ237　2002
- 林佳世子『オスマン帝国の時代』(世界史リブレット19) 山川出版社　1997

オスマン帝国の特徴や文化の諸相、特定の時代を知るには

- アンドレ・クロー『スレイマン大帝とその時代』濱田正美(訳)　法政大学出版局　1992
- 鈴木董『図説　イスタンブル歴史散歩』河出書房新社　1993
- 鈴木董(編)『オスマン帝国史の諸相』山川出版社　2012
- 永田雄三・江川ひかり『世紀末イスタンブルの演劇空間―都市社会史の視点から』白帝社　2015
- 野中恵子『世界遺産　イスタンブール歴史の旅』小学館　2002
- テレーズ・ビタール『オスマン帝国の栄光』(「知の再発見」双書51) 鈴木董(監)、富樫櫻子(訳)　創元社　1995

オスマン帝国以前のアナトリアやバルカンに関しては

- 根津由喜夫『ビザンツ―幻影の世界帝国』講談社選書メチエ154　1999
- ジョナサン・ハリス『ビザンツ帝国の最期』井上浩一(訳)　白水社　2013
- S. Vryonis, Jr., *The Decline of Medieval Hellenism in Asia Minor and the Process of Islamization from the Eleventh through the Fifteenth Century*, Univ. of California Press, 1971.

西暦	オスマン帝国関連	日本および世界
1880頃	パレスチナへのユダヤ人の移住始まる	
1881	フランス、チュニジアを併合	
1889	「青年トルコ人」の活動始まる	
1908	「青年トルコ人」革命。第２次立憲政。オーストリアがボスニア＝ヘルツェゴヴィナを併合。ブルガリア独立。ギリシャがクレタ島併合	1904年、日露戦争（～05）
1911	イタリアのリビア占領から伊土戦争	
1912	第１次バルカン戦争。同年、アルバニア独立	中華民国成立
1914	第一次世界大戦（～18）。オスマン帝国とブルガリアは同盟国側で参加	
1915	「アルメニア人強制移住令」によりアナトリアのアルメニア人に大きな人的被害	
1916	英仏のサイクス・ピコ秘密協定	1917年、ロシア革命
1918	セルビア・クロアチア・スロヴェニア人王国成立	1919年、パリ講和会議
1920	連合軍、イスタンブル占領。セーブル条約。サン・レモ会議によりパレスチナとイラクを英の、レバノンとシリアを仏の委任統治決定	国際連盟成立
1921	イブン・サウード家、アラビア半島支配下に	
1922	オスマン帝国の消滅。イギリス、エジプトの独立を宣言	
1923	ローザンヌ条約。ローザンヌ会議でギリシャとトルコの間で住民交換協定 トルコ共和国の成立	関東大震災
1924	カリフ制廃止	

西暦	オスマン帝国関連	日本および世界
1818	ムハンマド・アリー軍、ワッハーブ派制圧	
1821	ギリシャ各地で反乱が発生	
1822	オスマン政府軍、テペデレンリ・アリー・パシャを殺害	
1825	ムハンマド・アリー、ギリシャに派兵	
1826	イェニチェリ軍廃止。かわって、西洋式のムハンマド常勝軍編制	
1828	第４次露土戦争（～29）	
1829	ロシアとのエディルネ条約で、ギリシャ独立、セルビア自治公国化容認。モルドヴァとワラキア、自治権を獲得	
1830	ギリシャ独立、国際的承認。32年に王国化。フランス、アルジェリアを征服	
1831	ムハンマド・アリー、シリア地方を征服	
1835	オスマン帝国、リビアを直接支配下に置く	
1838	イギリスとの間にバルタリマヌ通商条約	1837年、イギリス、ヴィクトリア女王即位
1839	ムハンマド・アリー、アナトリアに再進軍。同年マフムト２世没。アブデュルメジト１世のもとで、ギュルハネ勅令	
1840	ロンドン四国条約。ムハンマド・アリーによるオスマン帝国宗主権下でのエジプトの世襲的支配承認	アヘン戦争（～42）
1843	オスマン帝国、レバノン山岳部を直接支配	
1853	クリミア戦争（～56）	
1856	改革勅令	1861年、アメリカで南北戦争（～65）
1876	アブデュルハミト２世即位。ミドハト憲法発布。翌年から立憲政	
1877	第５次露土戦争（～78）	西南戦争
1878	憲法停止。アブデュルハミト２世の専制政治が始まる ベルリン条約。セルビア、モンテネグロ、ルーマニア独立。ブルガリア自治公国化	

西暦	オスマン帝国関連	日本および世界
1722	サーダバード離宮の完成。宴席続く。いわゆるチューリップ時代	
1724	イラン戦役。サファヴィー朝滅亡後、アフガンのナーディル・シャー軍と戦う（～46）	
1728	イブラヒム・ミュテフェッリカの印刷所開設	
1730	パトロナ・ハリル反乱。同年詩人ネディーム没	
1730頃	エジプトでカズダグリーヤ勢力が台頭	1732年、北アメリカに13植民地が成立
1739	ベオグラード条約でベオグラードを奪還	
1740	フランス、カピチュレーション改定版を獲得	
1760頃	オスマン政府のアーヤーン統制策本格化	
1768	第１次露土戦争（～74）	
1770	チェシュメ海戦でロシア艦隊に大敗	
1774	キュチュク・カイナルジャ条約	1776年、アメリカ独立宣言
1783	クリミア・ハン国をロシアが併合	
1787	第２次露土戦争（～92）。ヤッシー条約によりクリミア・ハン国のロシアによる併合を承認	
1789	セリム３世即位	フランス革命
1793	西洋式のニザーム・ジェディード軍新設	
1798	ナポレオンによるエジプト占領（～1801）	
1802	ワッハーブ派、南イラクのシーア派の聖地を破壊、翌年メッカを支配下に	
1804	第１次セルビア蜂起	
1805	ムハンマド・アリー、エジプト総督に	トラファルガー沖の海戦でイギリスが勝利
1806	第３次露土戦争（～12）	
1807	セリム３世廃位。後に殺害される	イギリスで奴隷貿易が廃止される
1808	マフムト２世即位。アーヤーンから大宰相となったアレムダール・ムスタファ・パシャと「同盟の誓約」。まもなく大宰相殺害	
1811	ムハンマド・アリー、西洋式軍隊を編制	1813年、ナポレオン、ライプチヒの戦いで敗北
1815	第２次セルビア反乱（セルビア自治公国へ）	

西暦	オスマン帝国関連	日本および世界
	土最大に	
1587	サファヴィー朝のアッバース１世即位し、コーカサスとアゼルバイジャンを順次奪還	1588年、イギリス、スペイン無敵艦隊を破る
1589	貨幣改鋳に反対する常備軍の反乱	
1593	ハプスブルク家オーストリアとの「長期戦争」（〜1606　ツィトヴァトロクの和議）	
1590年代	財政改革諸策実施	
	アナトリアでカラ・ヤズジュの乱などのジェラーリー反乱（〜1608）	
1600	詩人バーキー没	関ヶ原の戦い
1606	シリアでジャンボラットオールの乱	
1622	イェニチェリが反乱しオスマン２世を殺害	1620年、ピルグリム・ファザーズ、北アメリカに移住
	アバザ・メフメト・パシャの反乱	
1638	ムラト４世、バグダードに遠征し再征服	
1639	サファヴィー朝とカスレ・シーリーン条約	1636年、後金、国号を大清と定める（〜1912）
17世紀前半	スルタンの母后らの発言力強まる	
1656	キョプリュリュ・メフメト・パシャが大宰相に就任、秩序回復に努める	
1657	ヴェネチアによるイスタンブル封鎖、解除	1660年、イギリス、王政復古
1669	クレタ島征服	
1672	ポドリアをポーランドから奪う。オスマン帝国のヨーロッパ側での領土最大に	
1683	第２次ウィーン包囲失敗	
1690	新貨幣クルシュ、市場に	
1695	徴税請負の終身契約制度始まる	
1696	ロシアが黒海奥のアゾフを奪う	
1699	カルロヴィッツ条約。ハンガリー・トランシルヴァニアをハプスブルク家に割譲	1701年、スペイン継承戦争（〜14）
1711	プルート条約でロシアからアゾフ奪回	
1718	パッサロヴィッツ条約によりベオグラード周辺を失う。ダーマート・イブラヒム・パシャ大宰相就任	

西暦	オスマン帝国関連	日本および世界
1524	エジプトで反乱、翌年オスマン法の公布	
1526	親サファヴィー派クズルバシュの反乱。同年モハーチの戦いでハンガリー軍を破る	
1529	ウィーン包囲	
1534	バルバロス・ハイレッティン、海軍総督就任。スレイマン１世のイラン・イラク遠征によりバグダード征服	1532年、ピサロ、インカ帝国征服
1537	ウラマーの任官資格制度の導入	
1538	プレヴェザの海戦でヴェネチア・スペインの合同艦隊を破る	
	オスマン艦隊、インド西岸のグジャラートのディブへ遠征	
1541	ハンガリーにティマール制施行	
1543	フランスと共同でニース攻撃	
1552	オスマン艦隊のホルムズ遠征、失敗	1549年、ザビエル鹿児島に来航。キリスト教の伝来
1553頃	ユダヤ系大富豪ヨセフ・ナスィ、イスタンブルに移住	
1555	サファヴィー朝とアマスヤ和約締結	
1557	建築家スィナンによるスレイマニエ・モスク完成	
1559	王子の間でスルタン位継承戦争	1558年、イギリスで女王エリザベス１世即位
1566	ハンガリー遠征途中でスレイマン１世没。セリム２世、即位	
1567	イエメンでシーア・ザイド派の反乱	
1569	大宰相ソコッル・メフメト・パシャのドン川・ヴォルガ川の運河計画	
1571	レパント沖の海戦でヴェネチア・ハプスブルク家などの連合艦隊に敗れる	
1574	チュニス奪還。チュニジアを属国に	1575年、長篠の戦い
1578	コーカサスとアゼルバイジャンをめぐるサファヴィー朝との戦争（～90）。一時コーカサスとアゼルバイジャンを領有し、東方での領	

西暦	オスマン帝国関連	日本および世界
1413	メフメト１世、オスマン侯国再統一	
1421	ムラト２世即位	
1441頃	トランシルヴァニア侯ヤーノシュ・フニャディ活躍	1438年、アルブレヒト２世、神聖ローマ皇帝となり、ハプスブルク朝を開く（～1806）
1444	ヴァルナでフニャディ率いる十字軍を破る	
1451	メフメト２世即位	
1453	コンスタンティノープルの征服	
1457	イスタンブルに市場などを建設	
1460	ペロポネソス半島併合	
1461	トレビゾンド王国を滅ぼす	
1469	白羊朝を破り、中央アナトリア支配	1467年、応仁の乱おこる
1475	クリミア・ハン国、オスマン帝国属国に	
1479	ヴェネチアの画家ジェンティーレ・ベッリーニ、イスタンブル滞在	カスティーリャとアラゴンの併合、スペイン王国成立
1481	バヤズィト２世即位。敗れた弟ジェムは、その後ヨーロッパ諸勢力のもとにとどまる（～95）	
1491	オスマン帝国、マムルーク朝と和議	
1492	スペインなどからのユダヤ教徒受け入れ	
1501	サファヴィー朝成立	1498年、ダ・ヴィンチ、「最後の晩餐」を描く
1511	親サファヴィー派クズルバシュの反乱	
1512	セリム１世即位	
1514	チャルディランの戦いでサファヴィー朝破る	1513年、スペイン人のバルボア、太平洋発見
1515	東部・南部アナトリアを征服	
1516	シリア征服	
1517	エジプト征服。マムルーク朝滅亡。メッカ・メディナの支配者となる	ルターの宗教改革
1519	地中海の海賊バルバロス・ハイレッティン、オスマン帝国に帰順	
1520	スレイマン１世即位	
1521	ベオグラード征服	
1522	ロードス島征服	

年　表

西暦	オスマン帝国関連	日本および世界
11世紀初頭	トルコ系遊牧民のアナトリア進出開始	1057年、ビザンツ帝国にコムネノス朝成立
1071	マラズギルト（マンティケルト）の戦い	
1077	ルーム・セルジューク朝建国	
1176	ミリオケファロンの戦い	1192年、源頼朝、征夷大将軍となる
1204	第4次十字軍がラテン王国建国	
13世紀前半	ルーム・セルジューク朝全盛	1215年、英、マグナ・カルタ（大憲章）公布
1243	キョセ・ダーの戦いでモンゴル軍がルーム・セルジューク朝を破る	
1261	ビザンツ帝国、コンスタンティノープル復帰	
1302	バフェウスの戦いでオスマン勢力が台頭	1281年、蒙古襲来
1324頃	オルハンの即位	
1326	ブルサ攻略	
1329	ペレカノンの戦いでビザンツ軍を破る	
1331	ニカイヤ（イズニク）の征服	
	セルビア王、ステファン・ドゥシャン即位	
1332頃	イブン・バットゥータ、アナトリア旅行	
1345頃	カレスィ侯国を併合	1339年、英仏百年戦争（～1453）
1352	バルカン側に進出し、まもなくゲリボルを含む海峡沿いの地域を支配	
1355	ステファン・ドゥシャン死去	
1362	ムラト1世即位	
1362頃	アドリアノープル（エディルネ）獲得	
1381	ビザンツ帝国、オスマン侯国の属国に	1368年、朱元璋、応天府で明を建国
1389	コソヴォの戦いでセルビア・ボスニアの連合軍を破る。ムラト1世没。バヤズィト1世が即位	
1390	バヤズィト1世のアナトリア遠征	
1392	セルビア、属国に	
1396	ブルガリア、オスマン侯国直接支配下に。ニコポリスでハンガリー王率いる十字軍を破る	
1402	アンカラの戦いでティムール軍に敗れ、オスマン侯国瓦解	

き在郷騎士らに対するティマールの授与が行われた。調査に際して作成された徴税調査台帳は、当時のオスマン帝国社会を知る貴重な史料となっている。
ティマール制　農村などからの徴税権を在郷騎士に分与し、それと引き替えに軍事奉仕を義務づけた制度。
ディーヴァーン　①会議。特に御前会議を指す。②詩集。
デヴシルメ　主にバルカンの農村において不定期に実施された常備軍兵士の強制的な徴用。
パシャ　オスマン帝国の軍人に対して用いられた敬称。
ハレム　妻、子などからなる家族を指す名称。同時に、住宅のなかで、ハレムの構成員が暮らす空間を指す。オスマン王家の場合、宮殿の一角がハレムにあてられた。スルタンの母后（ヴァーリデ・スルタン）、スルタンの子を産んだ女性（ハセキ）、その他の女性、王子、黒人宦官らが暮らした。オスマン家スルタンが近隣諸国と政略結婚をしなくなった15世紀以後、オスマン家のハレムには主に、バルカンやコーカサス地方などから奴隷身分の女性がもたらされた。スルタンが代替わりすると、故スルタンのハレム構成員は、エスキ・サライと呼ばれる別の宮殿に引っ越すのが慣例であった。
非イスラム教徒　ズィンミー。イスラム法によりイスラム教徒と区別される、キリスト教徒、ユダヤ教徒。人頭税支払いの義務を負う。
ベイリキ　→侯国
ベイレルベイ　→州軍政官
法令集　スルタンによって制定される法を利用上の必要から適宜まとめたもの。スルタンの法は、イスラム法と併存することから、世俗法、制定法などとも呼ばれる。16世紀に徴税調査に基づき作成された県単位の地方法令集、国家の統治に関する統治法令集など、各種の集成がある。ただし、全体として一つにまとめられたものではない。
マドラサ　上級の学校。特に法学を中心とした教育が行われた。
ミッレト制　オスマン帝国が非イスラム教徒を、ギリシャ正教会やアルメニア教会など宗教宗派単位に掌握した制度。ギリシャ正教会などの中央集権化とともに18世紀中葉に成立した。
ムフティー　生活上、宗教上のさまざまな質問に対し、イスラム法に照らした法判断（フェトヴァ）を与えるウラマーの職。
レアーヤー　農民、遊牧民、職人、商人など、納税義務をもつオスマン臣民を指す。アスケリーの反対概念。
ワクフ　イスラム的な宗教寄進制度、ならびに、寄進された財産を指す。

終身徴税請負制　→徴税請負制
人頭税　イスラム法により非イスラム教徒が支払うことを定められている税金。17世紀までは集団単位に課税され、分配は各宗教共同体に委ねられていた。
神秘主義教団　タリーカト。聖者やその血統への信仰を核とし、さまざまな宗教的儀式を執り行った団体。テッケ、ザーヴィヤと呼ばれる修道場に集い、豊かな宗教寄進財産をもつことも多い。
スィパーヒー　→在郷騎士
ズィンミー　→非イスラム教徒
スルタン　オスマン帝国の君主の称号。ここから一般には君主を指す普通名詞として定着し、本書でもその意味に限って用いている。ただし、スルタンの語は、かつては軍人や女性を含む君主以外の王族への敬称としても用いられた。たとえば、スレイマン1世の妻ヒュッレム妃の原語はヒュッレム・スルタン、君主の母后はヴァーリデ・スルタンである。
スルタン＝カリフ　オスマン帝国のスルタンは同時にカリフでもある、という主張。16世紀にイスラム世界の覇者となったオスマン帝国には潜在的にそれを主張する余地はあったが、具体的にカリフを名乗ったのは18世紀末のアブデュルハミト1世からといわれる。19世紀末のアブデュルハミト2世期には汎イスラム宣伝に利用された。
属国　世襲的な首長をもつがオスマン帝国に対し貢納金を支払い、間接的な支配を受け入れた国。
大宰相　サドラーザム。宰相たちの長。スルタンの全権代理人。就任に際してはスルタンの花押（トゥーラ）の彫られた印章を受け、スルタンの代理として御前会議を主宰した。15世紀後半以後、軍人があてられる場合が多かった。
タフリール　→徴税調査
地方法官　ウラマーが就く司法職。地方法廷を主宰し、カザー（郡）と呼ばれる行政単位の長として司法・行政にあたった。
地方名士　→アーヤーン
徴税請負制　徴税によって得られる税収を特定の個人に委ね、税収分の一部を前納させる制度。オスマン帝国ではその初期から鉱山や関税の徴税に利用されていたが、16世紀末にその範囲が農村一般に拡大された。17世紀末には、終身契約による徴税請負が認められ、首都と地方の双方で社会変化の要因となった。
徴税調査　タフリール。15、16世紀にティマール制施行地域で行われた納税戸に対する調査。村の戸数や農産物、納税慣習を調査し、それに基づ

兄弟殺し　新たに即位したスルタンが、継承争いを未然に防ぐため、残る兄弟を殺した習慣。1603年のアフメト1世の即位時には実施されず、以後は行われなくなった。
クズルバシュ　イランのサファヴィー朝の遊牧民兵。また、それに共鳴するアナトリアの遊牧民。その頭飾りから赤い頭（クズルバシュ）と呼ばれた。
軍法官　カザスケル。ウラマーが就く法官職の最高位。御前会議にも出席した。
県軍政官　サンジャクベイ。州軍政官のもとで県（サンジャク）の軍事・行政を担当した軍人。16世紀末まではスルタンの王子たちもこの職に就き、統治の経験を積んだ。
侯国　ベイリキ。トルコ系遊牧民勢力のアナトリアへの移住後に生まれた小国家。
小姓　イチ・オーラン。カプクルのうち、スルタンの宮廷で教育されるエリート候補生。スルタンの身の回りの世話をし、また王子たちと一緒に育てられることもあった。小姓の位階のトップは太刀持ち（スィラフタール）や私室長（ハスオダバシュ）。青年期に達すると宮廷を離れ、軍人各職に任命された。
御前会議　ディーワーヌ・ヒュマーユーン。大宰相が主宰するオスマン帝国の閣議に相当する会議。17世紀までトプカプ宮殿外廷の一角で開かれた。
在郷騎士　スィパーヒー。ティマール制下において、ティマールの授与と引き替えに軍務に就いた騎士。自ら馬や武器を整えて戦争に参加し、県軍政官・州軍政官のもとで在郷騎士軍を形成した。平時には村の長として農民からの徴税を行った。
サンジャクベイ　→県軍政官
シェイヒュルイスラム　「イスラムの長老」と訳される。本来、オスマン帝国の首都イスタンブルのムフティーを指すが、16世紀中葉以後、軍法官をしのぎ、ウラマーの最高職と見なされるようになった。シェイヒュルイスラムの下す法判断は、しばしば政治的に利用された。
ジェラーリー　アナトリアで反乱を起こす軍人、遊牧民、農民の諸勢力を指す総称。
ジズヤ税　→人頭税
州軍政官　ベイレルベイ、またはヴァーリー。オスマン帝国の直接支配地域の州の軍事・行政を担当した。17世紀以後、特に行政的役割が重要となった。

オスマン帝国用語集

アーヤーン　都市や農村で影響力をもった在地の有力者。特に18世紀に徴税請負制の普及とそれに伴う政府の官職授受、さらに土地集積を通じて台頭した地方名士層を指す。

アクンジュ　略奪戦に参加する軍人。オスマン帝国の初期に活躍した。戦利品収入で生計を立てた。

アスケリー　オスマン帝国の支配層。軍人、ウラマー官僚、書記官僚の３種の職種から成る。スルタンに仕え免税特権を得た。レアーヤーの反対概念。

イェニチェリ　14世紀後半に誕生した常備歩兵。15、16世紀には、火器で武装しスルタンの周囲を固める少数精鋭の近衛部隊を構成した。17、18世紀には、地方都市への駐屯がはじまり、身分の世襲化、在地化が進んだ。この結果、徐々に都市の被支配層に溶け込み、その利害を代表する存在となった。1826年廃止。

ヴァーリー　→州軍政官

ウラマー　イスラム知識人。オスマン帝国では規定のマドラサ教育を受け、司法・教育などの職に就くウラマー官僚が活躍した。

エフェンディ　オスマン帝国のウラマーや書記官僚に対して用いられた敬称。

ガーズィー　聖戦の騎士。本来は、イスラム教を広める聖戦（ガザー）の戦士を指すが、オスマン帝国初期には略奪戦参加者の美称として用いられた。

カーディー　→地方法官

カーヌーンナーメ　→法令集

カピチュレーション　16世紀来、オスマン政府がヨーロッパの諸国に対して恩恵として与えた通商上の特権。18世紀になると拡大解釈され、ヨーロッパの列強の経済進出に使われた。

カプクル　「スルタンの奴隷」を指す。デヴシルメやその他の方法で徴用され、スルタンの配下に入った軍人。

宦官　スルタンの宮廷やその他の富裕層の邸宅で職を得た去勢された男性。オスマン宮廷では、小姓を教育・管理する白人宦官、女性の暮らすハレムを担当する黒人宦官がおり、特に黒人宦官長はスルタンの個人的側近として権限を持った。

騎士　→在郷騎士

〈ワ行〉

〈ヤ行〉

〈ラ行〉

〈マ行〉

〈ナ行〉

〈ハ行〉

〈タ行〉

〈サ行〉

〈カ行〉

索 引

本巻全体にわたって頻出する用語は省略するか、主要な記述のあるページのみを示した。

〈ア行〉

本書の原本は、二〇〇八年一〇月、「興亡の世界史」第10巻として
小社より刊行されました。

林　佳世子（はやし　かよこ）

1958年山口県生まれ。お茶の水女子大学文教育学部卒業、東京大学大学院人文科学研究科博士課程中退。東京大学東洋文化研究所助手を経て、現在、東京外国語大学大学院総合国際学研究院教授。著書に『オスマン帝国の時代』、共編著に『記録と表象――史料が語るイスラーム世界』『イスラーム世界研究マニュアル』『イスラーム 書物の歴史』などがある。

定価はカバーに表示してあります。

興亡の世界史

オスマン帝国500年の平和

林　佳世子

2016年5月10日　第1刷発行
2019年1月30日　第7刷発行

発行者　渡瀬昌彦
発行所　株式会社講談社
東京都文京区音羽2-12-21　〒112-8001
電話　編集（03）5395-3512
販売（03）5395-4415
業務（03）5395-3615

装　幀　蟹江征治
印　刷　大日本印刷株式会社
製　本　株式会社国宝社

ISBN978-4-06-292353-8

「講談社学術文庫」の刊行に当たって

これは、学術をポケットに入れることをモットーとして生まれた文庫である。学術は少年の心を養い、成年の心を満たす。その学術がポケットにはいる形で、万人のものになることは、生涯教育をうたう現代の理想である。

こうした考え方は、学術を巨大な城のように見る世間の常識に反するかもしれない。また、一部の人たちからは、学術の権威をおとすものと非難されるかもしれない。しかし、それはいずれも学術の新しい在り方を解しないものといわざるをえない。

学術は、まず魔術への挑戦から始まった。やがて、いわゆる常識をつぎつぎに改めていった。学術の権威は、幾百年、幾千年にわたる、苦しい戦いの成果である。こうしてきずきあげられた城が、一見して近づきがたいものにうつるのは、そのためである。しかし、学術の権威を、その形の上だけで判断してはならない。その生成のあとをかえりみれば、その根は常に人々の生活の中にあった。学術が大きな力たりうるのはそのためであって、生活をはなれた学術は、どこにもない。

開かれた社会といわれる現代にとって、これはまったく自明である。生活と学術との間に、もし距離があるとすれば、何をおいてもこれを埋めねばならない。もしこの距離が形の上の迷信からきているとすれば、その迷信をうち破らねばならぬ。

学術文庫は、内外の迷信を打破し、学術のために新しい天地をひらく意図をもって生まれた。文庫という小さい形と、学術という壮大な城とが、完全に両立するためには、なおいくらかの時を必要とするであろう。しかし、学術をポケットにした社会が、人間の生活にとってより豊かな社会であることは、たしかである。そうした社会の実現のために、文庫の世界に新しいジャンルを加えることができれば幸いである。

一九七六年六月　　　　　野間省一

外国の歴史・地理

堀越孝一著
中世ヨーロッパの歴史

ヨーロッパとは何か。その成立にキリスト教が果たした役割とは？ 地中海古代社会から森林と原野の内陸部へ展開、多様な文化融合がもたらしたヨーロッパ世界の形成過程を「中世人」の眼でいきいきと描きだす。

1763

J・ギース、F・ギース著／青島淑子訳
中世ヨーロッパの都市の生活

一二五〇年、トロワ。年に二度、シャンパーニュ大市が開催され、活況を呈する町を舞台に、ヨーロッパの人々の暮らしを逸話を交え、立体的に再現する。活気に満ち繁栄した中世都市の実像を生き生きと描く。

1776

伊東俊太郎著（解説・三浦伸夫）
十二世紀ルネサンス

中世の真っ只中、閉ざされた一文化圏であったヨーロッパが突如として「離陸」を開始する十二世紀。多くの書がラテン訳され充実する知的基盤。先進的アラビアに接し文明形態を一新していく歴史の動態を探る。

1780

岡田英弘・神田信夫・松村　潤著
紫禁城の栄光　明・清全史

十四～十九世紀、東アジアに君臨した二つの帝国。遊牧帝国と農耕帝国の合体が生んだ巨大な多民族国家・中国。政治改革、広範な交易網、度重なる戦争……。シナが中国へと発展する四百五十年の歴史を活写する。

1784

岩村　忍著
文明の十字路＝中央アジアの歴史

ヨーロッパ、インド、中国、中東の文明圏の間に生きた中央アジアの民。東から絹を西から黄金を運んだシルクロード。世界の屋根に分断されたトルキスタン。草原の民とオアシスの民がくり広げた壮大な歴史とは？

1803

井上浩一著
生き残った帝国ビザンティン

興亡を繰り返すヨーロッパとアジアの境界、「文明の十字路」にあって、なぜ一千年以上も存続しえたか。皇帝・貴族・知識人は変化にどう対応したか。ローマ皇帝の改宗から帝都陥落まで「奇跡の一千年」を活写。

1866

外国の歴史・地理

土肥恒之著
興亡の世界史　ロシア・ロマノフ王朝の大地
欧州とアジアの間で、皇帝たちは揺れ続けた。民衆の期待に応えて「よきツァーリ」たらんとしたロマノフ家の群像と、その継承国家・ソ連邦の七十四年間を描く。暗殺と謀略、テロと革命に彩られた権力のドラマ。
2386

栗田伸子・佐藤育子著
興亡の世界史　通商国家カルタゴ
前二千年紀、東地中海沿岸に次々と商業都市を建設したフェニキア人は、北アフリカにカルタゴを建国する。ローマが最も恐れた古代地中海の覇者は、歴史に何を残したか？　日本人研究者による、初の本格的通史。
2387

小杉　泰著
興亡の世界史　イスラーム帝国のジハード
七世紀のムハンマド以来、イスラーム共同体は後継者たちの大征服でアラビア半島の外に拡大、わずか一世紀で広大な帝国を築く。多民族、多人種、多文化の人々を包摂、宗教も融和する知恵が実現した歴史の奇跡。
2388

原　聖著
興亡の世界史　ケルトの水脈
ローマ文明やキリスト教に覆われる以前、ヨーロッパ文化の基層をなしたケルト人は、どこへ消えたのか？　巨石遺跡からアーサー王伝説、フリーメーソン、ナチス、現代の「ケルト復興」まで「幻の民」の伝承を追う。
2389

林　俊雄著
興亡の世界史　スキタイと匈奴　遊牧の文明
前七世紀前半、カフカス・黒海北方に現れたスキタイ。前三世紀末、モンゴル高原に興った匈奴。ユーラシアの東西で草原に国家を築き、独自の文明を創出した騎馬遊牧民は、定住農耕社会にとって常に脅威だった！
2390

氣賀澤保規（けがさわやすのり）著（解説・上野　誠）
則天武后
猛女、烈女、女傑、姦婦、悪女……。その女性は何者か？　大唐帝国繁栄の礎を築いた、中国史上唯一の女帝、その冷徹にして情熱的な生涯と激動の時代を、学術的知見に基づいて平明かつ鮮やかに描き出す快著。
2395